Caroline Valentin

Geschichte der Musik in Frankfurt am Main

Vom Anfange des 14. bis zum Anfange des 18. Jahrhunderts

 Literaricon

Caroline Valentin

Geschichte der Musik in Frankfurt am Main

Vom Anfange des 14. bis zum Anfange des 18. Jahrhunderts

ISBN/EAN: 9783965067080

Auflage: 1

Erscheinungsjahr: 2023

Erscheinungsort: Treuchtlingen, Deutschland

© Literaricon Verlag UG (haftungsbeschränkt)

www.literaricon.com

Printed in Germany

Cover: Kaspar Rötel, Eingänge des "Tempels der Musik", Abb. gemeinfrei

Geschichte der Musik

in

Frankfurt am Main

Vom Anfange des XIV.
bis zum Anfange des XVIII. Jahrhunderts

Im Auftrage des

Vereins für Geschichte und Altertumskunde
zu Frankfurt am Main

Herausgegeben
von

Caroline Valentin

K. Th. Völckers Verlag
1906

„Mit dem Ton der Musik ent-
schwindet und verklingt ihr Größtes
— der künstlerische Genuß. Dem
Wissen und der Wissenschaft bleibt
nur als Gegenstand das Wesen der
Formung und das verschlungene Schicksal von Werken und Meistern."

Veit Valentin.

Druck von Gebrüder Knauer in Frankfurt a. M.

Vorwort.

Das musikalische Leben innerhalb eines kleinen Kreises durch mehrere Jahrhunderte zu verfolgen, sein Werden und Anwachsen zur zusammenhängenden Darstellung bringen zu wollen, heißt eine Arbeit auf sich nehmen, deren Wert in der Fülle des neuen bekannt zu gebenden, individuell geformten Stoffes, weniger in neuen Ergebnissen allgemeiner Art bestehen kann. Immer aber wird hinter den besonderen Geschehnissen des einen Ortes die allgemeine Geschichte anfragen als ein Hintergrund, der allein Leben, Tiefe und Bedeutung gibt — Zusammenhang und Wechselbeziehung des Großen und des Kleinen, des Bedeutungsvollen und des Verwehenden wird aufgezeigt werden müssen.

Das war meine Auffassung bei der Bearbeitung der hier vorliegenden Geschichte der Musik in Frankfurt a. M. vom Anfang des XIV. bis zum Anfang des XVIII. Jahrhunderts.

Ein Doppeltes — ein Allgemeines und ein Besonderes — ist es auch, das mir die äußere Möglichkeit, den Versuch zu machen, über die bisher allein die Frankfurter Musikgeschichte behandelnden chronologischen Publikationen von Israël*) hinauszugehen. Einmal ist es der große Aufschwung, den die musikhistorische Wissenschaft seit einem Menschenalter genommen hat. Den schon zu Israëls Zeiten begonnenen oder vollendeten, im Anschluß an die Ausgaben der Bach- und Händelgesellschaft veröffentlichten Monographien von Chrysander und Spitta, von Otto Jahn folgte als die erste zusammenfassende Darstellung die Geschichte der Musik von Ambros; es folgten nacheinander

---

*) Die musikalischen Schätze der Gymnasialbibliothek und der Peterskirche zu Frankfurt a. M. 1872. — Frankfurter Concert-Chronik 1713—1780, 1876.

und immer mehr anschwellend außer den Veröffentlichungen
von Katalogen alter musikalischer Bibliotheken die Menge der
einzelnen wissenschaftlichen Arbeiten und musikalischen Publikationen in Fachzeitschriften.

Dann aber haben sich im speziellen die Frankfurter Verhältnisse für das musikhistorische Studium wesentlich geändert.
Israël klagt noch: „daß die Bücher der Gymnasialbibliothek
über ihre fata wenig Aufschluß gäben“. Die 1878 erfolgte
Vereinigung der städtischen Archivalien im neuen Archivgebäude,
die Liberalität bei ihrer Benützung hat die Quellenforschung
seitdem wesentlich erleichtert, wenn nicht ermöglicht.

Über das bearbeitete Material, über die Literatur der
Frankfurter Geschichte, der allgemeinen Musikgeschichte und
Musiktheorie habe ich in der hier folgenden Zusammenstellung
Rechenschaft abgelegt. Anfänge zur Ausgestaltung des Stoffes
sind von mir in vier Nummern der Monatshefte für Musikgeschichte 1900—1901 unter dem Titel „Musikbibliogra-
phisches aus Frankfurt a. M.“ veröffentlicht worden; ein
Referat über „die Musik in Frankfurt a. M. am Ende
des XVI. und Anfang des XVII. Jahrhunderts“ wurde
am 26. Mai 1902 in der Monatsversammlung der Ortsgruppe
der J. M. G. gegeben, ein anderes in der Monatsversammlung
der Musiklehrerinnen am 3. März 1904 über „Musikhandel
und Notendruck“ in Frankfurt. Was für diese Vorstudien
galt, trifft auch das neue abgeschlossene Werk: weitschichtiges
Material, lange, auch unterbrochene Arbeit heischen Nachsicht.

Es liegt mir noch ob, der freundlichen Förderung und
Unterstützung zu gedenken, die diese Arbeit empfangen hat.
In erster Linie war es Herr Archivdirektor Dr. Jung, der mir
das umfangreiche Material zugänglich machte und mir bei
seiner Benützung und Bearbeitung manch wertvollen Hinweis
und erfahrenen Rat zu teil werden ließ. Ebenso fanden meine
Bestrebungen Förderung durch die Direktion der Stadtbibliothek,
deren reiche alte Bestände, wie auch die dort niedergelegten
Musikalien ich in weitgehendster Weise benützen konnte. Er-
gänzend trat dazu die Benützung der von der Freiherrlich Carl
v. Rothschildschen Bibliothek gepflegten Zweige der Musikwissenschaft und Ästhetik. Die Königlichen Bibliotheken zu
Berlin und Göttingen, die Großherzoglichen Hofbibliotheken zu

Darmstadt, Karlsruhe und Weimar, die Fürstlich Stolberg-
Wernigerodesche Bibliothek, die Ständische Landesbibliothek zu
Cassel, die Stadtbibliotheken zu Hamburg und Leipzig, die
Ratsschulbibliothek zu Zwickau, das Germanische Museum zu
Nürnberg, der Börsenverein deutscher Buchhändler zu Leipzig
und die Züricher Musikgesellschaft haben mir seltene Werke
und wertvolle Musikalien geliehen; von Cassel, Leipzig, Zwickau
wie von der Direktion unseres Historischen Museums und der
Stadtbibliothek wurde die Erlaubnis zur Reproduktion seltener
Blätter gegeben.

Den einheimischen wie den auswärtigen Instituten, ebenso
den einzelnen Personen, die diese Sache förderten, spreche ich
dafür den wärmsten Dank aus.

Caroline Valentin.

Frankfurt a. M., den 16. Februar 1906.

Archivalische Quellen.

Stadtrechenbücher, Bürgermeisterbücher, Ratsprotokolle, Ratssupplikationen, Dedikationen und Invitationen, Beedebücher, Dienstbriefe, Verordnungen, Schulakten und andere Urkunden; Akten und Rechnungsbücher des Almosenkastens. (Alle diese Quellen verwahrt das Stadtarchiv in Frankfurt a. M.)

Akten des evangelisch-lutherischen Predigerministeriums (im Besitze desselben).

Literatur.

Frankfurter Geschichte: Lersner: Chronik I, 1706; II, 1734. Kirchner: Geschichte von Frankfurt 1807—1810. Fichard: Archiv 1811—1815. Kriegk: Bürgerzwiste 1862; Deutsches Bürgertum im Mittelalter I und II, 1868—1871; Geschichte von Frankfurt in ausgewählten Darstellungen 1871. Verein für Geschichte und Altertumskunde: Archiv für Frankfurts Geschichte und Kunst, Alte Folge, Neue Folge, Dritte Folge 1839—1895; Mitteilungen 1858—1885; Neujahrsblätter 1859—1875. Quellen zur Frankfurter Geschichte I, 1884; II, 1888. Becker: Beiträge zur Kirchengeschichte der evang.-luth. Gemeinden zu Frankfurt a. M. 1852. Bücher: Die Bevölkerung von Frankfurt a. M. 1886 u. A.

Musik- und Literaturgeschichte: Ambros: Geschichte der Musik 1891—1893. Winterfeld: Der Evangelische Kirchengesang 1843—1847. Schöberlein: Schatz des liturgischen Chor- und Gemeindegesangs 1865—1872. Zahn: Die Melodien des evangelischen Kirchengesangs 1854—1893. Koch: Geschichte des Kirchenlieds 1866—1876. Bellermann: Die Mensuralnoten und Taktzeichen im XV. und XVI. Jahrhundert 1858. Riemann: Studien zur Geschichte der Notenschrift 1878, Notenschrift und Notendruck 1896. Fleischer: Neumenstudien 1895—1897. Wasilewski: Geschichte der Instrumentalmusik im XVI. Jahrhundert 1878; Die Violine im XVII. Jahrhundert und die Anfänge der Instrumentalkomposition 1874. Ritter: Geschichte des Orgelspiels 1884. Weitzmann: Geschichte der Klaviermusik 1899. Böhme: Geschichte des Tanzes 1886. Winterfeld: Joh. Gabrieli und sein Zeitalter 1834. Chrysander: Händel 1858. Spitta: Bach 1873—1880; Zur Musik 1892; Musikgeschichtliche Aufsätze 1894. Musikwissenschaftliche Studien I—IV 1902—1904. von der Hagen: Minnesänger 1838—1856. Erk: Die deutschen Volkslieder mit ihren Singweisen 1838—1845; Deutscher Liederhort 1893—1894; Liliencron: Deutsches Leben im Volkslied um 1530, 1885. Uhland: Alte, hoch- und niederdeutsche Volkslieder 1844—1845. Hoffmann von Fallersleben: Die deutschen Gesellschaftslieder des 16. und 17. Jahrhunderts 1844—1860 u. A.

Zeitschriften: Leipziger Allgemeine Musikzeitung 1798—1848; Cäcilia 1824—1848; Monatshefte für Musikgeschichte 1869—1905; Vierteljahrsschrift für Musikwissenschaft 1885—1894; Jahrbücher der Musikbibliothek Peters 1895—1904; Sammelbände der Internationalen Musik-Gesellschaft 1899—1905; Publikationen der Internationalen Musik-Gesellschaft 1901—1905 u. A.

Musiktheorie und Komposition: Riemann: Geschichte der musikalischen Theorie vom 9. bis 19. Jahrhundert 1898. Dehn: Harmonielehre 1840; Lehre vom Kontrapunkt, dem Kanon und der Fuge 1883. Riemann: Handbuch der Harmonielehre 1887; Große Kompositionslehre 1902 u. A.

Bibliographie: Becker: Die Tonwerke des XVI. und XVII. Jahrhunderts 1855. Eitner: Musiksammelwerke des 16. und 17. Jahrhunderts 1877; Quellenlexikon 1900—1904. Göhler: Meßkataloge 1902. Goedecke: Grundriß u. A. 1884—1887.

Inhalt.

— —

Einleitung.

Die Musikgeschichte der christlichen Zeitrechnung gliedert sich in drei große Entwickelungsperioden, deren erste in der Zeit der absterbenden antiken Kultur beginnt. Sie bildet die Überreste der griechischen Musik nach den Bedürfnissen und Anschauungen des christlichen Kultus zu dem System der Kirchentöne um, auf dem sowohl die früheste Kunstform des Mittelalters, der nach dem berühmten Musiker auf dem päpstlichen Stuhle Gregor dem Großen benannte einstimmige Gesang beruht, wie jene mit dem neunten Jahrhundert auftretenden ersten Stufen der Mehrstimmigkeit, die nach langer Geistesarbeit in den kontrapunktischen Vokalkompositionen des sechzehnten Jahrhunderts ihren Höhepunkt fanden. Dann aber setzt mit dem Bedürfnis nach erweiterter freierer Bewegung die zweite Periode ein, die die strenge Diatonik der Kirchentöne verläßt. Das in den Tonsätzen mit melodischer, nebeneinander herlaufender und kunstvoll verschlungener Stimmführung nebensächlich behandelte Moment des harmonisch akkordischen Zusammenklangs tritt von nun ab in den Vordergrund und wird wesentlich durch die Einwirkung der Instrumentalmusik gefördert, die, lange hinter der Vokalmusik zurückstehend, durch die vermehrte Musikpraxis der Renaissancezeit jedoch die Gleichberechtigung erlangt. Die endgültige Durchbildung des harmonischen Prinzips, das Verschmelzen der Kirchentöne in die modernen beiden Tongeschlechter Dur und Moll, vollzieht sich erst in einem Prozeß von über hundert Jahren, der am Ende des siebzehnten Jahrhunderts mit dem Auftreten Joh. Seb. Bachs, dem ersten gewaltigen Vertreter der neuen, dritten Periode, seinen Abschluß gefunden hat.

Die hier folgende Darstellung hat sich vornehmlich mit den beiden ersten Epochen zu beschäftigen, in denen die Musik später und umfassender als die übrigen Künste ihre konstruktiven Formen veränderte; sie hat den Spuren dieses Werdens, beeinflußt, von zeitlichen und örtlichen Verhältnissen nachzugehen. Das dafür vorhandene Material beginnt mit den Chroniken und den behördlichen Aufzeichnungen und Urkunden des vierzehnten Jahrhunderts, Quellen, die am Ausgang des Mittelalters und bis zur zweiten Hälfte des sechzehnten Jahrhunderts nur zerstreute und lückenhafte Nachrichten geben, für die späteren Zeiten dagegen zusammenhängend und ausgiebig sind und dann auch durch zahlreiche andere Dokumente ergänzt werden. Jedoch auch die älteste, mehr äußere Geschichte Frankfurts, die den größeren Teil des Mittelalters umschließt, birgt für das Auftreten der Tonkunst so wichtige Momente, daß diese Vorstufen und ihre wenigen Überreste hier nicht übergangen werden dürfen.

Vorgeschichte.

Die Einführung der Tonkunst in Frankfurt muß zu der Zeit der ersten kirchlichen Gründungen, der im Jahre 794 erwähnten Palastkapelle des Saalhofs und der 852 von Ludwig dem Deutschen gegründeten, von dem Mainzer Bischof Hrabanus Maurus geweihten Salvatorkirche stattgefunden haben, da der Gesang in concentischer wie accentischer Art einen Hauptbestandteil des kirchlichen Ritus bildete. In das zuerst genannte Jahr fällt der längste Aufenthalt des rector ecclesiae et imperii, Karls des Großen, dessen Musikliebe und dessen Eintreten für Freihaltung des römischen Gesangs von fremden Zutaten durch zahlreiche Berichte überliefert ist. Dann pflegten Sohn und Enkel die Elemente römischer Bildung, die er nach Deutschland getragen hatte, weiter; von Ludwig dem Deutschen, der sich oft und lange in Frankfurt aufhielt, berichtet der Mönch von St. Gallen, „daß kein Geistlicher, der nicht zu singen und zu lesen verstand, es wagen durfte, vor ihm zu bleiben." Seine im Anschluß an die Kirche erfolgte Gründung eines Kollegiatstifts für zwölf Kanoniker läßt auf das Bestehen einer Stiftsschule schließen, in der zunächst nur Kleriker herangebildet wurden, die mit einundzwanzig Jahren in den Verband des Stifts traten, das oft über vierzig Vikare unterhielt. Die im Jahre 1255 mit Pfründen bedachten Ämter des Scholasters und Cantors bestanden daher wohl schon lange und ihre Inhaber beteiligten sich in dieser frühen Zeit wohl noch selbst bei dem Unterrichte des in den beiden Abteilungen der Schule gelehrten Trivium und Quadrivium, während sie dies später der niederen Geistlichkeit und angestellten Laien überließen. Der lateinischen Sprache und Musik, als den für den Gottesdienst wichtigsten Fächern, mußte die eingehendste Übung zuteil werden. Denn die mannichfaltigen kirchlichen Gesänge wurden allein durch die Geistlichen oder

in Wechselchören mit den Schülern ausgeführt, die Gemeinde
war seit den ältesten christlichen Zeiten von einer Beteiligung
dabei ausgeschlossen. Vor Einführung einer übersichtlichen
Tonschrift waren die musikalischen Begriffe besonders schwierig
zu erlernen.

Der Umfang der zuerst gebräuchlichen zweioktavigen Skala,
die vom A unserer großen bis zum a der eingestrichenen Oktave
reichte, und in lateinischer Buchstabenbezeichnung angegeben
wurde, erweiterte sich bis zum elften Jahrhundert, nach unten
durch Hinzufügung des Gamma, nach oben durch weitere vier Töne:

$$\Gamma \ \Big| \ A \ B \ c \ d \ e \ f \ g \ a \ b^1) \ \llcorner^2) \ c \ d \ e \ f \ g \ \Big| \ \begin{array}{l} a \ b \ \llcorner \ c \ d \\ a \ b \ \llcorner \ c \ d \end{array}$$

Zur Erklärung und Messung der Tonverhältnisse nach
den Proportionen der herrschenden pythagoräisch-boetanischen
Lehre bediente man sich des Monochords. Sie gipfelte in der
Vermeidung des tritonus oder diabolus in musica, der übermäßigen Quarte oder verminderten Quinte f—h, der Aufeinander-
folge dreier Ganztöne. Man half sich, indem man hier, in der
zweiten Oktavenreihe (s. o., 1 und 2) das Be um einen halben Ton
erniedrigte und ein b rotundum oder b molle (unser Be) ein b
quadratum oder durum (unser H) einführte, welche Doppeltöne
sich später mit Vermehrung der Oktavenreihen wiederholten. Im
Laufe der Zeiten wurde aus dem b molle das typische Ernie-
drigungszeichen ♭, aus dem b quadratum entwickelte sich sowohl
das allgemeine Auflösungszeichen ♮, wie das Erhöhungszeichen
des Kreuzes, ♯.

Den Gesangschülern mußte die Kenntnis der Kirchentöne
in ihren authentischen und plagalen Nebenreihen durchaus ge-
läufig sein, denn sie wurden nicht allein in regulärer Art, wie
wir sie der Übersicht halber hier aufzeichnen, gebraucht: die
jeweilige Zusammensetzung der Chöre bedingte oft eine nach
dem Gehöre zu machende Transposition.

uthentisch	(durch die Quinte geteilt).		Plagal	(durch die Quarte geteilt).	
orisch,	defgahcd	I. Kirchent.	Hypodorisch,	ahcdefga	II. Kirchen
hrygisch,	efgahcde	III. „	Hypophrygisch,	hcdefgah	IV. „
ydisch,	fgahcdef	V. „	Hypolydisch,	cdefgahc	VI. „
yxolydisch,	gahcdefg	VII. „	Hypomixolydisch,	defgahcd	VIII. „

Bei der hauptsächlich in die Oberquarte und Unterquinte erfolgenden Versetzung mußte die Lage der Halbtöne (hier mit Bogen bezeichnet) mit der Grundskala übereinstimmen, also: Dorisch mit ♭: g a b c d e f g, phrygisch mit ♭: a b c d e f g a, u. s. w.

Wurden die Melodien in beliebige andere Intervalle übertragen, so erweiterte sich die musica ficta oder falsa über die gebräuchlichsten Accidentalen: ♭, es, fis, cis, gis hinaus. Außer dem ♭ wurde jedoch kaum ein anderes Zeichen beigesetzt.

Wie hier der von Gregor als heidnisch und weltlich verworfenen Chromatik Tür und Tor geöffnet war, geschah es ebenso bei den allmählich sich herausbildenden charakteristischen Schlüssen oder Klauseln der einzelnen Töne. Der dorische hatte ♭ und cis, der mixolydische fis, gis wurde für den phrygischen Halbschluß, ♭ für den lydischen Schluß zur Anwendung gebracht.

Die Kenntnisse der Geistlichen mußten sich jedoch außer nach der musikalischen Seite auch auf die Art des Vortrags, der ein keineswegs einförmiger, sondern ein frei belebter, durch den Wortakzent geregelter war, erstrecken. Er war nach Wochen-, Sonn- und Festtagsdiensten ein sehr mannigfaltiger. Von den verschiedenen Versuchen, Ton und Vortragszeichen zu fixieren, können wir hier ein Beispiel der gebräuchlichsten Art jener Epoche, der Neumenschrift, wiedergeben, die ein aus sehr altem Kirchengebrauch herrührendes Buch, das Msc. 118, aus der Dombibliothek, enthält.[1]) Es gehört wahrscheinlich dem letzten Viertel des elften Jahrhunderts an und zeigt deutlich die aus den Akzentzeichen der griechischen Sprache herrührende Notenschrift, in der das Steigen und Fallen der Melodie mit Vor- und Nachschlägen auch Trillern zum Ausdruck kommt.

In jener Epoche wurde begonnen, die vielen kirchlichen Bücher in zwei Abteilungen, dem Missale für den Meßdienst, dem Breviarium für den Stunden- und Gebetsdienst zu vereinigen. Sie zerfielen dann wiederum in gesonderte Teile für den Sommer- und Winterdienst.

Das vorliegende Buch ist nun ein zweiter Teil, eine pars estiualis; die Anordnung seiner Feste und Heiligentage ent-

---

[1]) Stadtbibliothek, s. Beilage I.

spricht der der Mainzer Diözese. Es beginnt mit dem Introitus
des Ostermorgens: Ressurexit et adhuc tecum sum,
aevia. Sowohl bei diesem Gesang, wie bei verschiedenen andern
durch den Band zerstreuten, lassen sich die Neumengruppen
mit denen des St. Galler Codex 339 aus dem zehnten Jahrhundert als übereinstimmend erkennen; nur zeigen die Frankfurter
deutlichere, kräftigere Formen, wie sie denen eines Missale der
Benediktiner Abtei Murbach, oder denen eines Canta-
toriums der Kgl. Bibliothek zu Bamberg[2]) entsprechen, die
beide aus dem elften Jahrhundert stammen. Wenn wir das
Schwankende, Unbestimmte dieser Tonbilder übersehen, die vor
allem für die Tonhöhe keinerlei Anhalt boten, begreift sich,
welch folgenreiche Neuerung Guido von Arezzo, († 1050), mit
der Einordnung der Notenlinien geschaffen hat. Vor ihm waren
nur die Grenzen der beiden Halbtonschnitte der Oktave, die
C-Linie mit gelber, die F-Linie mit roter Farbe gezogen
worden; er fügte zwei schwarze Linien hinzu, die er wie die
Zwischenräume mit Notenzeichen besetzte.

Allmählich entwickelten sich in Anlehnung an die Grundformen der Neumen, den Punkt und die Virga, zwei Arten
von Notenzeichen: die römische viereckige, die gotische
runde Choralnote, auch Nagel- und Hufeisenschrift genannt, was mit den Formen zusammenhing, die die neumae com-
positae, die Ligaturen, in der Choralnotenschrift annahmen.
Daß solche Übergangsschriften des zwölften und dreizehnten
Jahrhunderts in Frankfurt vorhanden waren, läßt sich an Bruch-
stücken erkennen, die zu Bucheinbänden und Vorsatzblättern
benützt wurden und sowohl bei Bänden verschiedenster Art
der Stadtbibliothek und des Stadtarchivs nachweisbar sind, besonders aber zu den Einbänden der Musikalien der Barfüßer-
und Peterskirche zerschnitten wurden.

Überblicken wir die wachsende Bedeutung Frankfurts im
zwölften und dreizehnten Jahrhundert, die hervorragende Stellung,
die es als Versammlungsort von weltlichen und geistlichen Fürsten
bei den zahlreichen Reichs- und Wahltagen genoß, die räum-
liche Erweiterung der Stadt und die Ausbildung ihrer Verfassung,
endlich den Beginn eines die verschiedensten kulturellen Ele-

---

[2]) Paléographie musicale, Pl. 148, 150.

mente herbeiziehenden Handels — so können wir in all diesen
Erscheinungen nur eine Förderung für die Ausübung geistlicher
und weltlicher Musik erblicken. Im dreizehnten Jahrhundert
erhielt das kirchliche Leben seinen größesten Zuwachs durch
die Ansiedelung von v i e r Mönchs- und z w e i geistlichen Ritter-
orden. Der internationale Charakter dieser Vereinigungen, von
denen eine, die aus Roßdorf in der Wetterau hier angesiedelten
Antoniter, ursprünglich aus Vienne in Frankreich gekommen
waren, erlaubt uns an mancherlei fremdartige Zutaten in den
gottesdienstlichen Übungen zu denken. Besonders die Kloster-
geistlichkeit suchte sich in ihrem Gesange vielleicht durch Anwendung der M e h r s t i m m i g k e i t auszuzeichnen.

Die bis dahin entwickelten Stufen dieser für die Tonkunst
fruchtbringendsten Errungenschaft waren unter dem Einfluß
nordischer Völker schon im neunten Jahrhundert aufgetreten
und es hatte sich über Flandern, Frankreich und Italien die
Gewohnheit verbreitet, bei dem Gesang einzelne Teile der Liturgie
durch eine zweite Stimme verdoppeln zu lassen, die am Anfang
und Schluß im Einklang, dazwischen in paralellen Quarten und
Quinten begleitete, ähnlich wie es auch das Orgelspiel tat, so
daß dieser Gesang davon den Namen O r g a n u m erhielt. Jene
für das heutige harmonische Empfinden ohrenzerreißenden Inter-
vallfolgen erweiterten sich im zwölften Jahrhundert auf fran-
zösischem Boden zu dem zwei- und dreistimmigen D i s c a n t u s
(déchant), bei dem zuerst das wichtigste musikalische Gesetz
der G e g e n b e w e g u n g d e r S t i m m e n angewandt wurde. Auch
in England pflegte man in dieser Zeit einen in paralellen Terz-
und Sextschritten gehenden zwei- und dreistimmigen Gesang
den G y m e l und F a u x b o u r d o n. Nun beruhten alle diese
frühen Stufen der Mehrstimmigkeit ursprünglich auf der freien
Improvisation geübter Sänger und entbehrten lange jeder Auf-
zeichnung. Darum können sie von einer Generation von Geistlichen auch hier in Frankfurt ausgeübt, von einer späteren
vernachlässigt und vergessen worden sein.

Die fördernden Bedingungen unter denen die geistliche
Musik Pflege und Übung fand, gelten auch für die weltliche.
Wie gleichzeitige Berichte von verschiedenen Orten erzählen,
öffnete sich während des kaiserlichen Hoflagers schon in den
ältesten Zeiten die Pforte dem Sänger, der, einen Rest alt-

germanischer Sitte bewahrend, die Taten der Helden zur Harfe im Liede pries. Neben ihm erschienen Spielleute mit Fiedel und Rotte zur Belustigung der ritterbürtigen Herren, Drehleier und Sackpfeife ertönten zum Tanz des niederen Hofgesindes. Was periodisch bei der Anwesenheit des Kaisers und der Fürsten stattgefunden hatte, mußte bei der stabilen Gewohnheit der „Fahrenden", einmal besuchte Orte immer wieder zu berühren, auch Sitte werden, als sich aus Reichsministerialen und dem Hofgesinde die älteste Einwohnerschaft Frankfurts gebildet hatte.

Mit fortschreitenden Zeiten erheben sich aus dem Dunkel der Geschichte Begebenheiten die den Vertretern höherer Kunstübung Anteil gewähren. So feierte, um nur ein Beispiel zu nennen, Konrad III. bei einem 1142 zu Frankfurt abgehaltenen Reichstag die Vermählung seines Stiefbruders des Markgrafen Heinrich von Österreich mit der Tochter des Kaisers Lothar in vierzehntägigen glänzenden Festen. Es war die Zeit, in der sich der höfische Gesang auch in Deutschland zu verbreiten begann; die Vertreter dieser von der Musik ungelösten Kunstpoesie pflegten im Gefolge fürstlicher Herren nicht mehr zu fehlen. Wie sie selbst teils Gelehrte, teils Ungelehrte waren, trug auch ihre Kunst einen doppelten Charakter. Sie unterschied sich in der Art des Vortrages, besonders in der älteren Zeit, wenig von dem rezitativischen der gregorianischen Weisen, während die musikalische Grundlage eine andere, freiere war, wie sie denn besonders in den „Tageliedern" durch Bevorzugung des mixolydischen und hypojonischen Tons, den mit dem j o - n i s c h e n C d u r verwandten Gattungen, ihr Hinneigen zu der Praxis der Spielleute bekundete. Deren „lascive Kunst" setzte zuerst dem ernsten mollartigen Klange der Kirchentonarten einen entschiedenen Gegensatz in dem heiteren, lebensfrohen Element des D u r entgegen.

Die Betrachtung mittelalterlicher Musik hat sich demnach mit zwei von einander getrennten Gruppen zu beschäftigen: mit einer von den Geistlichen geübten und von ihnen gelehrten Kunst, deren Fortschritte sich auf dem Wege t h e o r e t i s c h - s c h o l a s t i s c h e r S p e k u l a t i o n vollzogen, und mit einer sich u n e i n g e s c h r ä n k t e n t f a l t e n d e n K u n s t , deren Schicksal es war, zum größten Teil unaufgezeichnet zu verklingen. Der Traktaten und Geschichte schreibende Gelehrte verstand sie

nicht und wollte sich nicht um sie kümmern, so daß erst schreibe-
kundige Laien des vierzehnten und fünfzehnten Jahrhunderts
Überreste davon bewahrt und der Nachwelt darüber berichtet
haben.

Wir dürfen uns daher nicht wundern, daß die Aufzeichnungen über Musik in Frankfurt, wie fast überall in Deutschland, bis ins sechzehnte Jahrhundert hinein sich auf Vorschriften
und Anordnungen beschränken, die wohl die äußere Regelung,
Form und Inhalt aber kaum berühren. Die inmateriellste aller
Künste entwickelte sich später und langsamer als die übrigen,
und erst eine Summe der Entwickelung, ein allgemeines Hinein-
wachsen, konnte die nachspürende Kritik und ästhetische Auffassung zeitigen.

1. Geistliche und weltliche Musik
bis zur Reformationszeit.

I.

Die mit dem vierzehnten Jahrhundert beginnende innere Stadtgeschichte zeigt uns ein kräftig entwickeltes, durch Verfassung und Rechtspflege fortgeschrittenes Gemeinwesen, das, gestützt auf die vermehrten Gunstbezeugungen und Freiheiten der Kaiser, inneren wie äußeren Feinden kräftig die Spitze bieten konnte. Der Kaisergedanke wurzelte mächtig in der Bürgerschaft und ließ sie mit ihrem Schirmherrn L u d w i g d e m B a y e r n das zwanzigjährige Interdikt tragen, ja in eben dieser Zeit die umfassende zum Zwecke der Kaiserwahlen notwendige Erneuerung und Erweiterung der Bartholomäuskirche vornehmen. Damit hing offenbar auch der Bau jener neuen Orgel zusammen, die nach zwei Frankfurter Chroniken [4]) den 1. November 1340 vollendet wurde, wie Lersner ohne Angabe der Quelle berichtet, „nach dreijährigem Bau". Wahrscheinlich wurde sie von einem einheimischen Orgelbauer aufgestellt, denn schon 1292 wird ein M e i s t e r G u n z e l i n von Frankfurt als Erbauer der Orgel im Straßburger Münster genannt, und ein Basler Nekrolog [5]) des vierzehnten Jarhunderts nennt einen magister Raspo de Franckenfurt organorum artifex. [6]) Das Begleitungsinstrument der Kirche hatte bis zu diesem Zeitpunkt verschiedene Entwickelungsphasen durchgemacht. Zur Karolingerzeit in der Form von kleinen, leicht spielbaren Instrumenten in Deutschland eingeführt, wuchs es sich immer mehr nach der Größe hin aus und die Bewältigung dieser Instrumente soll mit Fäusten und Ellenbogen erreicht worden sein. Die Orgelbauer waren zugleich Orgelspieler;

---

[4]) Anonymus u. Latomus, Quellen I. S. 81, 140.
[5]) Ritter: Gesch. des Orgelspiels S. 121.
[6]) Kriegk: Excerpt. VI.

besonders waren es deutsche Mönche, von denen Verbesserungen ausgingen, wie die Einstellung der Registerzüge im zwölften, die Erfindung des Pedals am Anfange des vierzehnten Jahrhunderts. Eine damit versehene Orgel wurde von deutschen Mönchen 1317 in der Markuskirche zu Venedig erbaut; in Thorn wird ein solches Werk um 1350, im Halberstädter Dom um 1366 erwähnt. Auch bei der neuerrichteten Frankfurter Orgel wird man sich dieser großen Verbesserungen bedient haben. Sie befand sich an der nordwestlichen Wand des Querschiffs, wo heute noch der untere Teil einer Steinkonsole, auf der sie ruhte, sichtbar ist. Ihr Gebläse ging in den Oberstock des Kreuzgangs und war durch eine Öffnung in der Wand mit dem Werk verbunden.

Haben wir nun, wie früher erwähnt, keine sichere Annahme für die Ausübung des mehrstimmigen Gesangs, so war durch die in verschiedenen Intervallgängen ausgeführte Orgelbegleitung dennoch eine Art Mehrstimmigkeit vorhanden, die allerdings hinter der auf vokalem Gebiete erzielten weit zurückstand. Infolge von Frankfurts Parteinahme für Kaiser Ludwig den Bayern beginnen die lange andauernden Spaltungen innerhalb des Klerus und zwischen diesem und der Bürgerschaft. Das Mittel zur Lähmung des geistlichen Lebens durch das Interdikt versagte wohl anfangs, da die Mehrzahl der Geistlichen selbst zu Ludwig hielt; nach und nach schlossen sich jedoch die Kirchen und Klöster der Stadt für das Volk, das nur andächtig lauschend vor den Türen dem Gesang der Horen folgte. War die Stadt auch 1350 aus diesem langen Zwiespalt befreit, so wurde der Kirchenbann auch später häufig bei den Vergehen Einzelner ausgesprochen. Vom Jahre 1358 ab, wo man eine Gesandschaft nach Rom zum Papste schickte „umb daz wir alz digke ungesungen sind" finden sich bis zum Ende des Jahrhunderts sechzehn verschiedene Einträge in den Stadtrechenbüchern über Sendungen an den Bischof von Mainz „von des sangis wegin", Geldgeschenke, die ausbezahlt wurden um Personen aus dem Banne zu kaufen, um derentwillen man „ungesungen" war. Am Ende des vierzehnten und im Anfang des fünfzehnten Jahrhunderts wurde ein Gesandter der Stadt zweimal mit großen Kosten nach Rom geschickt, um die Aufhebung des Bannes, also die Vollziehung des Kirchendiensts in

seinem ganzen Umfange, vierzehn Tage vor und vierzehn
Tage nach der Messe, der vielen Fremden halber, durchzusetzen.
Aus der Identifizierung der ganzen gottesdienstlichen Gebräuche
mit dem Gesange läßt sich erkennen, welcher Wert der musikalischen Ausgestaltung des Gottesdiensts beigelegt wurde. Trotz
der Hemmnisse, die das kirchliche Leben dieser Zeit erfuhr,
prägt sich unbeirrt die religiöse Gesinnung Einzelner in Stiftungen und Seelgeretten, die der Gesamtheit in großen öffentlichen Kundgebungen wie Prozessionen, Begängnissen und den
Passionsspielen aus. Zu den ersteren gehören die Stiftungen
der Katharina Wanebach, die 1333 die zehn Jahre früher gegründete Kirche und Schule des Liebfrauenstifts reich dotierte, und das Vermächtnis des Stadtschultheißen Siegfried zum
Paradies bei den Dominikanern von 1382. Beide Wohltäter
schreiben die zu ihrem Jahrgedächtnis zu singenden Antiphonen,
besonders das „Salve" vor. Die große Wassersnot vom Jahre 1342
wurde die Ursache der alljährlich unter Beteiligung der gesamten
Geistlichkeit, des Rats und eines großen Teils der Bevölkerung
stattfindenden Maria Magdalena-Prozession, bei der die Bitt-
gesänge auch zum Teil vom Volke ausgeführt werden durften.
Auch die Begängnisse wurden sehr feierlich mit Gesang abgehalten, sie kamen im vierzehnten Jahrhundert für drei Kaiser
Ludwig den Bayern 1347, Günther von Schwarzburg 1349 und
Karl IV. 1376 vor. Im folgenden Jahrhundert wurden sie in noch
vermehrter Anzahl für Fürsten und Fürstinnen, für besonders
hervorragende Persönlichkeiten, ja 1454 auch für die im Kampfe
gefallenen Söhne der Stadt abgehalten.

Die Mitte des vierzehnten Jahrhunderts, in der die Geißler-
fahrten ihr Ende erreichten, ist der Zeitpunkt, an dem in Frankfurt die ältesten zweitägigen Passionen aufgeführt wurden.
Aus der Fassung eines dieser Spiele, das nach der auf der
Stadtbibliothek befindlichen Dirigierrolle den damaligen Canonicus
des Bartholomäusstifts, Baldemar von Peterweil, zum Verfasser
hat, stellt es die Übergangsperiode der geistlichen
Oper zum geistlichen Schauspiele dar.[7] Neben dem
Dialog in der Volkssprache kommen hier noch zahlreiche lateinische Gesänge vor, die in den späteren, dem fünfzehnten

---

[7] Froning, R.: **Das Drama des Mittelalters.** D. Nat. Lit. Bd. 14.
S. 331.

Jahrhundert angehörenden geistlichen Dramen zu Gunsten einer lebhafteren dramatischen Handlung verschwinden. Es hatten sich für die Gesänge der einzelnen Personen an den Hauptorten dieser geistlichen Spiele sequenzartige, frei erfundene Melodien herausgebildet, die in rezitativischer, streng an den Text angeschlossener Weise vorgetragen wurden. Auf diese Art haben wir uns die in der Frankfurter Dirigierrolle eingestreuten gesanglichen Rollen der Maria, der Jünger, der Engel, der drei Marien zu denken, deren Part auf jüngere Geistliche entfiel. Die Chöre dieses Dramas ähnelten dem Antiphonengesang der Kirche; bei ihnen ließ man in den Hauptszenen allmählich die Mitwirkung des Volkes zu. Wuchs das „Schauspiel vom Leiden Christi" immer mehr aus der Kirche heraus, so bewahrte diese sich die uralte Art der Osterfeier, die an die Matutingesänge der Osterwoche angeschlossen und an einem vor dem Hauptaltare befindlichen Grabe von dem Succentor (Gesangslehrer) und mehreren Schülern vorgetragen wurde. Der bei Froning abgedruckte Text einer Trierer Osterfeier des dreizehnten Jahrhunderts läßt sich genau in dem Dialog der Frauen und Engel wiedererkennen, die in einem aus gottesdienstlichem Gebrauche herrührenden Manual der Dombibliothek von 1561 [8]) vorkommt und mit den einfachsten liturgischen Melodien versehen ist.

Getrennt von den Nachrichten über die kirchliche Musik und viel häufiger als diese begegnen wir im vierzehnten Jahrhundert den Notizen über das Auftreten der Spielleute. Diese zerfallen in zwei Gruppen: in auswärtige und einheimische, die wiederum nach dreierlei Art unterschieden werden müssen, nach ihrer privaten und ihrer in städtischen oder fürstlichen Diensten ausgeübten Tätigkeit. Zunächst haben wir es mit Vertretern der beiden letzten Arten zu tun.

Das schon erwähnte freie Wanderleben des Musikantentums, brachte es in die Gemeinschaft mit dem fahrenden „Gesind", mit Gauklern und Possenreißern und drückte ihm gleich jenen den Stempel der unehrlichen Geburt auf. Um sich gegen vielerlei Ungerechtigkeit zu schützen, zu der an manchen Orten sogar die Verweigerung des Sakraments gehörte, und um den Beruf

---

[8]) Stadtbibliothek.

zu heben, entstanden am Ende des dreizehnten und vierzehnten
Jahrhunderts Bruderschaften und Innungen der Musikanten. Es
sei hier nur an die der elsässischen Spielleute erinnert, denen
der Herr von Rappoldstein als Spielgraf vorstand und die
unter einem aus ihrer Mitte gewählten König ihre alljährlichen
„Pfeiffertage" abhielten. Für das Unterelsaß fanden sie in jedem
Jahr zu Gebweiler am 15. August statt; dort nahm der König
die Abgaben entgegen, schlichtete Streitigkeiten und ahndete das
Unrecht durch Geldbußen. Die Lehrzeit war für die Ausübung
des Instrumentenspiels in der Stadt auf zwei Jahre, für die auf
dem Land auf ein Jahr festgesetzt. In dem Bezirk der Innung
durfte kein fremder Spielmann „zu dantzen, schiessen und
andern khurtzweilen" aufspielen. Auch der musikverständige
Karl IV. ernannte 1355, während seines Aufenthalts in Mainz,
„Johann den Fiedler" zum „Rex omnium histrionum" mit gewissen Privilegien, die wohl die elsässischen Zunftgesetze wider-
spiegelten und von dem Erzbischof Adolf von Mainz 1385 erneuert wurden. Ebenso bestimmte Pfalzgraf Ruprecht 1393 einen
Pfeifer seines Hofgesinds zum König über alle fahrenden Leute
und erwies vielen fremden Spielleuten seine Gunst. Der Stand
mußte sich durch diese Verbände heben, die Leistungen mußten
besser, die Lebensführung eine ruhigere, seßhaftere werden.
Damit steht es wohl auch im Zusammenhang, daß bei der eine
immer größere Ausdehnung erlangenden Frankfurter Messe, die
Handel und Verkehr des In- und Auslandes in diese Gegend
zog, der Rat der Stadt auch den Spielmannsgilden erlaubte ihre
„Wettkämpfe" dabei abzuhalten. Sie wählten dazu die sogenannte
neue, seit dem Jahre 1330 von Ludwig dem Bayern der Stadt
gewährte Frühjahrsmesse. In dem ältesten städtischen Rechenbuche von 1348 findet sich zum 27. April der Eintrag: Den
fyedelern zu schenken 24 ℔ heller, (was nach dem viel
höheren Wert des damaligen Geldes heute in Mark etwa verzwanzig-
facht werden muß) und zum 18. März 1368 heißt es: 24 ℔ den
fyddelern und spelluden als sie in der neuen meß
hie waren" und 1376: „20 ℔ dem meister der fydler und
andern ihren gesellen, der fürsten und herrn spell-
luden, als sy in der vasten mess schul hielten.
      Unter den Fiedlern sind die Spieler von Saiteninstru-
menten, Lauten, Lyren und Geigen zu verstehen, während unter

dem Namen Pfeifer alle Bläser von Holzblasinstrumenten verstanden werden. Bläser metallener, weittragender Instrumente
waren die „Posauner" und „Trompeter". Wenn wir auch in der
Folgezeit in den Frankfurter Büchern keine Wettkämpfe der
Spielleute mehr erwähnt finden, ist es mit Sicherheit anzunehmen, daß die besseren Elemente des Musikantentums, auch
von weiter Entfernung her und mit fremdländischer Art und
Weise, sich unausgesetzt zu den Messen einfanden, wo ihnen
reichlicher Verdienst zuteil wurde.

Gleichzeitig wie in vielen größeren Städten treten auch
in Frankfurt als städtische Angestellte die Pfeifer der Miliz
auf. Es heißt vom Jahre 1348: 4 ₰ den fyddelern vom
huise; 1350 heißt es: den portenern, buczenknechten,
den spelluden umb röcke 32 ₰; 1356 erhält ein Götze
pyffer 11¹/₂ ₰ Heller und drei achtel korns sinen halben jarlon; 1361—1366 werden fl. 24 jährlich den pyffern
ausbezahlt. Die drei im Jahre 1379 angestellten Pfeifer Hancz,
Heincz und Claws erhalten außer 6 Simmern Korns und
dem Geld für Hausmiete in der Höhe von 20—33 ₰ Hellern
Kogeln, Lederhosen, Pferde und Sättel. Sie tragen mit dem
Stadtwappen geschmückte Schildchen auf der Brust, die zu malen
im Jahre 1377 mit 3 fl., 5 ß eingetragen sind.[9]) Als Farbe
der Kleidung wird im vierzehnten Jahrhundert „sattblau" Tuch
erwähnt, im fünfzehnten geht es unter der Bezeichnung „lon-
disches Tuch". Die Pfeifer ziehen bei den vielen Kämpfen
in Frankfurts Nähe mit aus: bei der Cronberger Schlacht 1389,
bei den Schleifungen der Festen Hattstein 1392, Bommersheim
1397; sie werden mit dem „Trommelschläger" auch bei einzelnen
Rüstungen der Stadt im fünfzehnten Jahrhundert besonders
erwähnt, wie bei dem Zuge gegen den Herzog von Burgund
von Neuß 1475, dem Zuge gegen Flandern 1488. Von 1491
ist die Anwerbung des Trompeters Jordan Itel von Eschehawe
erhalten[10]) der „mit Pferd, Panzer und Harnisch" als des
„Hauptmanns Knecht" für „fl. 36 und ein cleydt" reitet. Für
den zu den Söldnern des Bürgermeisters gehörenden „Drompter"
kommen Dienstbriefe dagegen erst aus viel späterer Zeit vor.

---

[9]) Stadtrechenbuch.
[10]) Lersner II, 1, 407.

Die „Pfeife" läßt sich als charakteristisches Marschinstru-
ment des aus Bürgern und Söldnern zusammengesetzten reichsstädtischen Heeres bis zum Ende des achtzehnten Jahrhunderts verfolgen, als neben ihr längst ein aus verschiedenen
Blasinstrumenten gebildetes Militärorchester vorhanden war.[10])
Zu ihrem „Spiel" bediente man sich in den ältesten Zeiten verschiedener Arten von Flötenpfeifen: für den Krieg wohl der
Querpfeife, die in drei Lagen, als Diskant-, Alt- und Tenor-
pfeife vorhanden war, deren durchdringender Ton zu den seit
den ältesten Zeiten im Gebrauch befindlichen Signalinstrumenten,
den Hörnern und Trompeten, trefflich paßte. Bei friedlichen
Gelegenheiten mögen sie sich dagegen der „Schnabel- und Lang-
flöte" bedient haben, die ebenfalls in drei Lagen vorkamen,
oder der Schalmeien, deren Diskantinstrument die „Rausch-
pfeiffe", deren Baßinstrument der „Bomhardt" oder „Pommer"
genannt wurde. Solche Veranlassungen fanden sich im öffentlichen Leben der Stadt überall da, wo der Rat beteiligt war
oder in offizieller Stellung erschien: bei den großen Prozessionen,
bei den Passionsspielen, bei den Turnieren, bei den im Mai
stattfindenden Gelagen des Rats, auch bei Einholung des Meß-
geleits.

Die repräsentative Seite der Pfeifertätigkeit dauerte bis
gegen Ende des sechzehnten Jahrhunderts, wo sie an eine andere
inzwischen eingestellte Musikantengattung übergeht, die wir
später zu betrachten haben werden.

Eine ähnliche offizielle Stellung wie die reichsstädtischen
Pfeifer nahmen die Spielleute der Fürsten und Herren ein,
obenan die des Kaisers. Die höfische Sitte verlangte, daß diese
niederen Ministerialen beschenkt wurden, was denn auch von
der Stadt Frankfurt in reichem Maße ausgeübt worden ist.
Eine Gesandtschaft, die 1375 in das kaiserliche Hoflager nach
Mainz geschickt wurde, mußte sowohl des Kaisers wie der Kaiserin Spielleute wohl „begaben". Bei der Anwesenheit des Kaisers 1376 steht der Eintrag im Rechenbuch: „2 ₰ des königs
pyffern als man schildwacht hielt", ebenso erhielten 1402 „die
potten des Königs fl. 2 und die pyffer und spellude fl. 2". Was

---

[10]) Es möchte hier darauf hingewiesen werden, daß der Anfang von
Klärchens Lied im Egmont: „Die Trommel gerührt, das Pfeifchen gespielt"
wohl auf Jugendeindrücke Goethes zurückzuführen ist.

dem Reichsoberhaupte gegenüber erklärlich und geboten scheint, artet jedoch durch das Verlangen und die Zumutung kleinerer Reichsfürsten und hoher Herren zur wahren Unsitte aus. Am häufigsten gebraucht das Mittel, seine Spielleute in Frankfurt „begaben" zu lassen, während des vierzehnten und fünfzehnten Jahrhunderts, der geistliche Oberhirt der Stadt, der Kurfürst von Mainz. Einmal schickte er 1381 seinen Spielmann Langnase mit einem Auftrag an die Stadt, 1394 läßt er durch seine fahrenden Leute seinen Einritt in Mainz melden, 1398 zeigen sie seines Bruders Tochter Hochzeit an. Der neue Bischof Diedrich schickt 1434 „piffer und bosauner" um „schenke iren herrn zu ehren" nach Frankfurt. Ihre „newe ritterschaft" zeigten der „von Kolditz" 1372, der „von Westerburg" 1373 und der „von Falckinburg" 1399 an; 1374 läßt der Bischof von Würzburg eine Hochzeit anmelden, ebenso tut das der Graf von Veldenz 1369; man begabt die „varenden leute und pfiffer" des kaiserlichen Sohnes Herzog Hans und die des Markgrafen Friedrich von Brandenburg, der sie 1442 von seiner Hochzeit nach Frankfurt gesandt hatte. Das Geschenk, das diese Leute erhielten, schwankte zwischen einem und sechs Gulden. Erst von der zweiten Hälfte des fünfzehnten Jahrhunderts läßt sich beobachten, daß dem Rat diese Gesandtschaften zu viel werden und er sich ihrer zu erwehren sucht. So finden wir im Bürgermeisterbuch von 1445: „den pyffern des lantgrafen nichts schenken"; ebenso heißt es 1450: „den pyffern und des babstes boten nichts schenken oder lyhen, sondern ihn das gudlich abschlagen, sagen daß es des rats gewohnheit nit sey". Auch die Lautenschläger und Pfeifer des Bischofs von Mainz ziehen 1451 und 1470 ungelohnt ab. Da alle diese Leute den besseren Elementen des Musikantentums angehörten, hatte ihr Zuziehen auch Vorteile; sie legten dabei Proben ihrer Kunstfertigkeit ab und streuten Keime der Weiterbildung aus.

Das vierzehnte Jahrhundert hat uns noch eine Quelle hinterlassen, die zu dem Ausführlichsten gehört, was wir über mittelalterliche Poesie, Gesang und Instrumentenspiel unserer Gegend, der Rhein- und Mainlande, besitzen, es ist die Limburger Chronik.[12]) In ihr wird ein reiches musikalisches Leben jener

---

[12]) Wyss, A.: Die Limburger Chronik des Tilemann Elhem von Wolfhagen. Mon. Germ. Deutsche Chroniken Bd. 4. 1881.

durch Natur und frühe Kultur so bevorzugten Landstriche geschildert. Mehrere Nachrichten weisen auf jene Veränderungen
hin, die in dem prosodischen wie musikalischen Aufbau der Lieder
in der damaligen Zeit des Übergangs der Volks- und Minne-
sängerpoesie in die bürgerlich lyrische Kunst Platz griffen.
Es heißt dort zum Jahre 1360[13]): „In demselbigen Jahre
verwandelten sich die carmina und gedichte in teutschen landen, denn wenn man bishero lange lieder
gesungen hatte, mit fünf und sechs gesätzen, da
machten die Meister newe lieder die hysset wiedersang mit drei gesätzen.", woran sich dann die weitere Ausführung knüpft: „und es hatte sich also verwandelt
mit dem pfeiffenspiel und hatte aufgestiegen in der
musica das sich nicht also gut war bishero, als nur
angangen ist. Denn was vor fünf oder sechs Jahren
ein guter pfeiffer war im land, der däuchte jetzund
nit ein fliege[14])". Hierauf kommt auch der Frankfurter
Dominikaner Peter Herp in seinen Annalen zu sprechen,
in denen er zum Jahre 1360 die Fortschritte der „Instrumentisten" und der „Figuralisten" d. h. „der mit dem Mensural-
gesange vertrauten Sänger" erwähnt. Die ausführlichen Dar-
legungen in dem Traktat des Grocheo[15]) handeln ebenfalls
von dieser Zeit, in der die Musik „der neuen Richtung" mit
ihrer Vielgestaltigkeit in weltlichem Gesang, Tanzliedern und
Instrumentenspiel außerordentlich befruchtend wirkte. Von den
in der Chronik mitgeteilten Liedern treten jene durch besondere
Zartheit hervor, die wir für unsern Boden in Anspruch nehmen
dürfen, da sie von einem aussätzigen Mönche „barfüßer ordens"
gesungen wurden, der um 1370 „vff dem meine" d. h. auf dem
„Hof zu den guten Leuten" bei Frankfurt lebte. „Der sang
die schönsten lieder am Rheinstrome vnd was er
sang, das sangen die leute alle gern und alle meisten
pfiffen vnd andere spielleute führten den gesang
vnd das gedicht, er sang dies lied:

---

[13]) S. 49.

[14]) Nach den dort angef. Übertragungen „ein fliehn — ein nichts".

[15]) Einer der seltenen von einem Gelehrten geschriebenen Traktate,
der die weltliche Musik berührt, S. B. der I.M.G. 1899 I S. 90—98 veröffentlicht von Johannes Wolf.

Ich bin vffgezehlet,
Man weisset mich armen vor die thür
Untrew ich spür
Nun zu allen zeiten.

Und weiter sang er:
May, May, May,
Du wunnigliche Zeit,
Mennigliche frewde geit
Ohn mir, wer meinte das?

„Der reihen und wiedersang machte er gar viel und war das alles lustig." Für unsere engere Heimat bestätigen diese Bruchstücke die Wirksamkeit eines echten Dichters, der in seiner künstlerischen Schöpferkraft die Befreiung aus irdischer Not fand. Für weitere Kreise Deutschlands sind zahlreiche Liederhandschriften und auch solche mit mehrstimmigen Tonsätzen erhalten; es sei hier nur an das Lochheimer Liederbuch, wie an die zu München, Wien und Berlin bewahrten Liederhandschriften erinnert. Obgleich nur als „Fragment der Fragmente" vermögen sie Zeugnis abzulegen von dieser reichen, großen und sangesfreudigen Zeit, die mit dem politischen und wirtschaftlichen Aufblühen der Städte zusammenfällt.

II.

In dem kurzen Zeitraum von 1401—1411 hatten zu Frankfurt drei Königswahlen, die Ruprechts, Jobsts und Siegismunds stattgefunden und da in eben dieser Zeit die Zwistigkeiten zwischen dem Frankfurter Clerus und der Stadt nicht aussetzten, schien es geboten, die „Statuten des Bartholomäusstifts", die nach der goldenen Bulle von dem 1384 verstorbenen Baldemar von Peterweil notiert waren, zu revidieren. Diese Niederschrift liegt von der Hand des 1462 verstorbenen Dechanten Wolfgang Königstein vor.[16]) Ziehen wir die Berichte über die Wahl zusammen, so wurde zum Eingang die Messe der heil. Jungfrau celebrirt und dabei die Antiphonen „Salve sancta parens", „Ave praeclara", „Alleluja virga Yesse" gesungen. Den Mittelpunkt bildete die Heilig Geist-Messe mit der Sequenz Veni creator spiritus. Nach dem Schwur der Fürsten und der Erhebung des Königs auf den Altar erklang das dem

---

[16]) Quellen I. S. 9—15.

2*

ersten deutschen Könige geweihte Officium mit der „sequencia
propria de sancto Karolo", auf die das Te Deum folgte.
Daran schließen sich die Bestimmungen über die Einteilung
der Altarspende, die, wie bei der Papstwahl in Rom, für die
fungierenden Geistlichen und Kapellanen festgesetzt war. Sie
wurde in vier Teile geteilt: den ersten erhielten die anwesen-
den Geistlichen, soweit sie später nicht besondere Erwähnung
fanden, den zweiten diejenigen, die den Dienst verrichteten, und
die Knaben, die das „Hallelujah" sangen. In den dritten Teil
hatte sich Cantor, Succentor, Rector scolarium, Organist und
Calcant zu teilen. Endlich wurde mit dem letzten Teil zur
Hälfte der Sakristan und Glöckner bedacht, ein Teil aber zur
Ausschmückung der Kirche verwandt, was bei der Einteilung des
zweiten Viertels schon berücksichtigt wurde. Gehörten die Geistlichen, die bei dem Dienste fungierten, nicht zur Kirche, so
hatten sie doch diese Oblationen zu erhalten. Solche „Altar-
spenden" gab Kaiser Friedrich III. auch bei einem kurzen Be-
suche in Frankfurt, den er von Mainz aus am 2. und 4. Dezember
1485 machte, wo er sich die Messe der hl. Barbara und des
heil. Bartholomäus singen ließ und dafür fl. 6 und fl. 3 niederlegte.
Zeitlich gehören auch die in den Büchern des Bartholomäus-
Stifts [17]) enthaltenen Eidesformeln für die Kleriker hierher, von
denen wir die des Cantors, Succentors, Organisten
und Rector scolarium zu betrachten haben. Sie bestimmen
das Singen jener Messen für den Cantor, die der Dekan des
Stifts zelebrierte, d. h. die der hohen Fest- und Heiligentage.
Sein Platz war dabei im Chor an erhöhter Stelle, damit er von
allen Seiten gesehen werden konnte; die liturgischen Gesänge
sollten in einer feierlichen und vernehmbaren Weise mit einigen
Pausen vorgetragen werden. Als vierter Prälat des Stifts gehörte er jedoch nur, wenn er ein Geistlicher war, dem Kapitel
an. Ihm war der Succentor unterstellt, den er anzunehmen
und zu prüfen hatte, der auch von ihm abgesetzt werden konnte.
Diesem nun lag es ob, den Gegenchor zu leiten und die Messe
an allen kleineren Festen des Kirchenjahres wie der Sonntage
zu intonieren; bei der Ausübung des Wochengottesdiensts, der
Vigilien, Horen, Matutinen wurde er von dem Suffragan, Heb-

---

[17]) Serie III, Nr. 4. Vgl. Würdtwein Subs. dipl. I.
[18]) Quellen I, S. 26.

domadarius und den Vikaren unterstützt. Der Succentor war
der Kaplan des Dekan, wurde von diesem besoldet und hatte
ihn jederzeit bei geistlichen Handlungen zu vertreten. Die Aufgabe des Organisten war es nun den Gesang nach besten
Kräften „nach dem angegebenen Modus" zu begleiten, weder
zu eilen, noch zu verlangsamen, auch das ihm anvertraute Instrument in bester Ordnung zu erhalten, besonders aber nie-
mand ohne Erlaubnis des Prälaten darauf spielen zu lassen.
Bei seinem Abgange mußten Tasten und Bälge in bester Ordnung befunden werden. Der Lehrer der Knaben, der Rector
scolarium, sollte sie nach ihren besonderen Fähigkeiten mit Treue
und Fleiß unterrichten, den Chor mit ihnen eifrig besuchen und
über ihre regelmäßige und richtige Betätigung bei dem Gesange
wie über ihr Betragen wachen.

Welchen Umfang nun dieser musikalische Unterricht am
Anfange des fünfzehnten Jahrhunderts hatte, darüber vermag uns eine Handschrift der Dombibliothek Anhaltspunkte
zu geben, die der Presbyter Johann Flöss in den
Jahren 1418—1419 niedergeschrieben hat. Sie findet sich in
dem Msc. 170,[19]) einer Sermones betitelten Pergamenthand-
schrift, von Fol. 73 bis Fol. 133 und enthält sowohl musikalische wie theoretische Teile, die wie ein Band umeinander-
geschlungen sind. Der musikalische Teil beginnt mit dem
Responsorium de St. Margaretha cantandum per claves
d. h. der Tonbuchstaben für die Noten, wie sie in vorguidonischer
Zeit vielfach über den Text gesetzt wurden. Fol. 74 b. folgt
dann das umfangreiche Officium der hl. Afra in Notenschrift,
auf vier Linien, mit roter F- und gelber C-Linie. Es verdient
dadurch besondere Aufmerksamkeit, daß es in einer Reihe von
Gesängen identisch ist mit der Historia der hl. Afra, wie sie
nach dem Faksimiledruck bei Brambach[20]) verglichen werden
konnte, damit also auf die Komposition des berühmten Reichen-
auer Musikers Hermann Contractus aus dem ersten Drittel des
elften Jahrhunderts zurückgeht. Linien, Schlüssel wie Notenzeichen stimmen durchaus mit der Karlsruher Handschrift überein,
so daß für diesen, wie für den theoretischen Teil auf eine

---

[19]) Stadtbibliothek.

[20]) Die verloren geglaubte Historia de Sancta Afra martire und das
Salve regina von Hermann Contractus, Karlsruhe 1892.

getreue, ja peinliche Kopie einer älteren Vorlage geschlossen
werden kann. Auf das Officium folgt die Legende der Heiligen,
dieser eine Reihe von Mariengesängen, am Schlusse das Salve
regina in hypodorischer Tonart. Unvermittelt beginnt nun der
theoretische Teil auf Fol. 118 mit der Kreisdarstellung der acht
modi; ihnen gegenüber ist der pythagoräisch-boetanischen Lehre
folgend das griechische S y s t e m a   t e l e i o n, die Zweioktaven-
reihe aufgestellt, die nach der durch das ganze Mittelalter
üblichen Weise neben den griechischen Benennungen der Töne
und den griechischen Tetrachordeinteilungen auch die der mittelalterlichen Theoretiker (Graves, Finales, Superiores, Excellentes)
und die lateinische Buchstabenbenennung trug. Es muß hier
darauf hingewiesen werden, daß die Namen, die den Oktaven-
gattungen von der frühmittelalterlichen Theorie zugelegt wurden, n i c h t mit denen der griechischen Haupttonarten stimmen,
sondern mit denen der griechischen T r a n s p o s i t i o n s s k a l e n
identisch sind. Aus mißverstandenen Stellen der antiken Schrift-
steller ging dieser Irrtum hervor. Die griechische Haupttonart,
die d o r i s c h e umfaßte also:

dorisch

A, H, c, d, e, f, g, a, h, c´, d´, e´.

hypodorisch

Die mittelalterliche dagegen:

dorisch

A, H, c, d, e, f, g, a, h, c´, d´.

hypodorisch

Erst Forschungen des neunzehnten Jahrhunderts, besonders
die von B e l l e r m a n n: „Die Tonleiter und Musiknoten der
Griechen", 1847, brachten darüber Klarheit.

Die Tonlehre unserer Handschrift wird von hier ab wieder
durch Heiligen-Hymnen unterbrochen, wobei keine Noten, sondern die schon am Anfang gebrauchte Buchstabentonschrift angewandt ist; auf Fol. 127 setzt dann die Solmisations- und
Mutationslehre Guidos ein. Weittragend wie für den praktischen
Gesang waren seine Neuerungen auch für die musikalische
Theorie. Er stellte die neue Teilung der Oktaven, die ihm zur
Vermeidung des T r i t o n u s notwendig erschien, die S e c h s -
t o n r e i h e oder das H e x a c h o r d s y s t e m auf. Den Tönen des

Hexachords gab er die Anfangssilben eines sechszeiligen Jo-
hanneshymnus: Ut queant laxis, etc.: ut, re, mi, fa, sol, la, die
sich als die besten und bequemsten zur Erlernung des Gesangs
erwiesen und über die Abschaffung der Solmisation im siebzehnten Jahrhundert hinaus, ja bis auf unsere Tage in Gebrauch
blieben.

Auf dem Gamma ut, dem tiefsten Ton erstand die erste
Sechstonfolge, das H e x a c h o r d u m n a t u r a l e, vom folgenden
C aus das H e x a c h o r d u m d u r u m, vom nächsten F, in dessen
Reihe das erniedrigte Be fiel, das H e x a c h o r d u m m o l l e. Die
drei Halbtonschnitte e f, a b und h c wurden stets mit mi fa bezeichnet; da sich nun sieben Hexachorde übereinanderbauten
und bei dem Übertritt von einem in das andere die sogenannte
M u t a t i o n auszuführen war, ergaben sich Doppelbenennungen.
So hieß das C der ersten Oktave als vierter Ton des Hex.
durum f a, als erster des Hex. naturale u t, das C der zweiten
Oktave hieß als fünfter Ton des Hex. molle s o l, trug also hier
die drei Namen s o l - f a - u t. Ebenso die übrigen Töne, so daß
nur die drei unteren und der oberste, das von ihm hinzugefügte
zweigestrichene e, einfach benannt waren. Diese Tonlehre
nimmt nur wenige Blätter unserer Handschrift ein, sie wird dann
auf Fol. 127 durch das cheironomische Mittel Guidos zur Erlernung der Solemisation, die sog. „Hand", erläutert. Auf ihren
neunzehn Fingergliedern finden wir die Töne verteilt (für b molle
und durum nur ein Glied) und zwar so, daß mit Gamma ut auf
dem oberen Gliede des Daumens begonnen wurde, das ee als
höchster Ton über die Spitze des Mittelfingers schwebte. In
der Fläche der Hand[21]) finden wir die Worte eingeschrieben:
B o n e d o c t o r d a t e n o b i s l i c e n t i a m, ein Ruf, der den
geplagten Sängerknaben nur allzuoft entschlüpft sein mag,
wenn sie sich durch die zweiundfünfzig Mutationen der „Hand"
zurecht finden sollten. Es ist dazu zu bemerken, daß der
ausgeschiedene siebente Ton der Skala in der Folge besondere
Bedeutung für die Modulation gewann, da er nach der Regel
„una voce super la semper canendum f a", als Subsemitonium
gebraucht, und bei Überschreitung des Hexachords nach oben
und unten zum Leiteton wurde. Auch begnügte man sich in

---

21) S. Beilage 2, a, b.

der Folge nicht allein mit den Hexachorden auf diesen Tönen,
man stellte sie auch auf b, e, d und a auf und nahm dann die
Accidentalen zu Hilfe, so daß in diesem System nur anscheinend
eine Gebundenheit, in Wirklichkeit eine Erweiterung der Modulation, ein Hinausstreben über die diatonischen Grenzen gegeben
war. Am Schlusse unseres Traktats findet sich nochmals wie am
Anfang die Guidonische Skala mit der Tetrachord- und Hexachord-
einteilung eingezeichnet und dabei ist auch der Name des Schrei-
bers Johann Flôes wiederholt.

Aus den Büchern der Bartholomäus-Stifts ist über die Suc-
centoren nichts zu entnehmen, und auch unter den Vikaren begegnen wir Flôes nicht. Vermutlich aber bekleidete er das erstere
Amt und schrieb sich den musikalischen Teil zum Gebrauch bei
Festen, das theoretische Stück für seinen Unterricht ab. Weiter als
bis zu der darin abgegrenzten Stufe ist man wohl damals weder
in der Schule zu St. Bartholomäi noch in der 1317 und 1326 gegründeten des Leonhards-Stifts und der zu Liebfrauen gedrungen.
Nach den uns erhaltenen liturgischen Gesangbüchern des fünfzehnten Jahrhunderts war dies aber auch kaum nötig. Sie
bestehen aus Meßbüchern, in welchen die Kurse der Tag-
und Festzeiten in Abkürzungen enthalten sind und nur bei
einzelnen Teilen der Liturgie und bei den Hymnen die knappe
Angabe des Modus überschritten wird, und Gradualien, in
denen die Hauptmelodien des Meßdienstes und der heiligen
Zeiten ausführlich eingetragen sind. Dazu kommen noch
Handbücher für kurze musikalische Niederschriften, z. B. für
den Palmsonntag oder Gründonnerstagsdienst, für Totenmessen
und Vigilien. Von dem Vorhandenen kann hier nur eine kleine
Anzahl herausgegriffen werden. So enthält ein Mischband der
Dominikanerbibliothek [22]) aus dem Anfang des fünfzehnten Jahrhunderts eines der ältesten Stücke kirchlicher Psalmodie, das
erste Klagelied Jeremiä, das zu den Lamentationen der Osterzeit gehörte. Der nur in ganz geringem Tonumfange gehaltene
Gesang ist in Virgen und Punkten der gotischen Choralnotenschrift notiert. Ein vermutlich aus dem Domstift herrührendes
Gradual [23]) enthält jenes schon erwähnte Officium des hl. Karl mit
der dazu gehörenden Sequenz im lydischen Ton, über die strophische

---

[22]) Msc. 794 Stadtbibliothek.
[23]) Stadtbibliothek.

Dichtung: O rex orbis imperator.[24]) Hier stehen auch die über biblische Texte gesetzten Intonationen der acht modi[25]), die als typische Schulexempel zur Einstudierung, dienten. Es ist dabei die Nagel- und Hufeisenschrift angewandt; in einem Gradual des Karmeliterklosters dagegen die zierlichere römische Quadratnote, die hier durch ihre vielfachen Ligaturen von den reichen Melismen und bewegten Gängen der über metrische Texte gesetzten Melodien Kunde gibt. Die häufige Veränderung des C- und F-Schlüssels und der bunten Linien in diesen Niederschriften, die seltene Anwendung von Hilfslinien deuten auf das Bestreben, höhere und tiefere Gesänge noch innerhalb des Systems unterzubringen.

Wie sich die seit dem zwölften Jahrhundert entwickelte Mensuralnotenschrift, die den einzelnen Tönen des mehrstimmigen Gesanges bestimmten Dauerwert beilegte, zunächst an die Choralnotenschrift anlehnte, läßt sich auch später ein Hinübergreifen der älteren Tonschrift auf die jüngere beobachten. Sie nimmt die Zeichen nicht als Werte bestimmter Geltung, sondern als Halte- und Stützpunkte der Melodien auf. So ist das Vorkommen der Semibrevis ◇ (Ganztaktnote), der Minima ⟆ (Halbtaktnote), der Semiminima ♪ (Viertelnote) in zwei Gradualien des Leonhardstifts aufzufassen, die zwischen den gotischen Choralnoten und Ligaturen stehen.

Als eins der kostbarsten paläographischen Denkmäler dieser Zeit ist das Missale Rorbach zu nennen, eine Zierde der ständigen Ausstellung der Stadtbibliothek. Im Charakter mittelrheinischer Handschriften der zweiten Hälfte des fünfzehnten Jahrhunderts gehalten, ist der Text in gotischer Sakralschrift mit reichem Initialenschmuck, die Notation in großer Nagel- und Hufeisenschrift auf vier und fünf Linien, mit der roten F- und

---

[24]) s. o. S. 20. Abgedruckt bei Mone: Lat. Hym. des Mittelalters III S. 349 nach einer Handschr. des XIV. Jahrh. aus St. Jakob in Lüttich. S. Beil. 3.

[25]) Primi querite regnum Dei
Secundum autem simile est huic,
Tertia dies est quod hoc facta sunt,
Quarta vigilia venit ad eos,
Quinque prudentes intraverunt ad nuptias
Sexta hora sedit super puteum
Septem sunt Spiritum ante thronum Dei,
Octo sunt beatitudines.
Auch Gerbert Script. I u. II pag. 79, 249.

gelben C-Linie ausgeführt. Auf Fol. 113 b ist das Allianz
wappen der Rorbach und Holzhausen angebracht, in der
bronzenen Deckverzierung erscheint das Wappen der Werstatt.
Damit offenbart sich ein Stück Familiengeschichte. Denn nach
einem Eintrag am Schluß übergab der Schöffe Heinrich Rorbach, dessen Frau aus dem Werstattschen Geschlecht stammte,
das Buch seinem Sohn Bernhard bei dessen Verheiratung mit
Adelgunde von Holzhausen am 14. März 1465. Der jüngste
Sohn dieses Bernhard, J o b R o r b a c h, erhielt es nach seinem
eigenen Bericht[26]) von der Mutter, als er am 4. März 1501 die
Weihen empfing und das elterliche Haus verließ, um sein Kano-
nikat zu St. Bartholomäi anzutreten. Dieses ausgezeichnete Exemplar der Schreiberkunst gehört zu jener Art von Werken, die
vorbildlich für die neuaufkommende Buchdruckerkunst wurden.
Die reiche Anzahl von Inkunabeln in den Stiftern und Klöstern
Frankfurts[27]) deutet darauf, daß man sich hier sehr bald mit gedruckten Kirchenbüchern versah. Darunter sind Mainzer, Würzburger, Speyrer, Kölner und Venezianer, Pariser und Antwerpener Drucke, bei denen die verschiedenen Versuche der
Herstellung von Noten und Linien, eine Hauptschwierigkeit für
die Typographie, beobachtet werden können. Die Meßbücher
haben teils „gedruckte rote oder schwarze Linien und geschriebene Noten", teils „Noten in Choraltypendruck mit darüber gezogenen oder gedruckten Linien", endlich „Typendoppeldrucke", bei denen erst die Linien, meistens rot, dann die Noten
darüber gedruckt wurden. In dieser sehr kunstvollen Art ist
das M i s s a l e M o g u n t i n e n s e v o m 18. M ä r z 1482 hergestellt, das wegen seiner unverkennbaren Ähnlichkeit mit dem
ältesten deutschen Choralnotendrucke, dem M a i n z e r M i s s a l
v o m 8. N o v e m b e r 1481 aus der Offizin J ö r g R e y s e r s zu
Würzburg,[28]) diesem Drucker ebenfalls zugeschrieben werden
muß. Besonders fein sind die Typendoppeldrucke in römischen
Choralnoten auf roten Linien in zwei kleinen venezianischen
Missalen; das älteste wurde 1500 von dem wahrscheinlich aus
unserer Gegend stammenden „Niclas de Francfordia", das zweite
1509 von Luca Antonio Giunta gedruckt.

---

[26]) Quellen I, S. 310.

[27]) Stadtbibliothek u. m. Aufsatz M. f. M. 1900—1901.

[28]) Riemann: Notenschrift und Notendruck, Rödersche Festschrift 1896.

III.

Mit dem Beginn des fünfzehnten Jahrhunderts werden wir durch verschiedene Nachrichten näher mit dem Orgelbau in Frankfurt bekannt gemacht. Die Tätigkeit der Orgelbauer dehnte sich nicht nur auf Kirchenorgeln aus; es wurden auch Hausorgeln oder „Positive", kleine tragbare Werke oder „Portative" hergestellt. Ein Streit über die Anfertigung einer Hausorgel, der zu ihrer Rückgabe führte, läßt sich nach einem Eintrag im Heiligenbuch (Eidbuch) von 1402 verfolgen: „als Peter Hombracht einer steht ist czu im Heinczen zum Usate, als von einer orgeln wegen kommen, die des eyn Petirs ist und als er die hinderinne funden habe, daß sye nit gemacht sy als sye verdinget sy und auch daz sie wille oder wisse nŷ gewest sŷ, daz die Heinczen vergevirsacyt sŷ, wie si darumb hergerisit waren, daz hant sie mit willen offgeslagen bis off czukunft des meisters der si gecorrigirit hat; wil der den eyd von ime nemen an Heinczen stat, so hat es de imetun obesi nit darumb gutlich viregeigit werden, irließ it aber der orgelmeister zu der rechten, so hat es der von Heinczen auch irlassen und hat Heinczen im sin orgeln wiedergeben."

Im Jahre 1411 kommt im Beedbuch der Oberstadt Diederich orgelmecher vor, der nach der St. R. von 1420, „sin haws und sin kram" verpfändet. Dieses Haus befand sich „gein der Michaelskirchen" und wird noch 1503, als es der Schöffe Hamman von Holzhausen an das Bartholomäus-Stift verkauft, des „orgelmechers haws" genannt. Ein Teil dieses Besitzes wird dann zur Scholasterei gezogen. Diedrich vollendete 1422 die Orgel der Friedberger Marienkirche und leistete in nachstehendem Schriftstück für sich, seine Ehefrau Anna und seine Erben Verzicht auf weitere Zahlung: „Ich Diterich orgelmecher von Franckinfurt bekennen in diesem vffin Briefe, also als ich dem Buwe vnser lieben frauwen parkirchin der Stad Frideberg eyn nuwe orgiln gemacht han, daz die Ersamen her Johan Sauber vnd Eygel von Sassen zu dise czyt Bumeister derselben parkirchin mich gutlichen von desselbin Buwes wegin beczalt und vzgerichtit han, was sie mir davon gebin solden, vnd han mir dannoch me jn fruntschafft geschanckit vnd gegebin, dan sie mir pflichtig waren vnd dancken en flislichin vnd virczyhen vff die Ersamen wysen

Burgermeistern, Scheffin, Rad vnd die Burgern zu F r i e d e -
b e r g vnd die yren vnd auch vff die Bumeistern vorg. vnd ir
nachkommen vnd vff alle die, die darvmbs gerito? han, vff alle
sache, wie sich zuschin en vnd mir bizher zugifft, dieß briefis
er lauffen han, also daz ich myn irbin vnd nymand von myn
oder myner irbin wegin keynerley ansprache oder foderunge
an die obgnanten von mir gehabin oder getun soln, noch woln,
mit worten oder wercken, heymelichen oder offinlichin, noch
schaffin getan werdin in koyne wis, vnd ich A n n e ehliche
husfrauve D i t e r i c h s vorg. bekennen auch in diesem briefe,
daz ich viercziegin vnd vierczyhen jn dieß briefe vff alle sache
und geschichte, wie sich die biz vff diesin hutigen tag von der
egenannten orgeln wegin oder anders, wie sich die bisher vir-
handelt han vnd gescheen sin, vnd auch in alle wys als
D i t h e r i c h, myn elich huswirt vorg. jn diesem briefe viercziegin hat, also daz ich oder myn irbin, noch dyheyne myner
frunde oder mage vnd nymand von myn oder myner irbin wegen
solicher sachin vnd geschichte, wie sich die als vor gerurt ist,
ermacht hettin, an den Rad, Bumeistern, die Burgern vnd ir
nachkommen vnd die yren von mir gefordern noch anspreche
darumme haben soln oder tun, noch schaffin getan werden, abgetan alle argelist vnd geverde. In vrkunde herubir han ich
D i e t e r i c h myn Ingess vor mich vnd Annen myn elichin hus-
frauwen als von ir bede an diesin briff gehangen, desselbin
Ingess ich Anne vorg. mich heran mytde gebruchin. Und wir
han beide darczu gebedin den Ersamen h e r n J o h a n v o n
H o l c z h u s e n den Jongen, Scheffin von F r a n c k i n f u r t, sin
Ingess auch heran vor vns zw henckin, desselbin myns Ingess
ich J o h a n n v o n H o l c z h u s e n itzuntgenannt mich von Dite-
r i c h s vnd A n n e n Elude vorg. bede wegin heran bekennen.
[Siegel abgefallen.] Datum in vig. visitationis beat. Mar. virg.
anno Domini M⁰.CCCCXXII⁰.[29])

    Wahrscheinlich war Diedrich es auch, der 1422 die Domorgel
erneuerte und verbesserte. Die vorwärts strebende Zeit behalf
sich nicht mehr mit dem Umfang der Guidonischen Skala; diese
wurde nach oben und unten erweitert und erreichte im Laufe

---

[29]) Aus dem Archiv für Hessische Geschichte, XII 620, Darmstadt 1870.
Abgedruckt in den M. f. M. XIII Nr. 2.

des fünfzehnten Jahrhunderts drei Oktaven. Dies bedinget für
die Orgel die Einstellung neuer Registerzüge, die Vergrößerung
und Erweiterung des Pfeifenwerks und die Vermehrung der Bälge.
In Nürnberg wurde 1444 in der Lorenzer Kirche eine vergrößerte Orgel gebaut, zwischen 1465 und 1475 eine ebensolche
zu St. Sebald; hier lebte damals auch der Mann, von dessen
Wirksamkeit solche Neuerungen wesentlich beeinflußt wurden:
der blinde Orgelspieler Konrad Paumann. Nach Hans Rosen-
plüts Spruchgedicht von 1447 spielte er ebenso fertig die Orgel,
wie die Laute, Geige, Flöte und Trompete; für die Orgel aber
gab er 1452 sein „Fundamentum organisandi" heraus[30]) und
legte in dieser Musiklehre und dem damit verbundenen Orgel-
tabulaturbuch die ältesten deutschen kontrapunktischen Tonsätze
nieder. Seine zwei- und dreistimmigen Stücke waren zunächst
für die Hausorgel bestimmt; sie lehrten die Kunst des Diskan-
tierens in auf- und absteigender Bewegung, mit Sekundschritten
beginnend und allmählich zu Terzen und Sexten übergehend
und die Dissonanzen mit einschließend. Für die rechte Hand
ist dabei die Mensuralnotenschrift gebraucht, die sich nach der
für die linke Hand angegebenen Buchstabentabulatur zu
richten hatte. Bei dieser seit sehr alten Zeiten für die Instrumente gebrauchten Schrift wurde die tiefe Lage mit großen,
die hohe mit kleinen und die Mittellage mit aus beiden gemischten Buchstaben angegeben: Striche, Punkte und Fähnchen
(auch Hecklein genannt) bezeichneten den Dauerwert der Töne,
die an den Anfang gestellte Zahl und der hier zuerst gebrauchte
Taktstrich gaben das Tempus an. Auch die Erfindung der
Lautentabulatur wird dem Konrad Paumann zugeschrieben.
Sie stand in viel komplizierterer Weise den einfacheren italienischen und französischen Lautentabulaturen gegenüber. Bei diesen
wurden die Griffe auf Linien bezeichnet, deren Zahl sich nach
den Lautensaiten richtete, hier waren die Töne in chromatischer
Fortschreitung mit Zahlen und Buchstaben angegeben:

Italien. Tab. (Große Oktave) g, as gis, a, b, h, c, etc.

Franz. Tab. (Große Oktave) g, as gis, a, b, h, c.

Bei der deutschen Tabulatur nun lief das Alphabet quer über

---

30) Siehe Arnold, Chrysanders Jahrbücher II, 1863.

die Bünde der Laute; es wiederholte sich nach den Unterschei-
dungszeichen z und q (con) in einer zweiten Reihe, die sich
durch Doppelbuchstaben von der ersten unterschied und wie
diese ohne u und w gesetzt war. Bei einer fünfsaitigen, in der
damals gebräuchlichen Stimmung von zwei Quarten, Terz, zwei
Quarten, stehenden Laute drückten also die übereinanderstehen-
den Zeichen: a, b, c, d, e, eben diese Grundintervalle d-g-h-e-a-
aus, dagegen z. B. die Buchstaben der obersten oder Q u i n t s e i t e
fortlaufend mit: 5, e, k, p, v, g, $\bar{e}$, die Töne a'-b'-h'-c'-cis'-d'.
Während des fünfzehnten Jahrhunderts machte die Laute ähnliche Erweiterungen durch wie die Orgel; ihre Chöre (doppelt
bezogene Saiten) stiegen auf sechs und sieben, die sich später
noch vermehrten. Der Hauptort für die Lautenmacherei war
Nürnberg; dort war um die Mitte des Jahrhunderts besonders
K o n r a d G e r l e weit und breit berühmt, dessen Instrumente
Karl der Kühne für seine „joueurs de luth" kommen ließ. In
Frankfurt treffen wir 1444 einen „lutenmecher", Henne Leckucher
mit Namen. 1462 zahlt nach dem Beedbuch der Oberstadt
Müllen Hans, lutenmecher, 9 Schilling; 1569 sucht nach dem
B.-B. „Nikolaus Myldenburg von der Newenstadt" um das
Bürgerrecht nach. Welche Veranlassung die Bezeichnung des
sehr alten Hauses „zur Lautenschul", in der Weißadlergasse Lit.
F. 33, bewirkt haben könnte, ist nicht zu ermitteln gewesen.[31]
Dem nur für einen kleinen Bedarf ausreichenden Lautenmacher-
gewerbe steht das umfangreichere des Orgelbaus gegenüber.
Als „burger von Franckinfurt" kommt 1440 der Orgelbauer
Liebing Sweys vor; 1459 wird Gunter Golt als „orgelmecher"
im Insatzbuch III erwähnt und von ihm im gleichen Jahre die
Orgel zu St. Leonhard erbaut. Später scheint der Barfüßer-
mönch Leonhard Mertz ein Orgelbauer von Ruf gewesen zu
sein; er wird 1476 von der Beede befreit und verhandelt mit
dem Rat wegen eines ihm von Worms erteilten Auftrags, in der
dortigen Hauptkirche eine Orgel für fl. 103 herzustellen. Am
14. Februar 1482 wendet sich auch der Würzburger Rat hierher
um Zusendung „des Conventbruders Heren Leonhard" der ein
geschickter Orgelbauer sei.[32] Vermutlich haben wir in ihm

---

[31] Battonn V, 133.
[32] Insatzbl. II und B.-B.

den Erbauer des „großen Werks" zu erblicken, das im Jahre
1466 zuerst in der Bartholomäus-Kirche erwähnt wird, als bei
der Predigt des Barfüßers Jakob Mone von Köln „beide Orgeln
voll Volks gewesen sein".[33]) Es muß sich an der Stelle der
jetzigen Orgel inmitten des Westchors befunden haben. Im
Beedbuch der Oberstadt erscheint 1484 und 1488 ein „Conradus
Langstorff" orgeler; mit dem Zusatz „organista bei der phar"
kehrt der Name 1496 und 1497 wieder.

Wie aber jede Kunst erst durch die Teilnahme der Menschen in ein warmes, lebensvolles Bild gerückt wird, so das
Orgel- und Lautenspiel jener Zeiten durch die Aufzeichnungen
Bernhard Rorbachs (1445—1482).[34]) Sie schildern das vornehme patrizische Leben der Stadt und zeigen uns, daß zu der
geistigen Ausrüstung, die ihm gegeben wurde, auch die musikalische
Ausbildung gehörte. Ihm und seinen Geschwistern übermittelte
der Handlungsdiener des Vaters, Conrad Maselhart, die ersten
musikalischen Kenntnisse, derselbe, der vor seiner Romfahrt
1450 dem ältern Bruder Bernhards und den Schwestern sein
„clavyzimmel" und seine beiden „clavychordien" vermachte,
kleine, damals in Aufnahme kommende Tasteninstrumente.

In dem reich ausgestatteten Patrizierhause wird auch eine
Orgel nicht gefehlt haben, auf der sich Bernhard zum geschickten
Spieler ausbildete, wie es auch von seinem großen Zeitgenossen
Cosmus von Medici berichtet wird. Er spielt von Ostern 1470
bis Ostern 1471 die Orgel auf dem „großen werck" zu St. Bar-
tholomäus, wofür ihm das Stiftskapitel verspricht, seinen Namens-
tag wie auch den Tag der hl. Afra für ewige Zeiten mit zwei
Vespern festlich zu begehen. Um einen Freund, den Diedrich
Hochgesang von Cube, „des Stadtschmidts und Urglockners
Sohn", der in den Deutschen Orden getreten und Bischof von
Samland geworden war, bei seinem Aufenthalt in der Vaterstadt zu ehren, spielt er ihm am 13. Juli 1473 ein Salve auf
dem großen Werk. Daß man ihm dies wiederholt und für so
lange Zeit anvertraute, beweist seine Fertigkeit; seine musikalischen Kenntnisse können wir uns nur nach der Art denken, wie
sie das Fundamentum organisandi lehrte. Es ist daher nur
natürlich, daß Bernhard auch das Lieblingsinstrument der höheren

---

[33]) Quellen I, S. 225.
[34]) Quellen I u. Froning, A. f. F. G. u. K. III, 2, 148—198.

Kreise, die Laute, trefflich zu handhaben verstand. Er gibt selbst darüber Auskunft bei Erwähnung eines Ständchens, bei dem er mit sechs jugendlichen Genossen das „F e i l r o s e n -b l ü m l e i n", ein Ansingelied mit Kehrreimen, vor den Fenstern einer jungen Dame vortrug. Doch stellte er sein Lautenspiel auch in den Dienst der Kirche bei mehreren großen Prozessionen. In der Maria-Magdalena-Prozession von 1467, die der Stadt-drompter mit einer „gedämpten drompten" eröffnet, geht dessen Sohn Hensle mit „einer luten zu discantieren" während unser drei, „Peter Marpurg, Henn Cämmerer und ich Bernhard Rorbach mit luten zu tenoriren vor dem kasten (worauf die Monstranz ruhte) hergingen". Ebenso geschieht es bei der Pro-zession am 16. Juni und 22. Juli 1468, wo „Hans Kapp myn gevatter diskantiret"; im Jahre 1471 tut dies ein „Scherer-knecht", den man anscheinend lieber neben sich duldete als einen der noch immer halb verfehmten Musiker; die gleichen Genossen tenorieren. Das Spiel wurde also in kunstmäßiger Weise ausgeführt: Bernhard hatte den Stützpunkt, den „Tenor", zu dem kunstvoll die Gegenstimme gespielt und der Kontratenor und Baß von den beiden andern „gezwickt" wurden; alle Be-teiligten mußten mit den Gesetzen der Mensur und Stimmfüh-rung vertraut sein. Bernhards Sohn, der Kanoniker Job, erbte wohl die musikalischen Neigungen des Vaters, ohne sich wie dieser selbst zu betätigen. Außer der wiederholten ausführlichen Angabe der Gesänge bei den Prozessionen findet sich in seinen Auf-zeichnungen von 1499 [35]) die Stelle: „am 24. Juni ist zum erstenmal uf der großen urgeln in der phar durch den jungen Joh. Hessen ein Salve gespielt worden und gesungen und warent kum als fill claves und piffen gestimpt, daß es beschehn recht, schenkt ich darumb demselbigen Johannes einen ratsbligen.[36])" Die daraus hervorgehende abermalige Erneuerung der Orgel fällt in eine Zeit, in der große Umwälzungen auf dem Ge-biete des Instrumentenbaus gang und gäbe waren. Hören wir doch, daß 1493 die Orgel des Doms zu Bamberg von dem Nürnberger Meister Konrad Rotenburger umgebaut werden mußte, die er erst achtzehn Jahre vorher errichtet hatte. Der Süden und Westen Deutschlands tritt führend und

---

[35]) Quellen I, S. 303.
[36]) Bleierne Münzen unbestimmten Wertes, „Weinmarken".

ausschlaggebend hierbei hervor, und so entstehen denn auch die ältesten Werke über Orgelbau und Orgelspiel in diesen Gegenden: „Der Spiegel der Orgelmacher und Organisten" von Arnold Schlick, Hoforganisten zu Heidelberg 1511, und die „Tabulaturen etlicher Lobgesang vnd Liedlein vff Orgeln und Lautten" von dessen Sohn, im Jahre 1512. Nach den städtischen Büchern wurde in der Liebfrauenkirche 1512 eine neue Orgel errichtet und das Holz dazu vom Rate geliehen, und ein in dem Reformationsjahre 1517 gemachtes Legat der Katharina von Glauburg „für den Organisten des Doms, daß er Donnerstags die Engelmesse auf der Bauorgel spiele" [37]), deutet uns sowohl auf kunstvolle Behandlung wie auf eindrucksvolle Wirkung dieses Instruments.

IV.

Am Ausgang des fünfzehnten Jahrhunderts tritt — allerdings nur in vorübergehenden Erscheinungen — die vokale Kunst in zeitgemäßer Entwickelung in unserer Stadt auf. Dies zu verstehen muß uns ein Rückblick in ihr Werden vermitteln, das ein viel tieferes, umfassenderes war, als es in den Erscheinungen der weltlichen Musik oder dem Instrumentenspiel bis jetzt berührt werden konnte. Wir deuteten schon an, daß das Aufgeben paralleler Intervalle im mehrstimmigen Gesang zu gunsten der Gegenbewegung den wichtigsten Schritt vorwärts bedeutete, an den sich im zwölften und dreizehnten Jahrhundert die Lehre von den Kon- und Dissonanzen anschloß. Einklang und Oktave galten dieser Zeit als die besten Zusammenklänge, Quarte und Quinte als mittlere, Terz und Sexte wurden als unvollkommene Konsonanzen angesehen. Ihre erlaubte und verbotene Fortschreitung, die Einfügung der dissonierenden Secunde und Septime wurden für den über einer gegebenen Melodie, nota contra notam, einherschreitenden Tonsatz in feste Regeln gebracht. Das Singen in verschiedenen Stimmen, bei dem sich oft der Text verschob, bedingte nun weiter, daß man den bis dahin nur Ton und Bewegung andeutenden Zeichen des „Cantus planus" die rythmische Geltung unterlegte. Die darauf bezüglichen ältesten Lehren knüpfen sich an die Namen der beiden

---

[37]) B. d. Barth.-Stifts 2216 S. IV.

bedeutendsten Theoretiker des dreizehnten Jahrhunderts: Franco von Paris und Franco von Köln. Um die antiken Metren mit der Mensur vereinigen zu können, wurde dem anfänglich zweiteiligen, auch in der weltlichen Musik herrschenden Grundmaß von der Mitte des dreizehnten bis zum Anfang des fünfzehnten Jahrhunderts ein dreiteiliges entgegengesetzt, das als „Tempus perfectum" im Gegensatz zu dem zweiteiligen „Tempus imperfectum" von der scholastischen Wissenschaft benannt und symbolisch mit der Dreieinigkeit in Verbindung gebracht wurde. Die Regelung dieser Taktarten für die großen Notenwerte nach dem Modus und Tempus, für die kleinen nach der Prolation, das Übereinandergreifen beider Arten durch Alterierung und Imperfizierung, die Bindung leichter und schwerer Taktteile durch die Synkopierung, endlich die Kenntnis der Ligaturen, deren Wert, je nach der Stellung unter den andern Mensuralzeichen, nach Anfang, Mitte, Ende ein verschiedener war — all dies bildete ein äußerst verwickeltes, scholastisch spitzfindiges System, dessen Beherrschung nur nach eingehenden Studien gelang. An Stelle der bis zur Mitte des fünfzehnten Jahrhunderts gebräuchlichen schwarzen, für die kleineren Notenwerte roten Mensuralnotierung trat dann die weiße offene Note, die, mit Ausnahme der vom sechzehnten Jahrhundert ab zurücktretenden beiden größesten Werte, für über zweihundert Jahre in Geltung blieb. Über den schon (S. 25) genannten Notenzeichen standen: die Maxima ▭ die je nach der Mensur zwei oder drei Longae galt, die Longa ▭ die zwei oder drei Brevis, die Brevis ▭ die ebensoviel Semibreven galt. Als kleinere Werte unter der Semiminima wurden jetzt die Fusa und Semifusa ♪ ♫ eingeführt, unser Achtel und Sechzehntel, denen auch Pausen mit einem und zwei Fähnchen ähnlich den unsrigen entsprachen, wie bei den aufwärtssteigenden Werten die Pause der Semiminima ein Fähnchen, die der Minima den untenliegenden, die der Semibrevis den obenliegenden Strich an der Linie hatte. Die Pause der Longa bezeichneten zwei, die der Brevis ein durchstrichenes Spatium; mehrere Striche nebeneinander durch die entsprechende Zahl von Spatien gaben den zwei- oder dreiteiligen Modus an, Kreise, Halbkreise mit Zahlen und Punkten waren Tempus- und Prolationszeichen, wie sie mit geringen Ver-

änderungen zur Angabe der Takteinheit in unsere moderne
Musik übergingen. In der gleichen Epoche fand auch die Fest-
legung der Schlüssel statt: des F-Schlüssels auf der zweitobersten
Linie für den Baß, des C-Schlüssels für den Diskant auf der
ersten, für den Alt auf der dritten, den Tenor auf der zweitobersten Linie. In veränderter Lage galt die Chiavette von
jetzt ab als bequemstes Mittel zur Transposition, bei dem die
Schreibweise der Komposition nicht verändert zu werden brauchte,
auch keine Vorzeichen angegeben werden mußten und höchstens
der seit dem dreizehnten Jahrhundert gebräuchliche G-Schlüssel
und das ♭ noch zu Hilfe genommen wurden.

Mochten sich nun auch in den verschiedenen Ländern,
die geistlichen Kompositionen vom Organum und Diskantus aus-
gehend zu dem kunstvolleren Motetus und Conductus unter der
Hand kaum gekannter Tonsetzer entwickelt haben, wie ja
auch der weltliche Tonsatz in Cantilenen und Rondellen hervor-
trat, so beginnt die wirklich ausgebildete kontrapunktische Kunst
erst im fünfzehnten Jahrhundert, mit den Tonschöpfungen der
ersten niederländischen Schule. In ihnen gestaltete
nicht mehr die berechnete Kunstfertigkeit allein, es verschmolz
sich damit bereits ein feiner Sinn für die melodische Stimmführung und ihre harmonische Berührung. Die Meister dieser
Zeit bevorzugten zu ihren fugenartig-imitatorischen Bearbei-
tungen die weltlichen freier gebildeten Liedmelodien, die sie
sowohl zum Cantus firmus ihrer großen geistlichen Tonschöpfungen, der Messen, wie zu dem der kleineren Motetten be-
nützten. An den großen französischen und niederländischen
Kathedralen entstanden Sängerschulen, wo ein umfassendes Studium
dieses Kunstgesanges betrieben wurde, Sänger und Singemeister,
die meistens Kleriker waren, verbreiteten den mehrstimmigen
Kontrapunkt an den Höfen geistlicher und weltlicher Fürsten.
Wie früher die französischen *déchanteurs,* so herrschten jetzt
die Niederländer in der päpstlichen Kapelle zu Rom; dort
begegnen wir 1428 einem der berühmtesten Vertreter dieser
Schule, Wilhelm Dufay, der 1437 in die Dienste Philipps des
Guten tritt. Die Kapelle der burgundischen Herrscher blühte
besonders unter Karl dem Kühnen und Maria von Burgund;
ihre Sänger wurden in ehrenvoller Stellung gehalten und mit
reichen Pfründen belohnt. Karls Musikliebe soll so weit ge-

gangen sein, daß er sich täglich, sogar während der Belagerung
von Neuß, eine Messe von der Kapelle vorsingen ließ.

So wurde auch am Kaiserhofe zu Wien 1467 eine Kapelle
gegründet, die „auf brabandisch diskantierte" und die der für
alle künstlerischen Regungen empfängliche Maximilian I besonders
förderte. Er traf mit dem Kaiser Friedrich III. am 20. Januar
1486 zur Wahl in Frankfurt ein,[38]) Spielleute und Hofsänger
befanden sich in dem Gefolge, denen die feierliche Musik bei
den Zeremonien übertragen war. Wahrscheinlich dünkten sie
sich ihres kunstvollen Gesanges halber dem nur die gregorianischen Weisen vortragenden Frankfurter Chor weit überlegen,
denn sie kamen mit ihm wegen der Altarspende in Streit (s. o. S. 20).
Die Anwesenheit der Fürsten dauerte über Ostern, so daß sich
am Palmsonntag nochmals den fremden Sängern Gelegenheit
bot, am Grabe im Chor ihren Figuralgesang ertönen zu lassen.
Auch bei der Wiederkehr des Kaisersohnes aus den Niederlanden am 2. Juli 1489 führten sie eine feierliche Messe zum
Marientage aus; damals wußten sich jedoch die Frankfurter ihre
Rechte besser zu wahren und erlangten ihre Quote von der
kaiserlichen Spende.[39]) Den kaiserlichen Kapellanen wurde ihr
Begehren um ein Geldgeschenk des Rats abgeschlagen. Frankfurt besaß in dem 1501—1506 angestellten Stadtarzt J o h a n n
v o n S o e s t[40]) einen Sangesmeister der obengeschilderten Art.
Als Sängerknabe durch eine liebliche Stimme ausgezeichnet,
entfloh er dem Dienste des Herzogs von Cleve und begab sich
nach Brügge, wo ihn „englische Singer" in „Contreyn und
Faberdon" (Contratenor und Fauxbourdon) unterrichteten. Von
dort will er sich in die päpstliche Kapelle begeben, wird aber
in Köln zurückgehalten und kommt zunächst an den Hof Ludwigs
des Freimütigen nach Kassel; nach dessen Tod trat er in die Dienste
des Kurfürsten Friedrich II. von der Pfalz, wo er bei der neuen
Hofkapelle Anstellung fand. Gleichzeitig scheint er auch die
Musik an der Universität gelehrt zu haben, denn sowohl Sebastian Virdung[41]) wie der Humanist Heinrich Glarean nennen

---

[38]) Quellen I, S. 54, 55.

[39]) Quellen I. S. 57.

[40]) Verfasser der „musica getutscht" des ältesten deutschen Buchs
über Instrumentalmusik.

[41]) Pfaff, Fried.: Joh. v. S. Allg. konservat. Monatshefte 1887.

sich seine Schüler. Sein Leben nahm jedoch jetzt eine andere Richtung, da er zu Heidelberg die medizinischen Wissenschaften studierte und dann die Stellungen des Stadtarzts in Worms und Oppenheim, sowie in Frankfurt bekleidete. Hier soll er außer anderen Schriften auch einen Traktat über Musik verfaßt haben, der uns, wenn bewahrt, mancherlei Aufschluß auch über die hiesigen Zustände hätte geben können. Noch in diese Zeit seines wechselvollen Lebens spielt die Musik hinein: bei der Revision einer Apotheke, die zum Nachteil des Besitzers ausfiel, trifft ihn der Vorwurf „er verstehe davon nichts, er habe zum „basskonter" mehr Talent als zum Arzt".

Wenden wir uns zu unsren Stiftsschulen, insbesondere zu der von St. Bartholomäi zurück, so verlor sie im Jahre 1477 mit Gründung der Universität Mainz ihre obere Klasse, die eigentliche Stätte des wissenschaftlichen Unterrichts. Daß ein solcher von der damaligen Geistlichkeit noch hätte ausgeübt werden können, ist nach den erhaltenen Nachrichten kaum anzunehmen. Sie befand sich in fortwährendem Streit untereinander und mit den Bürgern, führte weit ausgesponnene theologische Kämpfe widerwärtigster Art und untergrub dabei durch sittenloses Leben vollends die Achtung vor ihrem Stand. So hören wir von der mit Handschriften wie Incunabeln reich ausgestatteten Dominikanerbibliothek aus jenen Tagen nichts fruchtbares und Männer, die aus jener dunklen Periode in festen Umrissen hervortreten, wie der gesinnungstüchtige und gelehrte Astrolog Joh. Indagine, Dechant am Leonhardsstift, und der gleichzeitige gelehrte Dechant am Liebfrauenstifte Joh. Cochlaeus, übten ihre wissenschaftliche Tätigkeit hier nur in der Stille aus. Von letzterem war 1507 zu Köln ein „Tetrachordum Musices" erschienen, das bald zwei weitere Auflagen in Nürnberg erlebte.

Auch andere Gelegenheiten, die eine zeitgemäße Erneuerung des Kirchengesangs bewirkt haben könnten, ließ die Frankfurter Geistlichkeit ungenützt vorübergehen: die Bildung zahlreicher Brüderschaften aus den Zünften am Ende des fünfzehnten Jahrhunderts. Mit einiger materieller Unterstützung von seiten der Geistlichen und unter ihrer Leitung wäre es wohl nicht schwer gefallen, jene „Kalandsbrüderschaften" ins Leben zu rufen, die den Gesang der Schüler und Kleriker unterstützten und, wie es besonders in Sachsen geschah, später zum Figuralgesange übergingen und dort die wichtigen Förderer der protestantischen „Kantoreigesellschaften" wurden. Die Frankfurter Geistlichen einten sich nur noch auf d e m Gebiete, das am mächtigsten auf die Schau- und Vorstellungslust der Menge wirkte, ihnen aber nur in großen Zeitabständen Mühewaltung auferlegte. Sie gaben durch die unter großer Beteiligung gespielten P a s s i o n e n der Jahre 1467, 1493, 1497 und 1506 dem geistlichen Schauspiel eine wichtige Förderung.

Die Aufnahme von „fahrenden Schülern" ist an den Frankfurter Stiftsschulen des Mittelalters nicht nachgewiesen. Dagegen deutet schon die Stiftung eines Dechanten des Liebfrauenstifts von 1336 auf das Bestehen der „A r m e n s c h ü l e r", auch Brotschüler und Pannenses genannt, die für freien Unterricht und Kost zum Chorgesange verpflichtet waren. Am Bartholomäusstift wurden im fünfzehnten Jahrhundert dem Rector scolarium und den Schülern für den Gesang der Lauden Legate ausgesetzt: das eine von dem Vikar Hermann Carnifex 1448, das andere von Jakob Heller dem Älteren 1468. Am Ende dieser Zeit, 1499, bestimmen zwei Bürger eine Summe zu einer neuen Einrichtung, nach der das Sakrament bei dem Tragen über die Straße von zwei singenden Schülern begleitet werden solle. Der Rat ist des Aufsehns halber anfänglich dagegen, doch scheinen diese „Sakramentsschüler" lange bestanden, ja auch eine gemeinschaftliche Wohnung im „Löherhof" innegehabt zu haben. [42]) Der Armenchor verdiente sich jedoch auch durch das Singen vor den Sterbehäusern und die Begleitung der Leichen hervorragender Bürger Geld; ebenso wurde er bei Hochzeiten und anderen Festen zugezogen, und wir finden ihn bei einem Jahresfest der Gesellschaft Limpurg von 1516 erwähnt. Keinerlei Nachricht ist jedoch vorhanden, die auf andern als einstimmigen, abwechselnd vorgetragenen Gesang schließen ließe. Die Stiftungen von „Seelgeretten" setzen bis zur Reformation nicht aus; je reicher ihre Dotierung, um so ausgedehnter ist der Psalmen- und Hymnengesang, wie es besonders bei der großen Stiftung für den Kurfürsten Albrecht Achilles von 1486 zu Tage tritt.

Das Bestreben, den Volksgesang am Ausgang des fünfzehnten Jahrhunderts wieder in die Kirche einzuführen, mag

---

[42]) Nach Battonn, 3, 340 der ehemalige Löherhof am Garküchenplatz.

auch hier aufgetreten sein, wo ein allgemeiner Eingangs- und
Schlußchor bei den Passionen gerade damals aufgenommen war.
Eine Stelle aus Bernhard Rorbachs Aufzeichnungen über die
große Überschwemmungsprozession von 1480 ist wohl nach
dieser Richtung hin zu verstehen. Nachdem er die lateinischen
Gesänge aufgezählt hat, heißt es: „Vnd ging um 7 uren und
qwam, da es 9 schlug, wieder in die phar und sang man,
ehe man anging mit der procession, und als man wieder
qwam, vor der hohen mess vnd nach der mess."
Damit war die weitere Absicht verknüpft, der deutschen
Sprache wieder Eingang bei dem Gottesdienst zu verschaffen,
wie es aus den Festleisen und den deutsch-lateinischen Misch-
liedern jener Epoche ersichtlich ist, und auch für unsere Gegend
durch eine Nachricht bestätigt werden dürfte, die auf Florentius
Diell, Pfarrer in Mainz um 1492, zurückgeht,[43]) der berichtet,
„daß das Volk zur Osterzeit die Festleisen in deutscher Sprache
gesungen habe".

V.

Dem tief religiösen Sinn unserer Vorfahren und seinen
Äußerungen zu gunsten der Kirchen und Klöster, seiner de-
mütigen Beteiligung bei Gedächtnisfeiern, Bußübungen und
Prozessionen stand eine in allen Ständen gleich kräftig entwickelte, vollgenießende Lebensfreude gegenüber. Sie äußerte
sich in den mit Pfingsten beginnenden Spielen und Tänzen im
Freien, denen sich Johannis, Kirchweih und Erntefeste anschlossen. Auch die dunklere Zeit des Jahres brachte in den
bürgerlichen Tanzhäusern und auf den Sälen der Geschlechter
gesellige Vergnügungen mit Tanz, die am Karneval in Mummerei,
Scherz und Lust ihren Höhepunkt erreichten. Gesang und
Tanz waren nicht geschieden; die Melodien der Lieder paßten
sich sowohl dem Rhythmus der im Freien auf „Tanzplanen" und
unter den „Linden" gesprungenen und getretenen Tänze
an, wie den ruhigeren, gegangenen und geschrittenen
der Innenräume. Der Ort und die Art des Tanzes waren auch
für die Wahl der Instrumente maßgebend, im Freien gesellten
sich zur Pfeife und Leier wohl besonders die Schlaginstrumente

---

[43]) Koch, Kirchenlied I S. 209.

Trommel und Tambourin, in den Tanzhäusern kamen Harfen, Orgeln, Lauten und Geigen dazu. Diese letzteren, die Vorläufer unserer Orchesterinstrumente, zerfielen in zwei Arten: in kleine und große Geigen, die wiederum den Stimmgattungen folgten und als Alt, Tenor und Baßgeigen vorhanden waren. Sie hatten keinen Steg, sondern wie die Laute durch Bünde getrennte Griffbretter und waren mit vier, fünf und sechs Saiten bezogen.

Der vielfach geforderten Spielmannstätigkeit und dem ausgebildeten Zunftwesen unserer Stadt wäre nun auch die Bildung einer Spielmannszunft entsprechend gewesen, wie sie schon im vierzehnten Jahrhundert in Hamburg, Lübeck, Wismar und anderen deutschen Städten vorkamen und in ihren letzten Ausläufern bis ins neunzehnte Jahrhundert hinein bestanden. Hier jedoch, im Mittelpunkt des deutschen Lebens, kam es deshalb nicht dazu, weil die auch außerhalb der Meßzeiten fluktuierenden Elemente des Musikantentums zahlreich vorhanden waren. Das gesellige Leben der Geschlechter[44]) zog sie besonders hierher: da gab es zu Fastnacht Gelage mit darauffolgenden großen Umzügen unter Musikbegleitung, da beteiligten sich besonders die Mitglieder des Hauses Limpurg an den vielen Turnieren, die während des vierzehnten und fünfzehnten Jahrhunderts von Fürsten und Edlen hier abgehalten wurden, auf die der im Mittelalter sonst selten geübte „Abendtanz" folgte. Und nicht nur zu den bürgerlichen Hochzeiten, sondern als Ort, an dem sich prunkvolles Leben entfalten konnte, wurde Frankfurt im fünfzehnten Jahrhundert auch zu verschiedenen fürstlichen Hochzeiten ausersehen. Selbst im gewöhnlichen Leben war das Musizieren auf den Gassen, besonders in lauen Sommernächten, so beliebt und allgemein, daß 1429 ein Verbot dagegen ausgehen mußte.

In die herrschenden Sitten führt auch die Hochzeitsordnung von 1489 ein:[45])

Item eß mag auch eyn brudgam im merern stande sehs und im niddern stande dry spielelute zu syner hochzyt und nit daruber haben, und wo er der fursten oder sunst anderer stete spielute, nemlich trumpter und pfiffer her inne brechte, der

---

[44]) Wohlleben und Prachtliebe der Patrizier. Zeitschrift f. d. Kulturgeschichte I, 1862.

[45]) Aus Stadtarchiv Ugb. B. 85.

eynem sol er nit uber zwene gulden und eynem, der inne der stat
hie wonet, nit uber eynen gulden, aber eynem frembden luten-
ßleger auch eynen gulden und eynem heymschen, auch eym gyger,
buckeler und sackepfiffer eynen halben gulden und nit dar uber
und den heymschen spieluten keyne koste oder drancke uß dem
huß zu tragen geben; und wer dieser stucke eins uberfure, der
sol von yedem stucke zehen gulden zu buß geben, und welcher
under den heymschen spieluten koste oder drancke uß dem huß
trugen oder inne tragen ließ, der sol die egemelt buß halb und
der ime spise und drangke gibt, den andern halben teile geben
und tragen.

Diese Vorschriften, die mit den schon früher erlassenen
Luxusordnungen verbunden waren, wurden später mehrfach erneuert und dann auch gedruckt; es waren darin die
Dauer der Hochzeiten, die Zahl der Gäste bestimmt und die
Verbote gegen Üppigkeiten in Kleidern und Schmuck, Essen
und Trinken ausgesprochen. In Kriegs- und Pestjahren mußten
alle Lustbarkeiten eingestellt werden.

Die in der Stadt selbst ansässigen Spielleute erscheinen
nach den über sie erhaltenen Nachrichten meistens nur als Leute
geringeren Schlags, wie sie in Weinschenken, im Freien, bei den
Dorfkirmessen und Volksfesten aufspielten. So kommen in den
Beedbüchern von 1392 Geiger, Fiddeler und Quynterner vor, die
in der Nähe des Rosentals in der Dietrichsgasse (der heutigen
Rotekreuzgasse) ihre Unterkunft hatten. Zwei blinde Quynterner
bezahlen im Jahre 1400 den Herdschilling; von den drei nament-
lich genannten Lautenschlägern: Joist Ferber 1462, Conrad Buwer
1488, Jörge Gallen 1490, ist nur der zweite mit dieser niedrigsten
Beede eingetragen. Bücher[46]) zählt in seinen Tabellen der gewerblichen Bevölkerung im Jahre 1387 acht Pfeifer und einen
Trommler auf, sowie einen Quynterner und einen Fiedler; im
Jahre 1440 sind es nach seiner Zusammenstellung der Bevölkerung
nach dem Berufe zwei Pfeifer, drei Lautenschläger, ein Orgeler
(Orgelmacher), ein Schellenträger[47]). Als Neubürger[48]) wurde
im vierzehnten Jahrhundert nur ein Spielmann angenommen;

---

[46]) Die Bevölkerung von Frankfurt. S. 146, S. 222.
[47]) Sie trugen bei Umzügen in einem bogenförmigen Holz kleine Glöck-
chen die durch Anschlagen bewegt wurden.
[48]) Bücher, S. 407.

im fünfzehnten ein Spielmann, zwei Pfeifer, ein Lautenschläger,
ein Lautenmacher 1432, zwei Orgelmacher 1401—1450, drei
Fiedeler, ein Schellenträger, ein Trompeter 1473. Innerhalb der
Zünfte werden unter den gewerblichen Namen genannt: bei den
ruczen (Schuhflicker) ein Pfeifer, bei den Leinewebern ein Quynterner, bei den Opperknechten (Bauhandwerker) ein Fiedler.
Unter den im Zeitraum von 1311—1500 aufgezählten Doppel-
berufen, oder späteren Berufen kommen vor:[49])

    4 Pfeifer: Zimmermann 1425, Arbeiter 1446, Bader
    1459, Leineweber 1476.

    1 Lautenschläger: Steindecker 1432.

    2 Fiedeler: Welker 1448, Kürschner 1486.

    1 Trommeter: Schneider 1499.

    1 Quynterner: Fürsprech 1409.

So bildete die Musik in damaligen Zeiten, wie es teilweise
heute noch vorkommt, einen Nebenerwerb für kleine Leute.

Doch auch mit Aufzählung dieser musikübenden Personen
aus der gewerblichen Bevölkerung ist die Zahl der Musikanten
keineswegs erschöpft; es mußten da immer noch andere Kräfte
hinzutreten. So gehörte z. B. zu den „Tanzhäusern" der Stadt
auch das der Juden, das zuerst 1357 als „der judin spielhus"
und 1390 als „der judin tanzhus" erwähnt wird; ein besonders
großes wurde ihnen dann in ihrer neuen Gasse 1462 vom Rat
errichtet. Eigene Spielleute der Juden, die zu keinerlei anderen
Lustbarkeiten zugezogen wurden, kommen erst weit später, im
siebzehnten Jahrhundert, vor.

Noch liegt es uns ob, einer Einrichtung des Mittelalters
zu gedenken, die ebenfalls an vielen Orten bis ins neunzehnte
Jahrhundert hinein erhalten blieb und die eine wichtige Aufgabe
für die Entwickelung der Instrumentalmusik erfüllte; es ist die
Turmbläserei. Von den zahlreichen großen und kleinen Türmen
der Stadt — man zählte im Mittelalter in Frankfurt einund-
vierzig, in Sachsenhausen fünfzehn — besassen die höchsten
und wichtigsten, die an den Straßen und nach dem Maine zu
gelegen waren, ständige Wächter, die mit Signalinstrumenten,
Hörnern und Trompeten, ausgerüstet waren. Die Anschaffung
oder Wiederherstellung dieser Instrumente bildet eine ständige

---

[49]) Bücher, S. 418—420.

Rubrik in den städtischen Rechnungsbüchern. Der Dienst der
Turmwächter bestand nach dem ältesten Eidbuch von 1362/1363
im „wachen, luden und signal zu geben", was in verschiedenen Arten, je nach der Zahl der Feinde, die „gein die
stat zu traben", durch Pfeifen oder Blasen bestimmt war. Nach
den Bücherschen Tabellen der Neubürger im vierzehnten und
fünfzehnten Jahrhundert wurde im erstern Zeitraum nur ein
„Tagwächter" aufgenommen, im zweiten dagegen neun. Ihre Zahl
dürfte jedoch bedeutend größer gewesen sein. Der Dienst er-
streckte sich über den Tag und die erste Hälfte der Nacht;
für den Pfarrturm gab es zwei, für den Niklasturm einen Nacht-
wächter. Die Türme, die für die Tagwächter in Betracht
kommen, sind: der Pfarrturm, Niklasturm, die beiden Brücken-
türme, der Galgenturm (das Haupttor der Stadt), der Bocken-
heimer- und Mainzer-, Katharinen- und Eschersheimer Turm, der
Friedberger- und Rieder-, sowie der Affenturm in Sachsenhausen.
Bis zur Fertigstellung der Kuppel des Pfarrturmes 1515, auf
dem sich bis dahin nur ein hölzernes Wächterhaus befand, tritt
der Wachtdienst auf dem Niklasturm, dessen steinerner Helm
mit Wohnung schon 1460 errichtet war, besonders hervor, da
von hier aus Fahrtor und Main beherrscht wurden.

Geschick und Übung der Türmer in der Behandlung der nur
wenige Töne umfassenden Signalinstrumente führte sie in ihren
von dem Tagesgetriebe entfernten Wohnungen dazu, sich auch mit
den Instrumenten der Kunstmusik, Posaune, Zugtrompete und
Zinken zu beschäftigen, wie sie in Frankfurt ja oft genug von
den kaiserlichen und fürstlichen Bläsern gebraucht wurden. Was
in freiwilliger Übung den Beifall des Rats und der Bürger gefunden hatte, wurde laut nachstehender Notiz des Stadtrechen-
buchs von 1440, Fol. 40b, zu einem feststehenden Gebrauch erhoben: 15 gulden 15 ß für 9 bosunen und von Nuren-
berg her zu furen als man do selbs bestalt hat, und
den wechtern uff den dorchgeenden porten und thornen hie geben sal, do uff zu lernen und zu blasen.
Die älteste Erwähnung und Anordnung des Blasens vom Turme
ist nach dem B.B. vom 27. Juni 1454: dem uff parrethorn
sagen wan schieff oben herabe mit luden oder sost
kommen, sulle er wol achte haben und anblasen.
Am 10. Mai 1463 heißt es: dem wechter off sant Niclas

sagen, die schiffe auch anzublasen mit eym under-
schedelichen geblese. Am 11. März 1479 wird dieses
„Melodieblasen" näher bezeichnet: allen tagehudern off
den tornen sagen, so die schiffe kemen und hinweg-
faren, das sie blasen sullen: in Gotes namen faren
wir, und besonder den gein dem Meyne zu. Zur
Hervorbringung einer zusammenhängenden Melodie, wie sie die
des hier genannten Volks- und Wallfahrtslieds aus dem zwölften Jahrhundert ist, mußte sich der Türmer eines geeigneten
Instruments, wahrscheinlich der Tenor- oder Diskantposaune,
einer Art Zugtrompete, bedienen. Die erste namentliche Erwähnung der Türmer gehört dem Jahre 1489 an, wo sich nach
dem vorhandenen Dienstbriefe[50]) Hans Daspach von Brechen
zum Wächterdienst auf dem Niklasturm für fl. 26 jährlichen,
oder 1 ℔ 16 ℔ 1 hl monatlichen Solds, verpflichtet. Dabei
wird ihm die schon erwähnte Instruktion erteilt. Der Dienstbrief des Daspach wird 1493 für weitere vier Jahre erneuert,
1497 wird der wahrscheinlich altgewordene unter Belassung
seines Gehaltes auf den Mainzerturm versetzt. Ein zweiter
Brief stammt aus dem Jahre 1501 und wurde für Hans
Meylant den Jüngern ausgefertigt, der zum Unterschied von
seinem Vater „dem alten Meylant", der Wächter auf der Affen-
pforte war, gewöhnlich als „Jung Henne" in den Büchern vorkommt. Man nimmt ihn zum thornhüter und diener uff
dem Bockenheimer thorn oder uff einem andern der
dorchgehenden thornen an. Die Sitte, die Türmer zuerst
auf kleinere Stellen zu setzen und nach und nach aufsteigen
zu lassen, ist gang und gäbe, ebenso wie die, ihnen im Alter
leichtere Posten zu verschaffen. Immer aber steht die Besoldung
des Pfarr- und Niklastürmers mit fl. 3 obenan, auf den übrigen
Türmen bleibt der Sold nur fl. 1, 16 ß monatlich. Alle erhalten jedoch Wächterpelze, Wächterstiefel, Holz, mehrere Bütten
Kohlen und vier Laibe Brot wöchentlich, die, wie es bei Clas
Daspach 1508 geschah, um zwei weitere vermehrt werden,
„daß er seine kinder besser uffbringe". Jung Henne wird
1520 auf den Pfarrturm versetzt, und behält die Stelle bis
1563. Neben ihm erscheint Clas, Trompter von Nürnberg,

---

[50]) Dienstbriefe Kasten 18.

zeitweilig mit gleicher Besoldung. Besondere Belohnungen wurden ihnen bei dem Besuch des kaiserlichen Generals Büren auf dem Turm 1547 und bei der ersten Kaiserkrönung 1562 ausgesetzt. Dem Clas Daspach folgen auf dem Niklastorn eine bunte Reihe von Wächtern: Hans von Mencz, Clas Schneusing, Wendel Götze, Jörg Heil und Thomas Weigand, die alle das Instrumentenspiel ausgeübt haben müssen. Denn eine wesentliche Vermehrung der Instrumente fand noch im fünfzehnten Jahrhundert statt. Es heißt im Rechenbuche von 1490/91 fol. 86: 16 gulden 4 β 6 ♣ fur 6 trompten, die man zu Nurenbergk zu machen bestalt hait, nemlich dry velttrompten yede trompte für 2 fl. unnd zu jeder ein claret montstücke, fur jedes 1 ort, item 3 mitlean (mittlere?) trompten, yede für 2½ fl. unnd zu yeder eyn quint montstücke zu 5 albus und weiteres für transport. Es sind damit jene langen ungewundenen Instrumente ohne Tonlöcher gemeint, deren Tonerzeugung nur durch Anblasen mittelst verschiedener, sehr breiter Mundstücke hervorgebracht wurde, was große Ausdauer und Übung verlangte. Jetzt pflegte man auch schon Instrumente einer Klangfarbe zu Chören zu vereinigen, sie kamen daher, wie es hier gesagt ist, in mehreren Tonlagen vor; auch bei den Posaunen war dies der Fall, es gab für den Baß sogenannte Quart- und Quintposaunen, weiter Alt- und Tenorposaunen und die schon erwähnte Diskantposaune, für die auch der Zinken eingesetzt werden konnte. Posaunen wie Trompeten kamen nach Frankfurt wohl aus der Fabrik des damals so berühmten Instrumentenmachers Hans Neuschell († 1535) in Nürnberg, der sie an den Hof des Kaisers und des Papstes lieferte. Nach einer Notiz des Jahres 1519 hat man solche Chöre auch in Frankfurt begonnen, im B.B. steht unter dem 28. Juli: Jorge pyffern und den uff dem Rieder torn zusamen uff den pfartorn uffnemen und daß sie am morgen und abents zusamen blasen. Aus diesen Anfängen entwickelte sich das „Choralblasen", wie es in unveränderter Weise bis weit über die hier gesteckten zeitlichen Grenzen erhalten blieb. Denn bei der Gleichförmigkeit, mit der einmal gegebene Verordnungen besonders für die niederen Beamten der Stadt festgehalten wurden, dürfte die einzig vorhandene gedruckte Instruktion „für den

Pfarr-, Nikolas- und Katharinenthürmer" aus dem
Anfang des achtzehnten Jahrhunderts auch die früheren Gebräuche widerspiegeln, wenn es heißt: daß sie Abends nach
dem Ausläuten, sowie Mittags um 12 Uhr mit ihren
Angehörigen, der Gewohnheit nach einige Choral-
verse vom Thurm abblasen. Auch in einem Ratsverbot von
1522 werden „pfeiffer und drummeter", unter denen hier die Turm-
bläser zu verstehen sind, zusammen genannt. Es heißt im B.B.
vom 7. Februar: „Den pfiffern und drumettern verboten uff der
gasse sich zu schlagen vnd wen sie zu hochcyden zum Kirch-
gang gehn sich züchtiglich zu halten." Ein Zusammenwirken
und eine Konkurrenz muß zwischen den Turmbläsern und den
älteren städtischen Angestellten den Pfeifern bestanden haben
auf die jene Notiz von 1482 [51]) hindeutet, nach der während des
Durchgangs der Maria Magdalena-Prozession sich die Pfeifer auf
dem Galgenturme derartig stritten und schlugen, daß der Rat
einen Beteiligten, den Niklastürmer, zur Strafe blenden ließ.

Wie wir früher die Musikanten und Spielleute als niedere Diener
und Abgesandte der Fürsten eine gewisse offizielle Stellung einneh-
men sahen, die ihnen selbst dann zuerkannt wurde, wenn sie ohne
ihre Herren erschienen, war es allmählich Sitte geworden, daß
bei den Gesandtschaften, die sich die Städte untereinander zu-
schickten, das Mitbringen von Pfeifern zum offiziellen Auftreten
gehörte, wie wir es aus den Ausgaben für Spielleute, Springer
und Sänger, die den Ludwig zum Paradies 1490 nach Nürnberg begleiteten, entnehmen können. Ein zähes Festhalten an
dieser Sitte zeigt sich vor allem bei der Ausübung des Frankfurter Pfeifergerichts, so benannt von der Überreichung
der Abgaben zur Gewährung der Zollfreiheiten für die Städte
Nürnberg, Bamberg und Worms, die bei der ersten Schöffen-
gerichtssitzung zur Zeit der Herbstmesse dargebracht wurden.
Ursprünglich mußten die drei Städte ihre Pfeifer mitbringen; [52])
auf die Anfrage Bambergs 1502 und 1509, ob nicht Frankfurter
oder in der Nähe wohnende Pfeifer zugezogen werden könnten,
antwortet der Rat beide Male abschlägig, ja er nimmt dem Ge-
sandten Nürnbergs 1552 die Abgaben nicht ab, weil er keine
Pfeifer im Gefolge habe. Nur auf eine wirkliche Entschuldigung

---

[51]) Quellen I S. 225.
[52]) Frieß: Pfeiffergericht S. 75.

hin, wie sie von Nürnberg 1580 vorgebracht wird, „daß wegen
des Kurfürstentags die Pfeifer nicht zu entbehren seien", nimmt
der Frankfurter Rat Rücksicht. Endlich wird 1586 die Ge-
nehmigung erteilt, daß Nürnberg, gegen Vergütung von fl. 25
von Worms, die Pfeifer allein mitbrächte, die „jene tradi-
tionelle alte Melodie" blasen könnten. Es ist nicht ausgesprochen, aber anzunehmen, daß auch Bamberg sich bald damit
einigte, und so blieb es bei den Nürnberger Pfeifern, trotzdem bis zur Aufhebung der ganzen Zeremonie im Jahre 1802
wiederholte Versuche gemacht wurden, durch Annahme von
Frankfurter Pfeifern die Gesandtschaft zu vereinfachen. Dabei
wird von seiten Nürnbergs stets hervorgehoben, wie schwer es
sei, Pfeifer, die jene alte Melodie blasen könnten,
zu erhalten. Doch müssen sie sich mit dem Bescheide des Frankfurter Rats zufrieden geben, daß die Nürnberger viel mehr Nutzen
am Zoll, als Schaden bei Abordnung der Pfeifer empfänden."
      Zur Zeit der Niederschrift von J. J. Fries' Pfeiffergericht
1752, konnten noch die Noten jener alten Melodie als Titel-
kupfer beigegeben werden, ja sie sollen noch in der Mitte des
neunzehnten Jahrhunderts bei Auffindung der alten Instrumente[53]
auf dem Römerboden, vorhanden gewesen, dann aber verloren
gegangen sein. Der kurze Tonsatz ist aus obigem Werk in
die M. f. M. übergegangen. Als einer der wenigen Reste alter
Spielmannskunst sei er hier wiedergegeben. Aus der Ähnlichkeit des Aufbaus der kontrapunktisch geführten Stimmen mit
einem zum Lied umgeformten Landsknechtsmarsch aus der Zeit
der Liga von Cambray 1509—1517 dürfte seine Entstehung
ungefähr in diese Epoche zu setzen sein.[54]
      Der achttaktige Tonsatz, mit Wiederholung des ersten Teils,
baut sich wie der Landsknechtsmarsch über den rhythmischen
Schlägen der Trommel (im Tenor) auf und weist auf jene der
Tonmalerei zustrebende Geschmacksrichtung des sechzehnten
Jahrhunderts hin, die „Vogelstimmen", „Marktgeschrei" und
„Signalrufe" zu Tenören weltlicher Lieder verarbeitete. Dem
Marschtempo ist kein Auftakt gegeben. Leicht und zierlich um-
spielt das Pfeifenmotiv die Mittelstimme im Umfang der None,
während die Gegenstimme sich in den für die Baßblasinstrumente

---

[53]) Im Historischen Museum.
[54]) Ambros, III S. 37 nach Forsters Liedersammlung II, Nr. 20, von 1540.

charakteristischen Gängen bis zur Duodezime bewegt. Die jonische
C-dur Tonart, mit Berührung der Dominante und den Durch-
gängen fis und cis, dem terzlosen Schluß, gibt auch harmonisch
der Melodie einen durchaus altertümlichen Charakter. Beharr-
liches Festhalten hat hier wohl wirklich Altes bewahrt, das trotz
der Veränderungen, die in jahrhundertelanger Ausübung eintreten mußten, durchblickt.

Frieß bezeichnet die Instrumente als Oboe, Taille (Tenor)
und Baß; auch Goethe nennt sie in seiner aus eigener Anschauung gewonnenen Darstellung im ersten Buch von Dichtung
und Wahrheit: „eine Oboe, Schalmei, ein Baß oder Pommer, die
gleichsam die Ankunft voriger Jahrhunderte anzeigen." [54])

Beim Rückblick erhebt sich die kirchliche Kunst des Mittelalters wie ein festgefügter Steinbau vor unseren Augen,
dessen Fundamente tief in den Boden gesenkt sind. Ebenmäßig
behauene Quadern zieren die unteren Stockwerke und Wölbungen,
die nach oben in weniger gut gemeißeltes, weniger sorgfältig
eingepaßtes Steinwerk auslaufen. Die Hüter des Baus vermögen
nur leichte Anfänge fortschreitender Entwickelung anzubringen,
sie sind nicht fähig ganze Teile neuer Stile anzugliedern, wie
sie so reizvoll manch mittelalterlichen Bau zieren. Aber ein
Feiertagsglanz seltenster Art umwallt hin und wieder das zer-
morschende Gebäude und trägt die Blüte zeitgemäßer Kunstübung hinein. Die im Grunde von dem Volke unverstandene
Kunst der Kirche wird mit Andacht verehrt und durch zahlreiche Spenden gefördert.

Anders ist seine Stellung zu der weltlichen Musik, die
gleich einem weiten blühenden Garten, dessen Bäume, Sträucher
und Blumen in ewiger Selbsterneuerung gedeihen, den düsteren
Bau umgibt. Sie begleitet auch das Leben des mittelalterlichen Menschen von der Wiege bis zum Grabe und wird ihm in
ihren einfachen Formen, im Gesang wie Instrumentenspiel vertraut.
So tritt sie unbewußt in jene Zeit ein, in der, wie wir schon
andeuteten, ihr ungemünztes Gold begehrt, durch Legierung
und kunstvolle Ausprägung befestigt und neu der Welt ge-
schenkt wird.

---

[54]) Die Pfeifermelodie wurde mit andern alten Weisen zu einem Marsch
verarbeitet, der dem Artillerie-Regiment F r a n k f u r t vom Kaiser verliehen
und am 8. Sept. 1905 auf der Kaiserparade bei Homburg zuerst gespielt wurde.

Pfeifermelodie

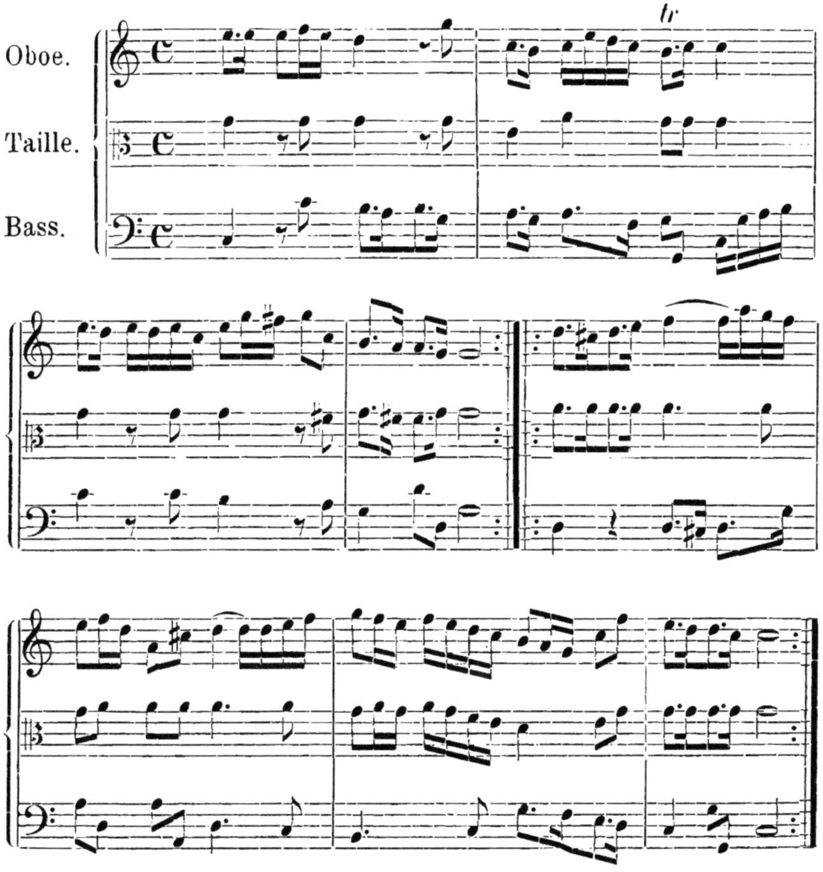

Oboe.

Taille.

Bass.

2. Musik, Musikhandel und Notendruck von 1520—1620.

I.

Wie ein mächtiger Strom, dem von allen Seiten Quellen zufließen, verbreitete sich die Tonkunst im sechzehnten Jahrhundert über die europäischen Kulturländer und nie zuvor trat ihre kosmopolitische Verbindungskraft so stark hervor wie damals. Die Niederländer, die als Lehrer nach Italien gezogen waren, fanden dort einen überaus fruchtbaren Boden für ihre Tätigkeit, die sich ihnen außer in der päpstlichen Kapelle auch an den glänzenden Fürstenhöfen, in den hochentwickelten städtischen Gemeinwesen und an den berühmten Hochschulen bot. Damit trat ein Austausch süd- und nordländischen Wesens ein, der eine Blütezeit der Kunst heraufführte, wie sie sich zunächst in den Werken der zweiten niederländischen Schule, eines Josquin de Près, eines Adrian Willaert, eines Heinrich Isaak des „Symphonetus" am Hofe Kaiser Maximilians und später in den Schöpfungen des Orlandus Lassus und vieler anderen offenbarte. Während die zu hoher Blüte gelangte theoretische Wissenschaft in den Schriften eines Johann Tinctoris zu Neapel, eines Adam von Fulda in Deutschland ihre Nahrung aus Kunstgebilden der Zeit sog, die sich immer mehr nach der Seite ausgedehnter Imitationen, verwickelter Stimmführungen, ja bis zu den Übertreibungen in Rätsel-, Krebs- und Spiegelkanons auswuchsen, wandte sich auf dem Boden Italiens gleichzeitig eine neue Richtung der Umgestaltung der musikalischen Grundformen zu. Die Proportionen der großen und kleinen Terz zu 4 : 5 und 5 : 6, die schon zweihundert Jahre früher der englische Benediktiner Walter Odington ausgesprochen hatte, die jedoch in die pythagoräischen Intervallbestimmungen einzurechnen der mittelalterlichen Theorie nicht gelungen war, wurde

Fig. 1

jetzt auf neu eingeschlagenem Wege von dem zu Bologna lehren-
den Spanier Bartholomäus Ramis im Jahre 1482 erreicht. Seine
mathematisch - akustischen Berechnungen griffen zu der griechischen Tetrachordeinteilung des Didymus (1. Jahrh. n. Chr.) zurück
und er gewann damit die gleichen Teilverhältnisse wie Odington,
nur unter veränderter Größenbestimmung des Halbtons, dessen
Kommaunterschiede auf eine „ungleich schwebende Temperatur"

Fig. 2

der Grundskala eingerechnet werden mußten.[1]) In diese Zeit
fällt auch die Einreihung der endlich allgemein als vollwertig
anerkannten Terzen und Sexten in die Kontrapunktlehre. Zu
den vielen Fragen, die geklärt werden mußten, trat die durch
das Studium der klassischen Sprache und Literatur angeregte,
nach den vergessenen griechischen Tongeschlechtern, dem chro-

---

[1]) Riemann: Gesch. der musik. Theorie. S. 319 u. f.

matischen und enharmonischen, besonders lebhaft in den
Vordergrund. Man strebte jetzt über die durch die Transposition zugelassenen Accidentalen hinaus nach dem freien Gebrauch und der Angabe chromatischer Töne. Der Musikdirektor
von S. Marco, Adrian Willaert, und sein Schüler Ciprian da

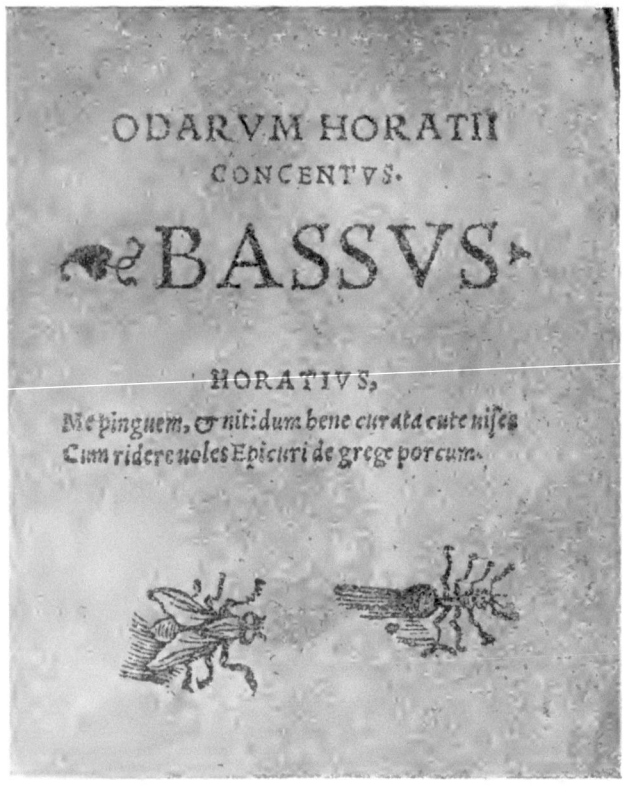

Fig. 3

Rore zu Venedig schufen chromatische Madrigale in denen sie
mit freieintretenden Dissonanzen und chromatischen Fortschreitungen schon Effekte der Tonmalerei erzielten. Es wurde versucht, die feinen Unterschiede der drei Tongeschlechter auch im
Instrumentenbau sichtbar darzustellen; so konstruierte der in
Venedig geschulte, in Ferrara und Rom lehrende Theoretiker
und Komponist Vicentino 1555 ein Archicembalo mit 31 stufiger
Temperatur, auf dessen gespaltenen Obertasten man jene Ver-

schiedenartigkeiten hervorbringen konnte. Er war es auch, der
die ersten Unterscheidungen des Stils der neuen Kompositionen
für die „Kirche", die „Kammer" und „im Volkston" aussprach.
Doch jene chromatischen und enharmonischen Versuche blieben
nur von mittelbarem Einfluß auf die Kunst; sie sind wie ein
Überschäumen der treibenden Kräfte anzusehn und mußten bis
zum Ausbau des modernen Tonsystems zunächst anderen, wich-
tigeren Neuerungen Platz machen. Auf deutschem Boden war es
der Nürnberger Kantor Sebald Heyden, der in seiner Ars canendi
von 1537 die Auflösung der Hexachordlehre anbahnte, in dem
er das Hexachordum naturale ausschied und nur die beiden andern, das Hexacordum durum und molle allein gelten ließ,
wodurch er zum Oktavensystem hinüberleitete. Längst war dieser
Neuerung vorgearbeitet und an der mittelalterlichen Solmisations-
theorie gerüttelt worden; auch Ramis hatte bereits 1482 eine
neue „Hand" für das Oktochord aufgestellt, andere Versuche
und neue Benennungen der Silben folgten. Die Praxis nahm
im sechzehnten Jahrhundert die Bezeichnung des Tones si für H
dauernd auf. Die seit lange gebräuchlichen Oktavengattungen,
das jonische C-dur und das aeolische a-moll, wurden
gleichsam offiziell in dem Dodekachordon des Basler Professors
Glarean von 1547 den acht Kirchentönen als neunter und elfter
mit ihren Plagaltönen angegliedert.

Den bedeutsamsten Wendepunkt in den herrschenden Anschauungen brachten jedoch die Lehren des berühmtesten Theo-
retikers der Zeit, des Venezianers Gioseffo Zarlino hervor, der
in seinen Instituzione armoniche von 1558[2]) den Satz
begründete: daß es außer dem Dur- und Mollakkord
keine Grundharmonien gäbe. Die „Lage und nicht die
Größe der Terz" war nach seiner Auffassung für die Harmonie
geltend; „bei dem harmonisch heiteren Dur bildete die große
Terz den unteren, bei dem arithmetisch traurigen Moll den
oberen Teil des Akkords." Mit dieser „Bestätigung der dualen
Form der Harmonie" war die „harmonisch akkordische" Satzweise als gleichwertig neben die gebräuchliche „melodisch kontrapunktische" gestellt. Daß Veränderungen von dieser Tragweite

---

[2]) Stadtbibliothek, Ausgabe von 1588/89, die aus dem Karmeliterkloster
stammt.

zuerst auf italienischem Boden Platz griffen, war nicht zu verwundern, da an der hier so reich entwickelten Instrumentalmusik bestimmende Eindrücke gewonnen werden konnten. Da
gab es die Tasteninstrumente mit ihren Zusammenklängen, da
wurden Blas- und Streichinstrumente zuerst zur Ergänzung der
Stimmen in den Gesangswerken verwandt; es stand zugleich das
Lautenspiel in hoher Blüte, bei dem auch jene Arrangements
mehrstimmiger Lieder und Tänze vorkamen, in denen eine
Stimme der gesanglichen Ausführung überlassen blieb. Neben
dem bereits erwähnten reich- und vielgestaltig gepflegten Kunst-
liede, dem Madrigal und dem französischen Chanson herrschten
die mehrstimmigen, die Melodie im Tenor führenden und Note
gegen Note gesetzten Volkslieder, die Frottolen und Vilanellen,
und diese kleineren, einfacheren Gebilde nahmen besonders
in Verbindung mit dem Lautenspiel die ersten Ansätze harmo-
nisch-akkordischer Schreibweise auf. Die deutschen Meister
des abschließenden fünfzehnten und beginnenden sechzehnten
Jahrhunderts, unter denen Paul Hofhaimer, Heinrich Finck,
Ludwig Senfl und Thomas Stoltzer besonders hervorzuheben
sind, wandten sich nicht der überkünstelten Meßkomposition
der Niederländer, sondern nur den kleineren religiösen Formen
der Motetten und Psalmen zu. Hauptsächlich aber pflegten sie
die Bearbeitung weltlicher Lieder, deren Melodien sie entweder
frei umgestalteten oder selbst erfanden und als Cantus firmus
in den Tenor nahmen. Sie setzten dazu die Stimme sowohl in
imitatorischer Art, wie einfach Note gegen Note, und hier-
durch gelang es ihnen nicht allein den Text besser zur Geltung zu bringen, sondern ihn auch harmonisch so zu interpretieren,
daß tiefe Empfindung daraus sprach. Diese Anpassungsfähigkeit
und Natürlichkeit bewirkte die außerordentliche Verbreitung
der weltlichen Weisen und wurde die Ursache ihrer Vereinigung
mit dem religiösen Gesang der Reformationszeit durch Unter-
legung geistlicher Texte.

Auf dem Boden des deutschen Humanismus entsprang
gleichzeitig eine noch andere Kompositionsweise. Sie knüpfte
an die Lehren der antiken Prosodie an und schuf für die antiken
Versmaße eine Art deklamatorisch-akzentuierten Gesangs, die
sich dem der Alten nähern sollte. Die kontrapunktisch-imita-
torische Kompositionstechnik konnte hierfür nicht angewandt

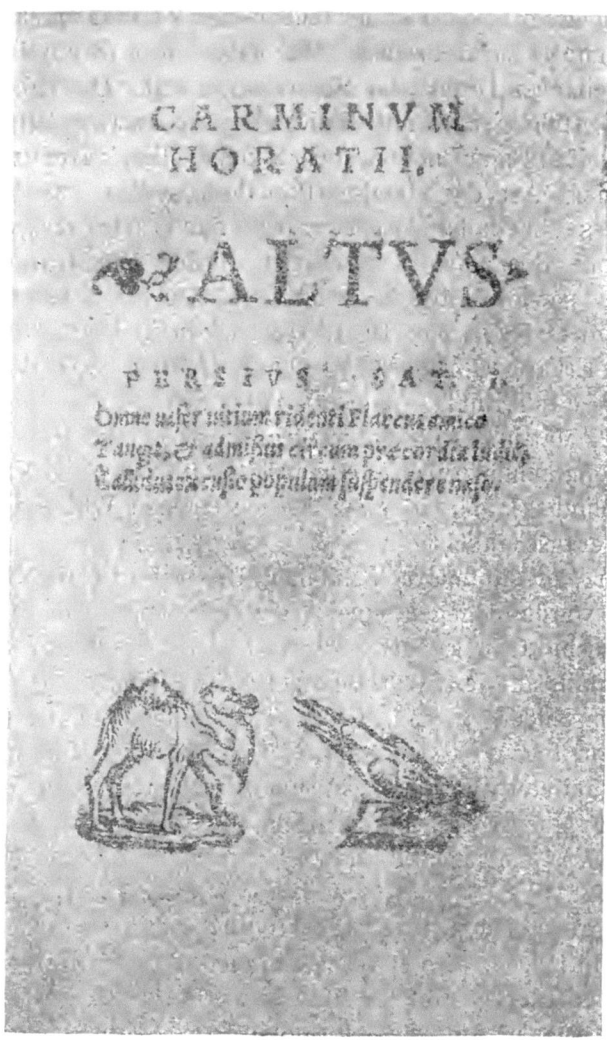

Fig. 4

werden, da sie die Texte zerriß. So wurden in den von Konrad
Celtes angeregten Kompositionen horazischer Oden und Epoden
seines Schülers Tritonius die Stimmen mit dem melodieführenden
Tenor akkordisch verbunden und durch ein dem Worttexte an-
gepaßtes, gleichsam neugeschaffenes musikalisches Metrum nach
Längen und Kürzen geregelt.

Die große Verbreitung musikalischer und theoretischer

Werke in dieser Epoche ist der technischen Vervollkommnung des
Notendrucks zuzuschreiben. Wir haben oben (S. 26) des kostbaren dreifachen Drucks der Missalien gedacht. Das dabei beobachtete Verfahren auch auf die Kunstmusik anzuwenden und sie
mit der weißen Figuralnote in äußerst kunstvoller, klarer und feiner
Weise, nach Art der Handschriften herzustellen war das Verdienst des Venetianer Druckers Ottaviano dei Petrucci, von
dem große Sammlungen weltlicher Lieder und französischer
Chansons sowie Motetten von 1501—1523 erschienen. Die
schwierige und kostbare Druckweise übten in Deutschland nur
wenige: Erhard Oeglin in Augsburg druckte 1507 damit die
Melopoëie des Tritonius (s. oben), Peter Schöffer das Liederbuch
von 1512, Matthias Apiarius in Straßburg 1535 das Rerum musicalium opusculum rarum, einen Traktat von Joh. Froschius
(Stadtbibliothek), der in ganz ausgezeichneter Weise das Verfahren veranschaulicht.[3])

Für den Notendruck kleiner Beispiele in theoretischen
Büchern wurde dagegen eine Art Metallschnitt, am häufigsten
der Holzschnitt verwendet. Älteste Drucke dieser Art befinden
sich ebenfalls auf der Stadtbibliothek: das Lilium musicae planae
(Druck von Schäffler, Ulm 1497), der Traktat des Cochlaeus (s. oben,
Druck von Joh. Weyssenburger, Nürnberg 1511.) Von späteren,
sehr verbreiteten Werken mit Notenholzschnitten seien hier nur
genannt: Musica figuralis deutsch (Wittenberg, Georg Rhaw
1532), Musica instrumentalis deutsch von Martin Agricola (Wittenberg 1532).[4])

Die große Beliebtheit und Verbreitung weltlicher Liederbücher
drängte förmlich zu einer rascheren und billigeren Herstellungs-
art, die mit der von Pierre Hautin zu Paris 1525 erfundenen,
einfachen oder durchgehenden Type, gewonnen
wurde. Hierbei war jede Note von einem Stück System umgeben

---

[3]) Der Band entstammt der Bibliothek des in Wittenberg gebildeten
Frankfurter Prædikanten Hartmann Beyer, aus dessen Besitz noch andere
musikalische Bücher vorhanden sind.

[4]) Diese beiden Schriften enthielt auch die große Bibliothek des 1556
gestorbenen hochgebildeten Juristen und Ratsherrn Dr. Adolf von Glauburg,
in der nach dem auf dem Archiv befindlichen Inventarium noch andere musikalische Bücher verzeichnet sind: so der Froschius, Glareans Dodekachordon,
die Musica getutscht von Seb. Virdung.

≡♦≡ ≡◇≡ ; die Typen wurden zum Tonsatz aneinander gereiht und durch Zwischenstücke verbunden. Text und Noten, Schlüssel und Vorzeichen konnten zusammengesetzt werden.

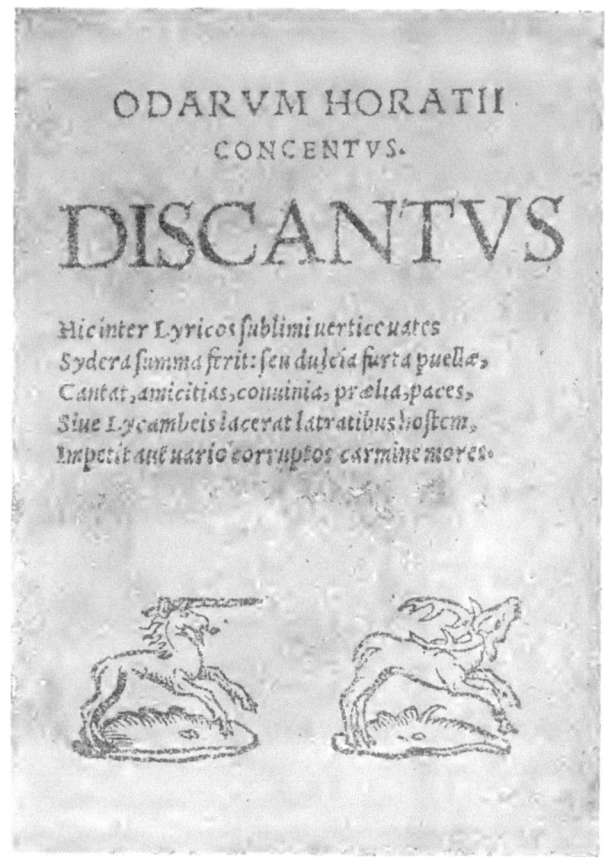

Fig. 5

Dieses sehr vereinfachte Verfahren mußte allgemeine Verbreitung finden und bestand lange allein neben dem Plattenstich, der teuer und kostbar war, es jedoch ermöglichte, mehrstimmige Musik auf einer Fläche zu drucken. Erst vom Jahre 1755 ab konnte der Typendruck auch dazu gebraucht und die vielen einzelnen Stimmbücher abgeschafft werden, als durch die Erfindung J. G. J. Breitkopfs in Leipzig die zerlegbaren Typen

eingeführt wurden, bis dann am Ende des achtzehnten Jahrhunderts die Lithographie den Notendruck fast vollständig
verdrängte.

Die erste weltliche Liedersammlung, die in dem durchgehenden Typendruck erschien, war die Attaignantsche zu Paris
1527, der erste deutsche Drucker, der sie anwandte, war

Fig. 6

Christian Egenolff in Frankfurt. Ihm brachte der Meß-
verkehr mit Paris und Lyon wohl diese Neuerung zu; denn als
er 1530 seine Offizin, die erste ständige in Frankfurt, eröffnete,
stand der dortige Buchhandel schon in hoher Blüte. Bereits
am Ende des fünfzehnten Jahrhunderts bezogen die Venezianer
die Messe, wenig später die Niederländer und der buchhänd-
lerische Verkehr bildete damals schon einen Hauptteil des ganzen
Messebetriebs. Nicht nur die großen Druckerherrn begegneten
sich dort, sie trafen dabei auch mit Schriftstellern und gelehrten
Korrektoren zu Unterhandlungen zusammen. Besonders zahl-

reich waren die eigentlichen Betriebsleute, Unterhändler und
Buchführer vertreten. Da die Erzeugnisse des Buchhandels
erst in der zweiten Hälfte des sechzehnten Jahrhunderts zusammenhängend aufgezeichnet wurden, sind frühere Nachrichten
darüber besonders wertvoll. Ein solcher Beleg über den in
Verbindung mit dem Buchhandel stehenden Musikalienhandel ist
der Korrespondenz zwischen dem Buchführer Christian Schramm

Fig. 7

aus Wittenberg und dem Ratsherrn und Stadtschreiber Roth
aus Zwickau, dem Begründer der dortigen Ratsschulbibliothek,
zu entnehmen, der am 24. Mai 1544 nach Zwickau schreibt:
„Und wisset, dass ich die geseng venedisch ietzundt von Franck-
furt bracht, alle verkauft habe, bitt Geduld tragen bis Michaelis".
Und im Herbst schreibt er: „Die venedischen Partes sind in
Franckfurt nit mehr zu bekommen".[5]
    Das erste Werk nun, das Egenolff 1532 in der neueren
Druckweise ausgehn ließ, waren die Horazischen Oden, ein
Nachdruck der zweiundzwanzig Tonsätze von 1507 (s. o. S. 55).[6]
Es liegt zwar keine direkte Überlieferung vor, daß der gelehrte

---

[5] Archiv des Börs. d. Buchh. XI, S. 232.
[6] Stimmbücher in 8° auf der Königl. Bibl. zu Berlin.

Humanist und damalige Rektor der Lateinschule Jakob Micyllus
ihn auf diese gewiß notwendige Neuausgabe des Tritonius auf-
merksam gemacht hätte, jedoch der wissenschaftliche und freund-
schaftliche Verkehr der beiden Männer dürfte darauf schließen
lassen. Die Fig. 1—5 nach den Exemplaren der Leipziger Stadtbibliothek gemachten Abbildungen rühren nicht von dieser
Ausgabe, sondern von einer zweiten, äußerlich ganz ähnlichen
Auflage Egenolffs von 1552 her. Sie ist inhaltlich von der
früheren unterschieden, da hier nicht bloß auf Tritonius zurück-
gegriffen wird, sondern sowohl auf eine Umarbeitung, die 1534
der damals berühmteste deutsche Komponist Ludwig Senfl hatte
drucken lassen, als auf neue Kompositionen der Oden nach einer
verlorenen Ausgabe des Augsburger Tonsetzers Michael von
1526.[7]) Es sei hier auf den Schmuck der verschiedenen Stimmbücher, zunächst den des Titelblatts bei dem Tenor aufmerk-
sam gemacht, dessen Violdigambaspieler von guter Hand und
wohl in Frankfurt geschnitten ist; gröber ist das Vorlegeblatt,
einen musizierenden Herrn und eine Dame darstellend, und die
Tiere, die in humorvoller Weise die verschiedenen Stimmen ver-
körpern sollen: so der Brummkäfer den Baß, Kameel und
Rabe den Alt, Hirsch und Einhorn den Diskant.

Einer ganz anderen Kunstgattung gehört nun der zweite
Notendruck Egenolffs an, die 1535 erschienenen Gassenhawer
und Reutterliedlin, die nur noch in kostbaren, einzig
erhaltenen Exemplaren, ohne den Diskant, der verloren ist, auf
der Zwickauer Ratsschulbibliothek vorhanden sind. Ihre Selten-
heit läßt erkennen, wie sehr die kleinen, in Leder gebundenen
Bücher, die jeder bequem zu sich stecken konnte, zerlesen
und zersungen wurden. Die einstimmigen Tonsätze stammen
von verschiedenen Meistern der Zeit, deren Namen meist nur
durch Chiffern angegeben sind. Wir finden darunter: Lud. Senfl,
Matthäus Greitter, Paulus Wüst, Balth. Artropius und auch
Hans Heugel, der von 1534—1564 hessischer Kapellmeister war.
In den einundzwanzig und achtunddreißig Liedern der beiden
Sammlungen ist sowohl die imtierende Schreibart, wie die einfach

---

[7]) Diese korrekte Ausgabe ist bei Liliencron: die Horazischen Metren
in deutschen Kompositionen des XVI. Jahrhunderts, wiedergegeben; V. f. M. W.
III, 1887 und auch gesondert bei Breitkopf u. Härtel erschienen.

Note gegen Note gesetzte angewandt. Eine ganze Anzahl von
diesen Liedern ist in Erks Deutschen Liederhort und in Böhmes
Altdeutsches Liederbuch ergänzt übergegangen: sie vermögen
den zwiefachen Charakter jener volkstümlichen Lieder zu veran-
schaulichen: neben tief gemütvollen in Gedicht und Weise steht
jene kecke, derbe Art, die sich mit der durch den Titel gegebenen Vorstellung des Gassen- und Reiterlebens verbindet.
Zu der ersteren Art sind auch die hier als Beispiel des Noten-

Fig. 8

drucks, Fig. 9 wiedergegebenen: O all mein Hoffnung die
ich han, von Heugel, das tief gemütvolle von H. Fritz:
Ach Gott wie lang hab ich gewart, und Senfls: Ob
Glück hat Leid und Unfall Freud, zu rechnen. Die Sammlung ist gegenüber den ihr vorausgehenden durch elf neue
Lieder vermehrt, und nur eine geschickte, verständnisvolle
Hand kann da gewaltet haben: es ist bemerkenswert, daß
gerade die hier zuerst gedruckten Lieder, so unter andern
das schöne Lied der Lochheimer Handschrift „Entlaubet ist
der Walde", zuerst von Lud. Senfl gesetzt, hier im Tonsatz
von Heugel, wie ein eiserner Bestand durch die späteren
Sammlungen gehen. Den vollen Text führt nur die Tenorstimme,

Fig. 9

in den andern ist allein der Liedanfang notiert. Zwei spätere
undatierte Sammlungen, die Grasliedlin und Reuterliedlin
(Berlin, Kgl. Bibl.), werden auch als Egenolffdrucke bezeichnet.
Außer den „Hymni ecclesiastici" mit zwölf Melodien, Übersetzungen nach Liedern Joh. Spangenbergs von Reinhard Lori-

chius 1550,[8]) die gleich vielen anderen Übertragungen geistlicher Gesänge des sechzehnten Jahrhunderts für jenen der
lateinischen Sprache angepaßten deklamatorischen Gesang auf
den Schulen bestimmt waren, ging aus seinem Verlage 1553
noch eines der für die Privaterbauung verbreitetsten Gesang-
bücher der Reformationszeit aus: der Psalter von Burcard
Waldis.[9]) Der Verfasser, ein ehemaliger Franziskaner zu Riga,

Fig. 10

folgte dem Vorbild Luthers in der Bearbeitung und Umdichtung
der Psalmen während seiner schweren dortigen Gefangenschaft,
aus der ihn seine Brüder, Salzsieder in Allendorf a./Werra,
befreiten. Ihnen hat er das Buch gewidmet. Vierzig der drei-
undsiebzig Tonsätze des Gesangsbuchs sollen von ihm herrühren,[10]), die übrigen weltlichen Liedern entnommen sein. Auch

---

[8]) C. F. Becker: Die Tonwerke des XVI. u. XVII. Jahrh. 1855, S. 85.
Die auf der Stadtbibliothek befindliche Ausgabe der Nachfolger Egenolffs von
1570 hat keine Melodien.
[9]) Stadtbibliothek.
[10]) Nach den neuesten Forschungen von Dr. W. Nagel (Darmstadt), S.
der. J. M. G. VII Heft 1 über Hans Heugel, soll dieser Komponist die vier-
und fünfstimmigen Tonsätze zu dem Psalter geschaffen haben, die sich im
Manuskript auf der Kasseler Landesbibliothek befinden. Sie wurden bear-
beitet und herausgegeben von Lic. Zimmer 1880, Vieweg.

bei dieser Ausgabe ist auf den künstlerisch erfundenen, von guter Hand ausgeführten Titelholzschnitt hinzuweisen, der den trauernden David von Nathan getröstet zum Vorwurf hat. Die Type des Notendrucks in der Psalterausgabe ist deutlicher und größer als in den vorausgehenden Ausgaben Egenolffs, dessen Verfahren alsbald von den Nürnberger Druckern aufgegriffen und wesentlich verbessert wurde. Von der Tatkraft

Fig. 11

Egenolffs, der die Frankfurter Buchdruckerkunst nicht allein begann, sondern schon einer bedeutsamen Entwickelung zuführte, geben seine Musikdrucke in äußerst charakteristischer Weise Kunde, da sich in ihnen die drei Richtungen der Zeit, Humanismus, Volks- und Reformationsgesang wiederspiegeln, deren Emporkommen auf dem Frankfurter Boden wir nun näher verfolgen wollen.

II.

Die Gründung der Ratsschule war das erste Symptom der auch in Frankfurt eindringenden humanistischen Bewegung. Den Patriziern der Stadt, die ihre Bildung am Anfang des Jahrhunderts vielfach auf italienischen Hochschulen empfangen hatten, war es wohl bewußt, daß auf dem Boden ihrer alten Stiftsschulen keine neuen Keime mehr gedeihen konnten. Sie wandten sich an Erasmus, der ihnen den jungen Gelehrten Wilhelm Nesen empfahl und mit der Wahl dieses Schülers und Freundes der Reformatoren, der 1520 sein Amt antrat, war die Stellung der Schule als der neuen religiösen Richtung angehörend genugsam gekennzeichnet. Die Mehrzahl der Ratsglieder stand der Reformation zustimmend gegenüber. Als sich jedoch nach den Predigten Hartmann Ibachs von 1522 ein Hin- und Herwogen der Stimmung und heftige Bewegung verbreitete, sah sich der Rat gezwungen eine mehr ablehnende als zustimmende Haltung einzunehmen, da ihm die Freiheit der kaiserlichen Stadt und der Besitz ihrer Privilegien durch direktes Vorgehen gefährdet schien. Daß eben in jener unruhigen Zeit von den Geistlichen befürchtet wurde, man möchte ihre prunkenden Zeremonien untersagen, ja auch bei dem musikalisch wirkungsvollsten Teil der Messe, dem Gloria Einschränkung auferlegen, geht aus einer Notiz des B. B. vom 9. Dezember 1522 hervor: „als der organist zu unser lieben frawen pitt ime gestatten allhie zu plyben, bis lang man das allelujah nidderleg, dweil ime die burgerschaft zu kaufen nit gelegen: dem die zeit wie er gebetten, begünstigen." Wie die meisten Reichsstädte war auch unsere Vaterstadt eine der ersten, die der Reformation zugetan war, zugleich aber auch vielleicht diejenige, der es am schwersten wurde, den inneren Drang mit der äußeren Stellung ins Gleichgewicht zu bringen. Erst durch den, unter dem Einflusse der Bauernaufstände ausgebrochenen Bürgeraufstand von 1525 gelangte die Reformation zum vollständigen Durchbruch. Mit dem Verlangen der Zünfte nach besseren und einfacheren kirchlichen Zuständen ging das andere auf Abstellung der drückenden Lasten und Steuern von seiten der Geistlichen und der Stadtverwaltung Hand in Hand. Dem Rat gelang es, durch kluges Eingehen auf das Begehren der Zünfte und Nachsichtigkeit gegen die Ausschreitungen dem Aufstand die gefährliche Spitze abzubrechen und, als die Niederwerfung der Bauern bekannt wurde, auch die Forderungen zurückzudämmen. Eine gewisse Maßhaltung waltete von beiden Seiten, und so wurde dennoch das Wichtigste erreicht: die Mitbenützung der Gotteshäuser für die sich zum neuen Bekenntnis scharende Gemeinde, in der nun das eifrige Wirken der Prädikanten begann. Die leitenden und einflußreichsten Persönlichkeiten der ersten Jahre

waren Dionysius Melander und Bernhard Algesheimer,
die der Richtung Zwinglis angehörten. In diesem Geiste wurde
denn auch der erste evangelische Gottesdienst in äußerst
einfacher Weise hier ausgestaltet; man näherte sich möglichst
den Stimmungen und Gewohnheiten des Volkes. So wurde ihm
auch das Recht eingeräumt neben der Auslegung des Evangeliums
durch den Geistlichen selbst der Freude über die gewonnene
Glaubensfreiheit im religiösen Volksgesang, dem Choral, Ausdruck zu geben. Darauf hin deutet die Bemerkung von 1526
im Tagebuch des Dechanten Königstein, eines Gegners der Reformation, „daß vil gesang in den kirchen vfgericht
sei", und die andere vom 5. März 1531, bei der Beschreibung
des lutherischen Abendmahls: „das ander volk hat auch
dazu gesungen in ihrer manier."[11]) Lieder, wie „Also heilig
ist der Tag", „Mein Zung erkling" und „Komm heiliger Geist",
die überall bekannt waren und auch von dem neuen Bekenntnis
aufgenommen wurden, mögen damals erklungen sein. Auch war
schon 1524, das sogenannte „Achtliederbuch", die älteste Zusammenstellung reformatorischer Gesänge, wahrscheinlich in
Nürnberg erschienen, das wohl in einer Stadt des Buchhandels
wie Frankfurt rasche Verbreitung fand. Es enthielt, außer drei
Liedern von Paul Speratus und einem Lied eines unbekannten
Dichters, vier von Luther, darunter: „Nun frewd Euch liebe
Christengmein", von dem 1565 in der Vorrede zu Magdeburgs
Psalter gesagt wird: „Mir zweifelt nicht, daß durch das eine
Liedlein vielhundert Christen zum Glauben bracht worden sein,
die sonst den Namen Luthers nicht hören mochten." Vier
Melodien sind diesen Liedern in Holztafeldruck beigegeben.[12])
Der größere Teil des zur Reformation übergegangenen südwest-
lichen Deutschlands unterschied sich in seinen Einrichtungen
wesentlich von Luthers eigenen Vorschriften, denn hier suchte man
viel weniger an das Alte anzuknüpfen als mit ihm zu brechen.[13])

---

[11]) Quellen II, 103.

[12]) Eine erste Ausgabe Stadtbibl. (Fragment). — Eine zweite vollstän-
dige Ausgabe Freiherrl. Carl von Rothschildsche Bibliothek.

[13]) Die ältesten Frankf. Agenden von 1553—1565 vermögen uns in ihrer
überzeugungstreuen Sprache die Zeit jener großen Bewegung eindringlich vor-
zuführen. Sie haben jedoch dem Frankf. Gebrauch entsprechend keine Liturgie
mit Musiknoten, wie sie z. B. bei der verbreiteten Nürnberger Agende von Veit
Diedrich, die bei Gülfferich in Frankf. 1547 gedr. wurde, beobachtet werden kann.

Der Reformator wollte das Volk z. B. erst zum Gesange e r z o g e n
haben und vertraute die Führung des musikalischen Teils im
Gottesdienst einem vierstimmigen Chore an. So war das unter seiner
Leitung erschienene „Erfurter Enchiridion" von 1524 nur zum
Nachlesen für die Gemeinde bestimmt und das erste wirkliche Ge-
sangbuch, das „Walthersche" oder „Wittenberger" enthielt sieben-
unddreißig Gesänge im vierstimmigen Tonsatz. Die deutsche
„Meß und Ordnung Gottesdiensts" von 1525 fand in ihrer von
Luther gegebenen liturgischen Gestalt im Süden und Westen
Deutschlands keinen allgemeinen Eingang. Dagegen mag das
erste einstimmige Chorgesangbuch für das Volk, das „Klugsche"
von 1529, in dem das von Luther 1528 gedichtete Schutz- und
Trutzlied „Eine feste Burg ist unser Gott", enthalten war,
auch hier rasche Verbreitung gefunden haben. Wir wissen, daß
Luther nicht allein an diesem Buche, sondern auch an dem
1546 herausgekommenen „Babstschen Gesangbuch" einen großen
Anteil hat: er dichtete, übersetzte und bildete die geistlichen
Lieder um, wie ihn auch seine feine musikalische Schulung
befähigte, vorhandene weltliche Melodien den Liedern anzupassen oder neue dazu zu setzen. Im Jahre 1533 sprach sich
der Reformator scharf gegen die in Frankfurt wirkenden Ideen
Zwinglis aus, milderte jedoch im Laufe der Zeit sein Urteil
und befahl dreizehn Jahre später seinem Schüler und treuen
Anhänger Hartmann Beyer: w e i l d e r G o t t e s d i e n s t z u
F r a n k f u r t i n g r o ß e r E i n f a l t u n d s c h l i c h t g e h a l t e n
w e r d e , e s , w i e e r e s f i n d e , z u l a s s e n.
    Die Zwinglianer verboten den Gebrauch der Orgeln; in
Frankfurt fanden aber keine Zertrümmerungen der vorhandenen
Werke statt, wie an vielen anderen Orten. Nur eines Schaber-
nacks in der Bartholomäuskirche, der die herrschenden Anschauungen wiederspiegelt, gedenkt Königstein am 18. April
1531: H a n s B r u m s c h o f f e n s a m t J o a c h i m d e m v i s i r e r
d a s o r g e l e i n s o u f f d e m l e t t n e r i n d e r p f a r r s t u n d
m u t w i l l i g h i n w e g g e n o m m e n.[14] Es war dies eine zur Begleitung für den Gesang im Chore bestimmte kleinere Orgel,
die man an die Stelle des älteren Werks von 1422 hatte treten
lassen. Der rhythmische Choralgesang, ohne Figuralchor, ohne

---

[14] Quellen II, 158.

Orgel, wie er in Frankfurt eingeführt war, bedurfte jedoch
eines Stützpunkts. Er wurde ihm in der Einrichtung der Vorsänger gegeben; zum ersten ernannte man Jakob Medenbach
der im Jahre 1531 vom Schuhmacherhandwerk zum Lehrberuf
übergetreten war und die erste deutsche Schule eröffnet hatte. Mit
Vermehrung der lutherischen Kirchen kamen vier, später sechs
Vorsänger vor; das Amt wurde nach vorausgegangener musikalischer Prüfung vergeben. Daß zu den Elementarfächern
in diesen Schulen der Choralgesang kam, ist zweifellos, und
daß die bestehenden Gebräuche des „Begräbniß- und vor
den Türensingens" protestantischerseits von diesen deutschen
Schulen aufgenommen und ebenfalls ausgeführt wurden, sehr
wahrscheinlich. Da man in Frankfurt nicht bis zum äußersten
gehen wollte und konnte, blieb der katholische Gottesdienst nur
von 1533—1535 untersagt. Die Stifter und Klöster bestanden
weiter bis auf das von den letzten Mönchen im Jahre 1529 dem
Rat übergebene Barfüßerkloster, dessen Kirche zur evangelischen
Hauptkirche erhoben wurde, und das Katharinen- und Weiß-
frauenkloster. Der klug abwägende Rat war zwar erst ver-
spätet und gedrängt dem schmalkaldischen Bund beigetreten,
mußte dies aber durch herbe Demütigung und Unterwerfung vor
dem Kaiser 1547 und durch die Übergabe an den General Büren
hart büßen. Dann lastete die Zeit des Interims schwer auf der
Stadt, der die Belagerung von 1552 folgte. Die katholische
Gegenpartei gewann in jenen Jahren neue Stärke, die sich in
dem wieder angetretenen alleinigen Besitz der Bartholomäuskirche, dem Weiterbestehen der Stiftschulen äußerte, obgleich sich
bald herausstellte, daß nur noch für eine die genügende Schüler-
zahl vorhanden war, und daß in ihnen die veralteten Einrichtungen weiter bestanden, wie sie Dr. Johann Fichard [15]) aus seiner
Jugend geschildert hat. Unbeschützt und gedrängt von äußeren
und inneren Feinden, gelang es dem Rat durch manche Nach-
giebigkeit in kleinen und unbedeutenden Dingen die Hauptsache,
das Luthertum zu erhalten und die Privilegien der Stadt in bessere
Zeiten zu retten. Ja, eine neue Gunstbezeugung kam in jenen
Jahren hinzu, indem man nicht allein die Wahl, sondern auch
die Krönung Maximilian II. nach Frankfurt verlegte. Die Ver-

---

[15]) Jung: Dr. Joh. Fichard. A. f. F. G. u. K. 1889, S. 214.

einigung beider Zeremonien am 24. und 25. November 1562 erhöhte
die Fülle von Pracht und Glanz, die von alters her mit diesem
Akte verbunden war, ebenso vermehrte sie den Besuch der
Fürsten und ausländischen Würdenträger. Der musikalische
Teil beider Zeremonien wurde von den immer noch „burgundisch"
genannten Hofsängern des Kaisers ausgeführt, deren Leiter
damals Petrus Mœssanus, der Nachfolger des berühmten Arnold
von Bruck[16]) war. Der Platz für die Sänger war auf der „Bor-
kirche", einer über dem Eingang zum Chor befindlichen Estrade,
der für die Instrumentisten bei der „großen" Orgel. Wir finden
in den Beschreibungen alle jene feststehenden liturgischen Gesänge wieder erwähnt, die von den hohen geistlichen Würden-
trägern angestimmt, von der Kapelle „respondiret" oder „aus-
gesungen" werden. Daneben erschienen jedoch motettenartige
Teile, die von der Kapelle allein gesungen werden, so das „Stetit
Angelum", als der Kaiser die Kirche betrat, die drei „Spruchgesänge" während der Salbung. Auch wird erwähnt, daß die
Sänger die Pause während des Anlegens der Krönungsgewänder
mit „köstlichem Figuriren" ausfüllten[17]). Daß bei einer solchen
Feier und zur Zeit der höchsten Blüte des mehrstimmigen Gesangs das Schönste und Beste geleistet wurde, läßt sich wohl
denken. Auch mögen es gerade diese nicht liturgischen Teile
gewesen sein, die damals und später die Hofkapellmeister zu
besonderen Kompositionen anregten.

Unter den Zuhörern befand sich im Gefolge des Kurfürsten
von Bayern sein Hofkapellmeister Orlandus Lassus, der erste
der damals in Deutschland wirkenden Komponisten. Er weilte
dann nochmals 1574 auf der Durchreise in Frankfurt, als er
dem Rufe Karl IX. an den französischen Hof Folge leisten
wollte, hier aber den Tod des Königs erfuhr und nach München
zurückkehrte.

III.

Am schwierigsten gestaltete sich in den ersten Jahrzehnten
nach der Reformation die Lage der ganz auf dem Boden der
neuen Kirche stehenden „Lateinschule", deren Mittel nur aus

---

[16]) Wiener Hofkapellmeister-Ordnung, mitgeteilt von M. Lipsius. V. f.
M. W. B. 7. 1891.

[17]) Nach gleichzeitigen Berichten und Relationen Stadtbibliothek.

den Zuwendungen des Rats flossen. Nach dem ältesten erhaltenen Lehrplan des Rektors Micyllus [18]) von 1535 waren die
nach humanistischer Auffassung zur Physik gehörenden Fächer
die Arithmetik und Theorie der Musik aufgenommen und auf
die Mittwoch Nachmittage verlegt. Wie aber dieser Unterricht
theoretisch und praktisch geübt wurde, darüber ist nichts überliefert. Erst in dem zweiten Rektorat des Micyllus 1537—1549,
den die Ungunst der hiesigen Verhältnisse zur zeitweiligen Annahme einer Professur in Heidelberg bestimmt hatten, auf die er
nach 1547 wieder zurückkehrte, wurden 1544 „Partes" angeschafft.[19]) Der Gedanke, daß unter dem ausgezeichneten Gelehrten
und lateinischen Dichter die Horazischen Oden oder Chorgesänge
lateinischer Schuldramen, wie sie an den Humanistenschulen immer
mehr in Aufnahme kamen, auch hier eine Stätte gefunden hätten,
ist kaum abzuweisen. Auch der Nachfolger des Micyllus, C n i -
p i u s A n d r o n i c u s, der von 1550—1562 seines Amtes waltete,
war ein trefflicher Gelehrter, ein Freund Melanchthons und Bucers.
Nach seiner Eingabe an den Rat [20]) erhöhte er die täglichen
Unterrichtsstunden von einer auf sechs, die sechste Stunde widmete er der „musica". Er erwähnt auch, daß er mancherlei
Komödien und Tragödien gespielt habe und es ist erwiesen,
daß die Aufführung eines Estherdramas unter ihm stattgefunden
hat.[21]) Dies dürfte nun das einzige, seit 1543 erschienene Stück,
der H a m a n u s v o n N a e g e o r g u s gewesen sein, das in allen
fünf Aktschlüssen Chöre in Distichen, Asklepiaden und sapphischen
Strophen besaß, deren Text sich wie beim antiken Drama auf
den Inhalt der Akte bezog.[22]) Wiederholt wurde dies Stück und
dabei direkt als Hamanus bezeichnet unter dem nächsten Rektor
J e r e m i a s H o m b e r g e r, der am 12. August 1565 den Rat
dazu einlud. Mit der öffentlichen Aufführung auf dem Fischer-
felde, wo vorher ein großes Schützenfest stattgefunden hatte,
folgte Homberger einer Sitte, die damals auch von anderer Seite
gepflegt wurde.

---

[18]) Classen, Micyllus. Frankfurt 1859 u. Prog. des Gymnasiums 1860.
[19]) Stadt-Rechenbuch.
[20]) G. E. Steitz, M. J. Cnipius Andronicus. Frankf. Archiv, N. F. I 1860, S. 209.
[21]) Liermann, Petrejus. Prog. des Goethe-Gymnasiums 1901, X.
[22]) Liliencron: Chorgesänge der lateinisch deutschen Schuldramen, V.
f. M. W. 6, 1890.

Die ersten Jahrzehnte des sechzehnten Jahrhunderts, wie die letzten des fünfzehnten, hatten die bürgerlichen Kreise nicht fern von jeder musikalischen Betätigung gelassen, da nach vorhandenen Überlieferungen auch dem Meistergesang eine Stätte bereitet war, dessen oberster Vertreter Hans Sachs auf seiner Fahrt nach dem Rhein 1516 hier in der Schuhmacherzunft einkehrte und dort seine erste „Singeschul" abgehalten haben soll.[23]) Jene Vereinigungen zünftiger Handwerker aber, die Strophenbau und Rezitationsregeln von den Minnesängern überkommen zu haben glaubten, wie sie ja auch ihre Melodien, die „Töne", nach ihnen benannten, handhabten in Wirklichkeit meist in nüchterner, pedantischer Weise endlose, nach Art des gregorianischen Gesangs rezitierte Spruchgesänge. Für uns ist nicht mehr davon übrig geblieben als das günstige Resultat einer Gewöhnung der bürgerlichen Kreise an eine Musikübung überhaupt, wie sie auch im mehrstimmigen Liedergesange blühte, in der Ausführung des protestantischen Chorals und in der Beteiligung am religiösen Drama der Reformationszeit zu Tage trat.

Die Lust und Freude an öffentlicher Schaustellung und buntem Gepränge, die mit Aufhebung der Bruderschaften und der kirchlichen Umzüge zurückgedrängt war, trat in neuer Gestalt hervor, als die durch Bildung und kraftvolles Handeln in der reformatorischen Bewegung ausgezeichneten Zünfte, die Buchdrucker und Schuhmacher, sich am 27. Juli 1545 bei dem „geistlichen Spiel von der keuschen Frauwen Susanna von Paul Rebhuhn"[24]) beteiligten.[25]) Es wurde von dem „deutschen Schulhalter" und „Vorsinger" Mathis Reuter einstudiert, der auch seine älteren Schüler dabei zu verwenden wußte. Sollten die geistlichen und weltlichen Chorgesänge, die dies Drama nach den Aktschlüssen hatte und die noch nachzuweisen sind,[26]) hier ausgeschieden worden sein? Von dem Kreis von Darstellern, der sich am Kirchengesange beteiligte, für den recht eigentlich die „Gassenhawer" und „Reutterliedlin" zusammengestellt waren, sollte man das Gegenteil erwarten. Zu dem Drama

---

[23]) Mummenhoff: Hans Sachs, 1894. S. 8.
[24]) Gedruckt zu Zwickau 1536.
[25]) Mentzel: Geschichte des Frankf. Theaters. A. f. F. G u. K. 1882, S. 8.
[26]) Veröffentlicht bei Liliencron, V. f. M. W., Bd. 6, 1890, S. 306—387, S. 364—368.

gehörten die Gesänge: nach Akt I „Frau Venus groß ist dein
Gewalt". nach Akt II „Das ist der Werlet lauff", nach Akt III
„David der prophetisch Mann", nach Akt IV „O Gott du Richter
aller Welt". In volkstümlicher Weise steht wie bei dem „Vor-
tanz" der damaligen Tänze Chor I. im zweiteiligen, Chor II. wie
der „Nachtantz" in der Proportio, dem Tripeltakt; die Chöre
sind nicht metrisch, sondern kontrapunktisch, Note gegen Note
gesetzt.

Auch das Spiel des folgenden Jahres, der Joseph von
Tiebold Gart, zu dem der Rat Balken und Gerüste lieh und
das der vielseitige Reuter abermals einstudierte, ist hier zu erwähnen, da es nicht allein mit dazwischen liegenden Chören
versehen war, sondern auch Angaben für die Ausübung von
Instrumentalmusik enthielt.

Als eine freie Nachdichtung der lateinischen Komödie des
Crocus, war das Stück 1540 in Straßburg gedruckt und in Garts
Geburtsort, Schlettstadt, im selben Jahr gespielt werden. Die
Angaben lauten nach Liliencron:

Aktschluß I: Hye mag gesungen, gepfiffen und georgelt
werden. Volget der 2. Psalm Davids in der weiß Capitans:
„Herr Gott Vater mein":
  „der heylich Geist aus Davids Mund".

Aktschluß II: Volgend mag gesungen werden dieser
nachgeschrieben Psalm Davids in der melodey: „Begnad mich
Herr, ewiger Gott": (nun sollen alle personen in ihr gemach
gehn)
  „Herr unser Gott, wie ist so groß".

Aktschluß III: Hye mag gesungen werden, das nachgeschrieben:
  „Christ ist erstanden"
in der weiss und melodey: „in dulci Jubilo".

Aktstück IV: Hye mag gesungen werden das nachgeschrieben:
  „Vatter unser"
in dem thon „mag ich unglück nit wiederstahn".

Von den bis zum Jahre 1581 noch in Frankfurt gespielten
Bürgerkomödien verdient eine der späteren unser besonderes
Interesse. Es war das 1572, nach den schweren Pestjahren,
zuerst wieder erlaubte: Spiel vom jüngsten Gericht, das

zu den seltener auftauchenden Komödien jener Zeit gehört und
die Bezeichnung Singeschul trägt, da hier die Gesänge in
die Handlung eingeflochten wurden. Es unterscheidet sich
dadurch merklich von den Komödien mit Chorgesängen an den
Aktschlüssen, stimmt aber mit der Art überein, wie Hans Sachs
den Gesang in seinen Stücken zu verwenden pflegte.

Im Zusammenhang mit diesen aus den bürgerlichen Kreisen
entsprungenen Dichtungen und Darstellungen sei hier jener spon-
tanen Äußerung dichterischer Begabung gedacht, die aus der
gleichen Sphäre hervorging und sich im sechzehnten Jahrhundert
zu verbreiten begann. Es sind die auf Flugblättern erschienenen
„Politischen Lieder", denen sofort eine bekannte Melodie, vornehmlich die verbreiteter Volks- und Landsknechtslieder unterlegt
wurde. Hierher gehören Sechs Lieder über die Belagerung von 1552 auf dem Frankfurter Stadtarchiv[27], I—III. im
Ton der „Schlacht bei Pavia", IV. im Ton „Frisch auf in Gottes
Namen", V. im Ton der „Tag weis", VI. nach „Mit Haufen
seindt wir gezogen wohl in das Niederland". Solcher Art ist
auch das Schmähgedicht auf die Patrizier von 1546 Vom
neuwen Adell zu Frankfurt a./Main, nach der Melodie
des Volkslieds „Feins Maidlein, feins Maidlein, fahr mit mir
ubir Rhein".[28]

Gleich dem in der evangelischen Kirche zuerst vorhandenen mehrstimmigen Chorgesang, verschmolz auch der einstimmige Choralgesang der Gemeinde Altes und Neues, Geistliches und Weltliches. Teils entnahm er seine Weisen den Tenören
der mehrstimmigen Tonsätze, wie wir es bei den älteren Wittenberger Gesangbüchern und dem Burcard Waldischen Psalter
kennen gelernt haben, zum größeren Teil ging er jedoch auf
selbständig erfundene alte Liedweisen zurück. Solcher Art
waren die Sammlungen der böhmisch-mährischen Brüder, die in
drei Auflagen von 1531—1566 erschienen. Dann sehen wir
um die Mitte des Jahrhunderts, als das Material schon reich
angewachsen war, das Bestreben auftreten, sich auf eine gewisse
Auswahl zu beschränken. Fürsten und Städte ließen es sich
angelegen sein, ihren Untertanen selbständig zusammengestellte

---

[27]) Quellen II, S. 468—479.
[28]) Kriegk: Geschichte von Frankfurt, S. 210.

Cantionalien zu geben; so erschien zuerst das Pfalz-Zweibrückische
mit der Kirchenordnung von 1557 und das „Große Straßburger
Kirchengesangbuch" von 1560, diesem folgte das Frankfurter
Gesangbuch von 1569, herausgegeben mit Unterstützung
des Rats und diesem gewidmet durch den Buchdrucker Joh.
Wolff. Der Titel des großen Cantionals in Folio lautet: [29])
„Kirchengesäng aus dem Wittenbergischen und anderen den
besten Gesangbüchern, so biß anhero hin und wieder ausgangen
colligirt und gesammelt, in eine feine richtige vnd gute ordnung
gebracht, vnd auffs fleißigste nach den besten exemplaren corri-
girt und ausgebessert etc. Fürnehmlich den Pfarrhern,
so sich in iren Kirchen zu der christlichen augs-
burgischen Confession bekennen, vnd bei derselben
den Chor mitsingen, regiren vnd versorgen müssen
zu dienst und zum Besten." Diese Aufschrift wird von einem
Kranz von Holzschnitten umrahmt, die mit dem Titelblatt des
Neuen Testaments übereinstimmen, das sich in dem Bibeldruck
von 1560 findet, der bei Sigismund Feyerabend, David Zöpfel
und Joh. Rasch erschien. Virgil Solis hat die prächtigen Blätter
gezeichnet, von Feyerabend rühren die Holzschnitte her. Im
oberen Felde ist die Geburt, rechts Bergpredigt und Gethsemane,
links die Auferstehung und die Ausgießung des heiligen Geistes
dargestellt. In der Mitte ist das Frankfurter Stadtwappen angebracht. Auch die fünf ersten Abschnitte des Gesangbuchs
haben Titelholzschnitte in Kleinquart mit reich ornamentierter
Umrahmung nach Begebenheiten des Alten Testaments, die den
Feyerabend-Bibeln von 1560 und 1568 entnommen sind.[30]) Ist
durch diese prächtigen, von Ausdrucksfähigkeit und Feinheit
erfüllten Zugaben schon die künstlerische Ausstattung eine seltene,
so entspricht ihr auch Buch- und Notendruck in hohem Grade,
der mit äußerster Sorgfalt und Klarheit hergestellt ist. Die
Mensuralnoten auf fünf Linien sind in Holztafeldruck ausgeführt
im Gegensatz zu dem in damaligen Cantionalen noch zur Verwendung kommenden Typendruck auf roten Linien.[31]) Die Einteilung ist nach der gebräuchlichen Folge der Wittenberger

---

[29]) Nach dem in gepreßtem Leder gebundenen, mit Luthers Bild geschmückten Prachtband der Stadtbibliothek.

[30]) Pallmann: Feyerabend, S. 10. Druck von 1560. Stadtbibliothek.

[31]) So in dem pfälzischen Buche von 1557, Rothschildsche Bibliothek.

Bücher: Festlieder nach Ordnung des Kirchenjahres, Katechismus-
gesänge, der ganze Psalter, Lehr-, Lob- und Betlieder (darunter
die Litanei von D. M. Luther für zwei Chöre, deutsch und
lateinisch), so daß sich im ganzen dreihundert und fünfundsiebzig
Lieder und zweihundert Melodien zusammenfinden. Die Titel
sind deutsch und lateinisch; Dichter und Tonsetzer, auch der
Ursprung der Melodien werden genannt. Luther, Speratus,
Erasmus Alber, Burcard Waldis, auch der Frankfurter Dichter
Adam Reissner (1471—1563), ist mit dem Liede „In dich hab·
ich gehoffet Herr", vertreten. Der großen Anzahl von Dichtern
stehen ebenso namhafte Komponisten gegenüber: Sebald Heyden,
Matthes Greitter, Thomas Stolzer, Benedikt Ducis u. A.

Der Drucker Johann Wolff hat selbst die große und tüchtige
Arbeit, dieses Buch zusammenzustellen und mit Melodien zu
versehen, geleistet. Sein Vorleben offenbart uns ein Stück Frankfurter Reformationsgeschichte. Als begabter und talentvoller
Dominikanermönch erteilte er am hiesigen Kloster Unterricht und
hatte, erst neunzehnjährig, die ersten Gelübde abgelegt, als er von
tiefsten Zweifeln gepackt sich 1564 an den Prädikanten Hartmann Beyer um Hilfe wandte, der es nach mancherlei Kämpfen,
in die sich auch der Mainzer Erzbischof mischte, bei Bürgermeister und Rat durchsetzte, daß Wolff am 15. März das
Kloster verlassen und sich ganz zum lutherischen Glauben bekennen konnte. Seine bald darauf erfolgte Heirat mit der Witwe
Rasch[32]) brachte ihn in den Besitz einer angesehenen Druckerei
und er vermochte seiner veränderten Lebensrichtung wohl keine
schönere Bestätigung zu geben als mit diesem Buch, das A. von
Winterfeld die „reichste geistliche Melodiensammlung
des sechzehnten Jahrhunderts" nennt.

Daß es auch ein gutes buchhändlerisches Unternehmen war,
geht aus der neuen Ausgabe hervor, die Sigismund Feyerabend, der größte Verleger und Drucker Frankfurts im sechzehnten Jahrhundert, nach Ablauf der kaiserlichen Privilegien
1584 veranstaltete. In der Einteilung der Gesänge dem Wolff-
schen Buche gleich und, was den Buchschmuck betrifft, noch
durch Randleisten verschönt,[33]) zeigt es inhaltlich wesentliche

---

[32]) Steitz: der lutherische Prädikant Hartmann Beyer. A. f. F. G. u.
K. A. F., Heft V. S. 89 u. folg.

[33]) Exemplar auf der Stadtbibliothek.

Unterschiede. Feyerabend beauftragte E u c h a r i u s Z i n k e i s e n,[34])
Pfarrherrn zu Langen, mit der Revision des Cantionals, der nach
den inzwischen gemachten Erfahrungen besserte und vermehrte,
Lieder ausschied, die nicht in allgemeinen Gebrauch übergegangen
waren, und dafür neubekannte und bewährte einfügte. Er gibt
in seiner Vorrede an, daß ihm besonders das noch zu Luthers
Lebzeiten ausgegangene Babstsche Gesangbuch, ebenso das 1562
in Wittenberg gedruckte Ebersche zur Richtschnur gedient
hätten. Die Lieder der böhmisch-mährischen Brüder verschwinden; dafür werden mehr Psalmen von Waldis und die neuerer
Tonsetzer wie Wolfgang Ammon und Johann Magdeburg aufgenommen, wodurch größere Mannigfaltigkeit erzielt wurde. Ein
Auszug von achtundneunzig Liedern aus diesem Buch wurde
in dem bei Joh. Spieß 1599 ' erschienenen „Handbüchlein" gegeben, das die gebräuchlichsten und beliebtesten Lieder enthalten
haben wird.[35]) Es sei hier nur noch auf einige in Frankfurt
erschienene geistliche Liedersammlungen mit Notendrucken hingewiesen, die für diesen Zeitraum Bedeutung haben. So wurde
dem Bestreben, „für die Schüler und Gelehrten" geistliche Liederbücher zu schaffen, durch das „Odarivm ecclesiasticum" des
Pfarrer Wolfgang Ammon in Dinkelsbühl Rechnung getragen,
das 1578 bei den Erben Egenolffs in vier Büchlein in Oktav
erschien und Übersetzungen deutscher Kirchenlieder enthält,
denen auch in sehr kleinem, feinem Notendruck die Melodien
beigegeben sind. Selbst in diesen kleinen Bänden ist auf die
Ausstattung durch Holzschnitte mit biblischen Darstellungen
Wert gelegt. Ein anderes, mit kleineren Notendrucken ver-
sehenes Gesangbuch ist das älteste, der französisch-reformierten
Gemeinde in Oktav unter dem Titel: *„Cantiques usités en l'église
françoise de Francfort qui approuve la confession d'Augsbourg"*,
eine Übersetzung von fünfundfünfzig deutschen Kirchenliedern
und drei Psalmen, die der Pfarrer Matthieu Barthol zu Mont-

---

[34]) Über diesen kunstverständigen Mann, der in der gleichen Gegend
wirkte wie der Reformator des dreieichenhainer Landes, der Dichter und
Tonsetzer Erasmus Alber, konnte nichts weiteres ermittelt werden.

[35]) Dies früher auf dem Predigerministerium befindliche, noch für
anderes wichtige Buch ist jetzt nicht mehr vorhanden und alle auch auswärts versuchten Bemühungen, es zu entleihen, waren vergeblich. Becker:
Beiträge zur Frankf. Kirchengeschichte 1852, hat es S. 61 benutzt.

béliard mit Unterstützung der Frankfurter französischen Gemeinde veranstaltet hatte. Hier gehen die einstimmigen Melodien
auf Zinkeisens Buch zurück.[36])

Wie dieses Buch 1596, so erschien 1599 in erster Auflage
bei Joh. Spieß eines jener erweiterten Flugblätter religiösen
Inhalts, auch „Büchlein" genannt, der „Frewdenspiegel des ewigen
Lebens", herausgegeben von dem Waldecker Pfarrer Philipp
Nicolai; es enthält den ersten Druck seiner beiden Kernlieder
mit einstimmiger Melodie: „Wie schön leucht uns der
Morgenstern" und „Wachet auf ruft uns die Stimme"
in großen deutlichen Noten.[37])

So vermehrt sich noch am Ende des Jahrhunderts der
Grundstock geistlicher Dichtungen und Melodien, die die evan-
gelische Kirche aus der Zeit ihrer Gründung als dauernden
Besitz übernommen und in allen Wandlungen bewahrt hat.

IV.

„Am 22. März 1573 haben die Praeceptoren und
discipuli der lateinischen Schul zum ersten Mal den
Figuralgesang in der Barfüßerkirche vorgetragen,
so zuvor nit bräuchlich gewesen", berichtet Lersner,[38])
dessen Quelle uns heute nicht mehr ersichtlich ist, wenn auch
indirekte Nachrichten die Tatsache bestätigen. Außer der bis
dahin in Frankfurt üblichen einfachsten Art musikalischer
Gottesverehrung, dem rhythmischen Choralgesang der Gemeinde,
der von Vorsängern geführt wurde, bestanden noch zwei Einrichtungen in der lutherischen Kirche. Erstens waren in manchen

---

[36]) Stadtbibliothek.
[37]) Stadtbibliothek. Noch einige dieser seltenen Blätter auswärtigen
Drucks mit Musiknoten, die sich auf der Stadtbibliothek befinden, dürften
hier erwähnt werden:
1. Ein Gsang quatuor vocum von dem schönen und lieblichen Interim
auf die Melodie: Beatus vir. (Holzschnittnoten.)
2. Drei geistliche Weihnachtslieder für die Kinder in Joachimsthal.
(Typendruck.)
3. Von den Zeichen des jüngsten Tags, ein schön lied von Erasmus
Alber 1548. (Typendruck.)
4. Ein schön Christlich lied von dem ehrwürdigen Herrn Dr. Martin
Luther und seiner Lere. (Typendruck. Auf Luthers Tod.)
[38]) I, 2, 21.

Landstrichen jene aus vorreformatorischen Zeiten übernommenen
Schülerchöre tätig, wie in Wittenberg selbst oder an der Kreuzschule zu Dresden,[39]) die den liturgischen Teil wie den Motetten-
gesang figuraliter ausführten, wie es auch bei den Chören der
in der Reformationszeit gegründeten sächsischen Fürstenschulen
der Fall war. Daneben wuchsen die schon oben erwähnten,
(s. S. 38) zur Unterstützung der Schülerchöre gegründeten „Kantoreigesellschaften" hervor, an denen sich Studenten und musik-
kundige Bürger beteiligten und die daher vorzugsweise deutsch
sangen. Die Frankfurter Einrichtung gehört als Schülerchor
zu der ersteren Art; bei dem hiesigen nicht liturgisch geführten Kultus war ihre Tätigkeit nur der Ausschmückung des
Gottesdienstes gewidmet. Gerade damals war sie keine verein-
zelte, sondern eine vielfach auftauchende Erscheinung, deren
Emporkommen ein gemeinsamer Anlaß zugrunde lag: Die Be-
kämpfung der Gegenreformation. In einer Eingabe des
Predigerministeriums vom 15. August 1566 heißt es: „Es sammeln
die Jesuiten mit Fleiß in ihre Schulen viel arme Knaben, die
richten sie an, daß sie abgöttische, papistische Gesäng öffent-
lich auf den Straßen für den Thüren lateinisch singen".[40]) Dem
suchte man von seiten der lutherischen Prädikanten entgegenzutreten, indem man jene fahrenden Schüler aufnahm, die von
Land zu Land und Stadt zu Stadt zogen, wenig gelernt hatten,
aber ein gewisses Maß theoretischer Vorbildung und gute
Stimmen mitbrachten. Als Gegenleistung für den freien Schul-
besuch, für den häufig auch gewährten Tisch im Armenhaus
hatten sie einige praktische Beschäftigungen auszuführen: die
Klassen und den Hof zu reinigen, die Öfen zu heizen. Zu
ihrem Unterhalt dienten nicht allein die Gaben, die ihnen bei
geistlichem Gesang außerhalb der Kirche, bei Beerdigungen
und bei dem Umsingen vor den Häusern, besonders reichlich
zu den Meßzeiten, zuflossen; sie übten auch den weltlichen
Liedergesang aus und wurden zu Gastmahlen des reichen Patriziats, zu Hochzeiten und anderen Festlichkeiten zugezogen und
reich bedacht.[41]) Aus all diesen Nebenbeschäftigungen ergaben

---

[39]) K. Held: das Kreuzkantorat zu Dresden, V. f. M. W. 1891. A. Wer-
ner: Geschichte der Kantoreigesellschaften, Beiheft der J. M. G. IX.

[40]) St. A. Eccl. Tom IV.

[41]) Wohlleben und Prachtliebe s. o.

sich aber für die Disziplin und die Leistungen der Schule eine
Menge Übelstände, die während des zweihundertjährigen Be-
stehens des Chores unausgesetzte Klagen hervorriefen.

Es werden zunächst zwei Männer an die Lateinschule
befördert, in deren Händen der musikalische Unterricht lag: im
Herbst 1573[42]) stellte man den Magister G e o r g G l a i t z m a n n
aus Friedberg an der zweiten Klasse an, der sich „vor andern zu
einem cantor wolle gebrauchen lassen." Ihm war die Theorie und
der Figuralgesang der beiden oberen Klassen unterstellt, während
der im Herbst 1573, als Nachfolger des Acontius angenommene
K a s p a r L u n d o r f f von Bellersheim den Choralgesang der
drei unteren Klassen leitete. Der erstere erhielt seinen Gehalt
aus dem Almosenkasten mit fl. 90, der letztere wie die übrigen
Kollaboranten fl. 90 aus der Stadtkasse. Lundorff war seit 1569
Bürger, deutscher Schulhalter und Vorsänger zu den Barfüßern.
Nach dem ältesten erhaltenen Lehrplan von 1579, jedenfalls aber
auch schon in den vorausgehenden Jahren, wurde in der Prima
die Theorie der Musik nach dem Compendiolum des Magisters
Henricus Faber, Rektors zu Braunschweig gelehrt, einem von 1548
ab in vielen Auflagen, im Jahre 1572 auch mit lateinischem und
deutschem Text erschienenen Buche. Es stellt den Auszug aus
einem größeren Werke des gleichen Verfassers dar, der „Ad musi-
cam practicam introductio", worin in katechismusartiger Form die
grundlegenden Elemente der Musik besprochen werden. Dem einleitenden Kapitel, das mit der feststehenden Frage solcher Musik-
lehren: „quid est musica" beginnt, folgen fünf weitere: de clavis,
de vocibus, de cantu, de mutatione, de figuris mit den notwendigen musikalischen Beispielen.[43]) Kürze, Klarheit, Faßlichkeit
walten hier, die einen bedeutenden Fortschritt bekunden von
der mystischen „Guidonischen Hand" und den verwickelten Kreis-
darstellungen der authentischen und plagalen Tonarten.

Der Einfluß des Rektors Philipp Lonicer an der Lateinschule muß sich in der Zeit von 1568—1576 sehr wesentlich
für den aufblühenden Musikunterricht geltend gemacht haben.

---

[42]) R. P. u. B. B., sowie Liermann, Henricus Petrejus s. o.

[43]) Nach einer 1564 zu Nürnberg erschienenen Ausgabe des Compendiolum, auf der Berl. Bibl. Das auf der Frankf. Stadtbibl. befindliche ist
eine von dem Weimarer Cantor Melchior Vulpius 1614 bearbeitete (bei Stein
erschienen), veränderte Ausgabe.

Einer berühmten Humanistenfamilie entstammend und mit ausgezeichneter Bildung versehen, verkehrte er in dem Kreise, der
sich um den kunstverständigen, hochgebildeten Dr. Joh. Fichard
scharte, von dem wir wissen, daß er in Basel zu den Schülern
Glareans gehörte, daß er sich auf den Gesang und das Lautenspiel verstand. Mit Hieronymus von Glauburg, Conrad Weiß zu
Limburg und Sigismund Feyerabend nahm er sich des Komponisten J a k o b M e i l a n d warm an, der anfangs der siebziger
Jahre nach Frankfurt gekommen war, um zu komponieren und
zu veröffentlichen, da ihm die Stadt als Hauptort des damaligen
Buchhandels dafür besonders geeignet erscheinen mochte. Er war
in Senftenberg in der Lausitz geboren, hatte seine wissenschaftlichen und musikalischen Studien an der Kreuzschule zu Dresden
gemacht, sie dann auf Reisen in den Niederlanden und wahrscheinlich auch in Italien vervollkommnet. Mit ihm nimmt die
Sitte der Widmung von Werken an den Frankfurter Rat ihren
Anfang, die, ein Ausläufer der schon von den Minnesängern an
fürstlichen Höfen gepflogenen Gewohnheiten, bis zu diesem Zeitpunkt aber nur in den Geschenken an die ausübenden Musiker
weitergelebt hatte. Meiland überreichte am 16. Juli 1573 dem Rat
die erste Frucht seines Frankfurter Aufenthalts mit den „Cantiones sacrae".[44]) Dafür wird ihm das Geldgeschenk von sechs
Thalern gewährt; am 27. Juli des folgenden Jahres wiederholt
er die Widmung mit neuen Kompositionen, für die 6 fl, 21 ß 7 hl ausgesetzt werden, und am 1. September 1575 kommt nochmals ein
größerer Eintrag über ihn im R. P. vor: „Jacobus Meylandus
musicus hat einem Erb. Rath anstat der geschriebenen 3 oder
4 Stück und Gesang, so er verschiener Zeit einem Erb. Rath
dedicit, die ich ime widerumb uff sein Pitt volgen lassen, seine
neu getruckte eingebundene Geseng vereert"; er erhielt dafür
3 fl, 10 ß, 6 hl." Er tauschte demnach die Manuskripte der zwei
Werke gegen die inzwischen bei Georg Rab und Sigismund Feyerabend gedruckten Liedersammlungen aus. Diese S a c r a e a l i -
q u o t C a n t i o n e s l a t i n a e e t g e r m a n i c a e 5 u. 4 v o c. tragen

---

[44]) R. P. 16. Juli 1573: Jacobus Meylandus musicus obtulit et dedicavit
senatui Francofordiano in honorem et ampliationem nostrae evangelici coetus
ecclesiae et in augmentum ac decorem institutae musicae, quasdam sacras
cantiones unacum ultimo psalmo Davidis et oratione Domenica, quas idem
author hic in civitate composuit.

die Dedikation an den Landgrafen Wilhelm von Hessen und enthalten neunzehn lateinische und vierzehn deutsche geistliche Gesänge, von denen vierzehn zu vier, fünf zu fünf Stimmen gesetzt waren. Sie haben als Titelblatt Meilands ansprechendes Bild in Holzschnitt, das ihn im dreiundreißigsten Lebensjahre darstellt, darunter wird er in einem Sechszeiler seines Freundes Conrad Weiß gerühmt.[45]) Einer von Meiland verfaßten lateinischen Vorrede, der wir die Kenntnis seines Lebensgangs verdanken, folgt ein Lobgedicht des Nicodemus Frischling, Professors an der Tübinger Universität; am Ende des Bandes, nach den deutschen Gesängen, lassen sich seine Freunde Paulus Melissus, Petrus Paganus und der Frankfurter Rektor Philipp Lonicer in gleicher Weise vernehmen. Das Fig. 12 wiedergegebene Blatt veranschaulicht die Güte des bis in alle Einzelheiten klaren und scharfen Notendrucks, der zu dem Besten gehört, was damals in Deutschland in dieser Art hergestellt wurde. Die Bände tragen am Schlusse das Signet Rabs, den heiligen Georg als Drachentöter. Im gleichen Jahre wurden hier noch, als eine zweite Auflage der zu Nürnberg 1569 ausgegangenen, die Neuen teutschen Gesäng gedruckt, so gantz lieblich zu singen und vff allerley Instrumenten zu gebrauchen. Sie enthalten dreizehn Gesänge zu vier, fünf zu fünf Stimmen. In der Vorrede widmet sie der Herausgeber Georg Rab dem Domherrn Schilling in Mainz, erwähnt, daß Meiland in seinem Hause gewohnt und ihm nach und nach die Gesänge überliefert habe, von denen ein Teil schon in Mainz, bei dem Domherrn musiziert worden sei. Gedichte von Conrad Weiß auf Schilling, von Johannes Lauterbach, gekröntem Poeten, und Johann Lundorp, Philomusicus, auf Meiland fehlen nicht. Im darauffolgenden Jahr kam im gleichen Verlage noch eine zweite Folge lateinischer Gesänge unter dem Titel Cantiones aliquot novae quas vulgo motetas vocant 5 voc. heraus, neunzehn dem Sigismund Feyerabend gewidmete Tonsätze enthaltend, an die noch zwei Officien de S. Johanne Evangelista und de Innocentibus angeschlossen sind. Der Widmung entsprechend ziert den Band neben Meilands Porträt auch das des Sigismund Feyerabend, dem in etwas verkleinertem Maßstabe die bekannte Radie-

---

[45]) Beilage 5. Das Bild und die weiter unten besprochenen Gesänge nach den Exemplaren der ständischen Landesbibliothek zu Kassel.

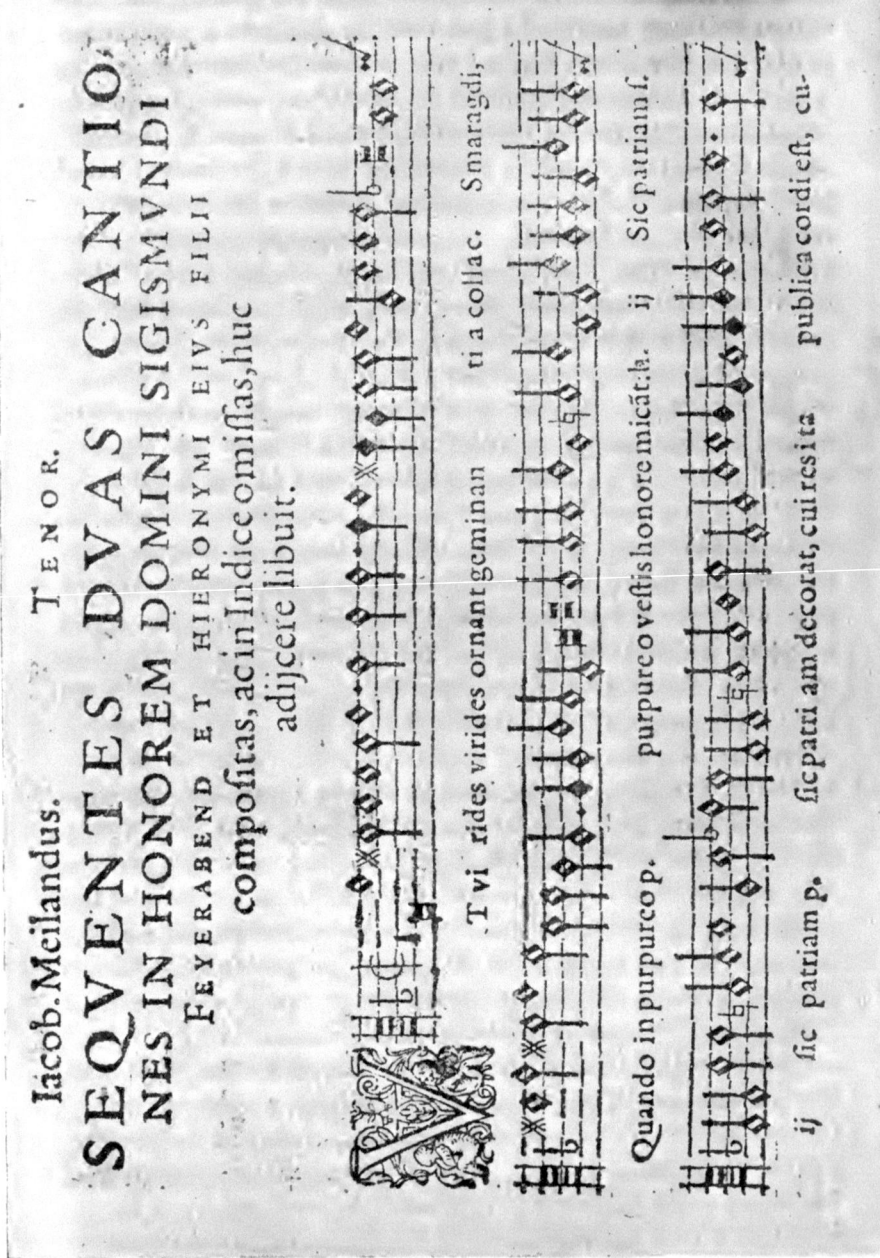

Fig. 12a

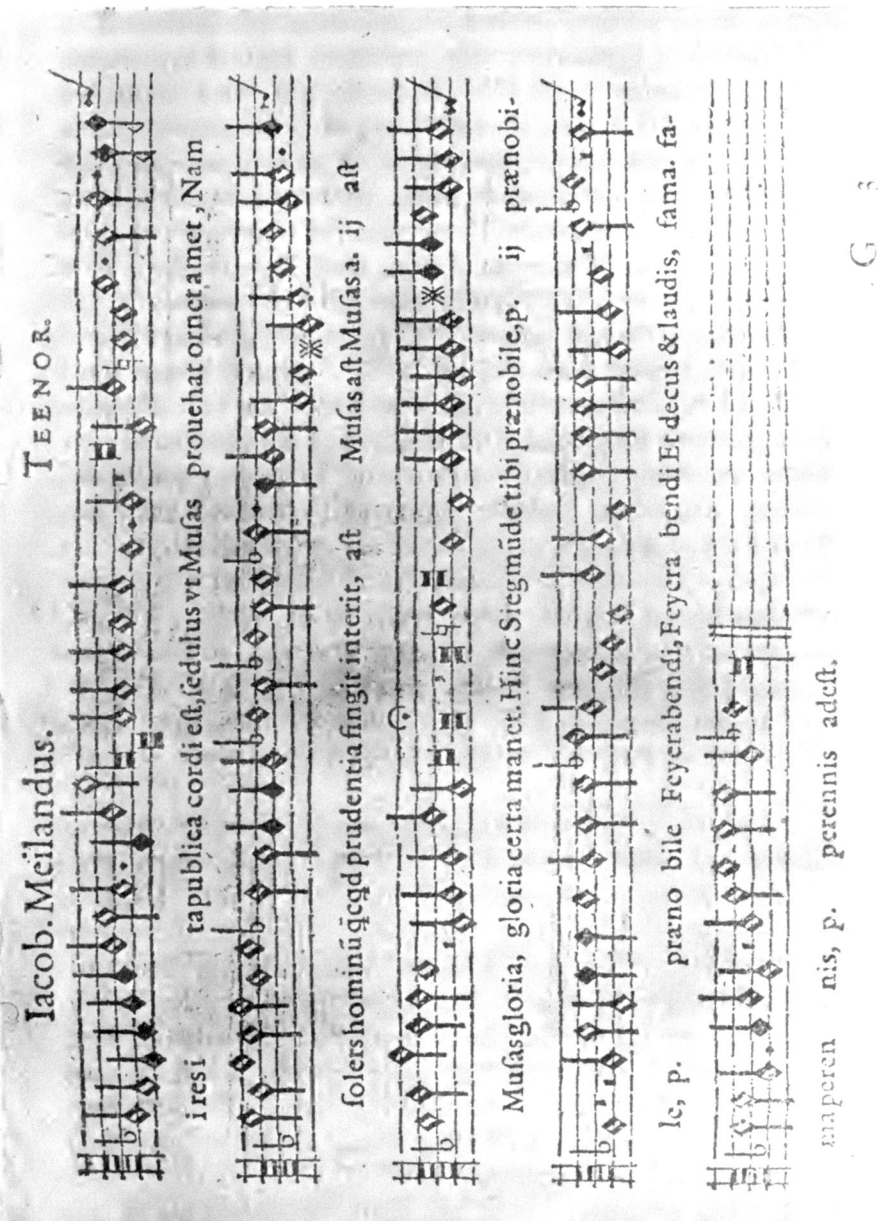

Fig. 12b

rung Jost Ammans zum Vorbild diente,[46]) dessen geübte Hand auch wohl das schöne Porträt des Komponisten geschnitten hat.

Die nicht geistlichen, über prosaische Texte komponierten Gesänge Meilands von 1575 offenbaren uns seine vielfachen Beziehungen. Da wird im vierten Gesang die Universität Tübingen gepriesen, im sechsten der Graf Christoph zu Stolberg, der achte ist zu Ehren des württembergischen Grafenpaares komponiert, der neunte und elfte gelten Hieronymus von Glauburg und Sigismund Feyerabend. Unter dem dritten, einer Motette „Ego sum resurrectio et vita", steht der Hinweis gedruckt: „In obitum Georgij Corvini junioris .... qui in Pelingen Pago Norico ex hac vita dicessit 4 cal. October 1574". Auch in diesem Band ist außer Feyerabend Dr. Johann Fichard, der am Kasseler Hof angestellte Komponist Hans Heugel und der „Beschützer der Musen" Joh. Schweikhardt von Cronberg, Erzbischof von Mainz, gefeiert. Für seinen Verleger Sigismund Feyerabend kann sich Meiland in Lob nicht genug tun und so hat er ihm und seinem Sohn Hieronymus hier noch zwei, anscheinend gesondert erschienene Spruchgesänge gewidmet, deren erster etwa lautet: „Wie auf, purpurenem Mantel Smaragde glänzen, so strahlt im Staatsruhm derjenige, der sich dem Dienst der Musen widmet, denn die Klugheit der Menschen geht unter, aber der Ruhm der Musen bleibt, und so wird der deinige, o Feyerabend, ewig bleiben" (s. Fig. 12 a, b).

Meiland, der schon in Frankfurt von schweren Krankheiten befallen war, starb bereits 1577 in Celle. Nach seinem Tode erschienen noch Liedersammlungen von ihm in Erfurt; in älteren musikalischen Handschriften sollen auch Orgeltabulaturen von ihm herrühren. Das Lob, welches Paulus Melissus ihm 1575 in seinem Gedicht spendete: „Daß, wenn Orlandus zu den Engeln versammelt worden wäre, Meiland ihn vollständig hätte ersetzen können", war die Meinung der Zeitgenossen. Schon die viel zahlreicheren Werke des großen Niederländers, die alle Gattungen von den höchsten Stufen kirchlicher Vokalkomposition der Messe bis zum weltlichen mehrstimmigen Liede mit Vokal- und Instrumentalbesetzung umfassen, lassen uns heute dieses Lob etwas einschränken. Gewiß aber steht Meiland als ein höchst gewandter

---

[46]) Pallmann: Feyerabend.

und geschickter Kontrapunktiker vor unsern Augen, der seine
Stimmen melodisch abrundet, der sie harmonisch verschmilzt und
ihnen ein prächtiges Kolorit verleiht, indem er durch reiche Modulationen die Gebundenheit der Kirchentonarten verläßt. In wohl-
durchdachter Weise wählte er für die pathetischen, feierlichen
Spruchgesänge die kontrapunktische Schreibweise, die er dadurch
abwechslungsreich gestaltet, daß er seine frei erfundene Melodie
teils in den Tenor, teils in den Diskant oder Contratenor verlegt.   Ebenso bewußt wendet er aber auch den harmonischen
Tonsatz an, besonders in den „Neuen teutschen Gesäng", deren
Melodien er zum größeren Teile selbst erfunden, zum kleineren
Teile wesentlich umgebildet hat.   Ein wundervoller Beleg seines
stimmungsvollen Tonsatzes ist die fünfte Nummer dieses Bandes,
das altdeutsche Frühlingslied für vier Stimmen in lydischer
Tonart, das auch heute eine tiefe Wirkung auszuüben vermag.

Herzlich thut mich erfreuen.[74]

Mel. u. Harm.: Jac. Meiland 1575.

Herz - lich thut mich er - freu - en   die fröh-lich Som-mer - zeit,

all mein Ge - blüt   er - neu - en, der Mai viel Wol-lust geit,

---

[47]) Siehe die weiteren sechs Verse bei Uhland I, S. 113 u. Erk II, S. 191.
Die Melodie kommt zuerst in der Bicinia Vitebergae 1544 vor, und
ist oft, auch für geistliche Musik benützt worden. Als Vorlage diente hier
ihr Abdruck bei Schöberlein, Schatz des liturgischen Chor- und Gemeindegesangs, Bd. 2 a, No. 563.

die Lerch thut sich er-schwingen mit ih-rem hel-len Schall,

lieb-lich die Vög-lein sin-gen, da-zu die Nach-ti-gall.

Der Einfluß eines solchen Mannes konnte für die Anfänge
der Kunstmusik in Frankfurt nicht bedeutungslos sein. Zu
bedauern ist es, daß eben diese Anfänge mit den Dogmen-
streitigkeiten der Geistlichen zusammenfielen, die sich damals
besonders scharf gegen die Reformierten wandten und schon
1577 den Abgang des calvinistischen Glaitzmann zur Folge
hatten. Für ihn wurde der Poetaster, Christian Egenolff,
der Neffe des ersten Frankfurter Druckers, erwählt, dessen
Lohn wiederum aus dem „Kasten" mit gleicher Summe wie
früher bestritten wurde. Auch seines Bleibens war nicht lange;
er siedelt schon 1580 nach Oppenheim über und die Stelle
wird in jener kämpfereichen Zeit, in der auch der Nachfolger Lonicers, der gelehrte Petrejus, den Prädikanten weichen
mußte, erst nach längerer Pause wieder besetzt. Unter Egenolffs
Amtsführung wurde dem Rate am 21. Mai 1579 ein Aktenstück
übergeben: „Der Herren Prädikanten Bedenken, wie der Cate-
chismus und der Gesang zu den Barfüssern in bessere Ordnung
zu bringen sei", in dem es heißt: „zum Andern gehet es zu
Zeiten mit dem Gesang schwach und elend genug zu, die weil
denn solches zugleich mit dem Catechismo wohl kann in eine
Versehung gebessert werden, haben wir es euch wöllen anzeigen.
Und wär unser Bedenken: dieweil ohne dies viel arme Schüler
sind, daß man derselbigen etliche zu Vorsängern ordnete, wie
denn an vielen Orten bräuchlich ist. Dies würde bei der

Kirchen, Gleichheit im Gesang zu erhalten, dienlich und den
Schülern selbst bey der Bürgerschaft fürträglich seyn, die ihnen
so ihr Almosen desto lieber mitteilen würde." Aus diesen
Bestimmungen ging die Institution der sogenannten Chorpräfekten hervor, Stimmführer für den Choral und den Figuralgesang der Schüler, wie es die Vorsänger für den Choralgesang
der Gemeinde waren. Es wurden zunächst zwei, bei Vermehrung der Chöre später drei Präfekten angestellt. Die
Einrichtung kommt ebenfalls an der Kreuzschule zu Dresden
vor; dort leiten diese „Lokaten" zugleich einen Teil des Unterrichts der unteren Klassen, wie es auch hier 1583 der Fall
war und später noch öfter eingetreten sein muß, zumal da die
Stelle des „Quintanus" nicht immer besetzt war. In Dresden
bildete sich jedoch von dieser Zeit ab der Unterschied der
„Kurrendaner" und „Alumnen" aus; die letzteren genossen
Wohnung und volle Verpflegung in der Anstalt und für ihre
Aufnahme wurde eine Auswahl getroffen, die besonders auf die
Söhne von Gelehrten und Pfarrern entfiel. In der Regel
gehörten diese nicht allein zu den musikalisch tüchtigsten, sondern auch zu den wissenschaftlich begabtesten Zöglingen der
Anstalt. Bei den Kurrendanern dagegen wurden verschiedenartige Elemente aufgenommen, und auf dieser Stufe stand der
Chor der Frankfurter Lateinschule, dem trotz vieler Unterstützung die Wohltat eines Alumnats nicht zu Teil wurde, der
daher niemals nach der gesellschaftlichen und wissenschaftlichen Qualität der Schüler, sondern nur nach den Leistungen
im Figural- oder Choralgesang gruppiert war. Seine Präfekten
hatten dem Cantor vorzuarbeiten, den Gesang auf der Straße
sowohl wie bei den Leichen zu leiten.

Egenolffs Stelle wurde zeitweilig 1581 von einem früheren
Lehrer Nicolaus Florus versehen, der dafür am 18. Februar
fl. 25 erhielt; erst am 25. Oktober wird der Beschluß gefaßt,
dem Johann Münster, „einem feinen, jungen, ledigen, gelehrten und in der Musik geübten Mann, so zu Bacharach
ludimoderator gewesen sei", die Kantorstelle zu übertragen, für
dessen Berufung es besonders ausschlaggebend war, daß er „der
reinen lutherischen lehr zugethan sei".[48]

---

[48] R. P. u. B. B.

Der Stundenplan von 1583[49]) gewährt näheren Einblick in
die Verteilung des Musikunterrichts: die Schüler der oberen
Klassen hatten zwei Gesangstunden wöchentlich, die der zweiten
zwei Gesang- und zwei Theoriestunden, in der dritten wurden
vier Gesangstunden, in der vierten und fünften Klasse wurde
der Choralgesang in vier Stunden gelehrt. Auch die Beteiligung
beim Sonntagsgottesdienst ist daraus ersichtlich und zwar war
sie für alle Klassen von 7—8 Uhr früh mit Choralgesang an-
geordnet, für die größeren Schüler folgte von 2—3 Uhr vor
der Katechismuslehre der Figuralgesang. Auch bei den Wochen-
gottesdiensten, die zuerst Mittwochs, später Freitags stattfanden,
sangen die Schüler; vor den hohen Festtagen war die „Litanei"
gebräuchlich. Ferner wurden nach der Schulordnung von 1599
jeden Morgen vor Beginn des Unterrichts „einige Gesätz" gesungen. Von Joh. Münsters Tätigkeit verlautet im Einzelnen
nichts; nach dem St. R. hat er dem Rat am 9. November 1581
ein „Carmen heroicum de perpetua ecclesiae Christi conservatione"
überreicht und ist dafür mit der Gegenverehrung von 4 Thl.
bedacht worden. Seine Tätigkeit fand vielleicht deshalb ihren
baldigen Abschluß, weil sich in den Jahren 1581—1584 ein drei-
maliger Wechsel im Rektorat vollzog. Nach dem Gehaltseintrag mit
fl. 90 in den Büchern des Almosenkastens dauerte sie nur bis 1582.
Im städtischen Rechenbuche wird 1584 Caspar Lundorf,
Schulmeister und Cantor zu den Barfüssern genannt,
und er war anscheinend für ein Jahrzehnt der einzige Musik-
lehrer, der mit Unterstützung seiner Präfekten Kirchen- und
Schuldienst versah; vielleicht erhielt er damals schon die Zulage
von fl. 16, die später für die „Beschäftigung mit der Musik"
für diese Stelle ausgesetzt wurde. Erst mit dem 1593 angestellten Gotthard Artus aus Danzig, „Hypodidascalus" und
„Magister artium", könnte ihm für den Unterricht der musikalischen
Theorie eine Hülfe erwachsen sein. Der Genannte, der mit fl. 120
angestellt war und 1597 Bürger wurde, widmete dem Rat im
gleichen Jahre ein in teutsche Sprach transferirtes Buch „de
regno Christi" und 1598 eine „Prosodia".[50]) Auch die fünfte
Stelle wird 1595 wieder besetzt und jetzt mit fl. 100 vom Almosenkasten bezahlt.

---

[49]) Liermann: S. XXXIV. S. XLVIII.
[50]) R. P. u. St. R.

Daß bei der nach langer Pause wieder unternommenen
Aufführung zweier Schuldramen in den Jahren 1591 und 1592[51])
die musikalische Mitwirkung ganz ausgeschlossen gewesen wäre,
läßt sich kaum annehmen, zumal da der von 1584—1599 an der
Schule wirkende Rektor Matthäus Bader sehr musikverständig
war. Das Stück des ersten Jahres war eine Susanne, das des
zweiten ein David und Goliath. Es dürfte dabei wohl kaum
auf ein anderes als Schoeppers Monomachia Davidis et Goliae
von 1550 geschlossen werden, ein vorzugsweise an den Latein-
schulen aufgeführtes Stück, das an allen fünf Aktschlüssen
Chöre in jambischen Dimetern hatte.

Aus diesen Jahren sind auch einige musikalische Widmungen an den Rat zu verzeichnen: am 15. Januar 1583 findet
sich der Eintrag: „Georgius Culmbachius Berlinensis musicus
obtulit senatui et dedicavit duas Motetas sive Cantilenas latinas
VI vocum a se compositas", ferner offeriert am 23. März 1580
Gregorius Vorbergius einen von ihm komponirten Gesang
und am 7. September 1584 „Johann de Castro, Musikus
der Schule zu den Barfüssern, zwei geistliche Muteten, so
von ihm allhier componiert, verehrt, mit pitt, ihn mit
einem honorario und viatico zu bedenken". Es ist leicht erklärlich, daß der geschätzte Antwerpener Meister, der damals seine
Hofkapelldirektorstelle in Wien aufgegeben hatte, um einen neuen
Dienst beim Herzog von Cleve anzutreten, in Frankfurt Aufenthalt
nahm, wo sich seit 1554 eine Kolonie seiner geflüchteten niederländischen Landsleute befand. Unter diesen kommt auch ein
Organist Bracht vor, der um Vergünstigung des Aufenthalts
und später um die „Stunden zu erteilen" nachsucht. Castro
knüpfte damals wohl schon die Beziehungen mit dem Buchdrucker
Wechel an, bei dem er 1591 seine umfangreiche Sammlung der
„Cantiones sacrae" in vortrefflicher Notenwiedergabe und
mit reichem Buchschmuck erscheinen ließ.

Es war die Zeit der weltlichen „Gesellschaftsmusik", die,
wie es schon bei Meiland zu bemerken war, italienischen Vor-
bildern folgte, und so sollen einige der damals in Frankfurt gedruckten, sehr verbreiteten Sammlungen dieser Art nicht unerwähnt
bleiben. Die „Newen auserlesenen teutschen Gesäng" des Offen-

---

51) Mentzel, S. 7.

burger Organisten M e l c h i o r S c h r a m m, die 1579 bei Georg Rab
gedruckt wurden, ebenso die des Heidelberger Hofmusikers
N i k o l a u s R o s t h i u s, mit dem Zusatz „so zum Teil geistlich
zum Teil auch sonst kurtzweilig" mit vier und sechs Stimmen,
wirkten in ihrer leicht graziösen Art vorbildlich für eine ganze
Reihe ähnlicher Sammlungen. In letzterer ruft das fünfstimmige
Lied „Christlich Hertz in allem Leid" mit der Antwort „sei
fröhlich", die sich echoartig durch die Stimmen zieht, eine sehr
erfreuliche Wirkung hervor. Das Lob wird dem Komponisten
hier in lateinischen Versen von Matthäus Bader und Christian
Egenolff gespendet.

Da es damals überhaupt keine Gedichte „zum lesen",
sondern nur „zum singen" gab, erschienen auch eine Menge
Liederbücher bloß mit Texten, über denen die Bezeichnung „Im
Ton" und der Hinweis auf ein bekanntes Lied zum Anstimmen
der Melodie im Chor genügte. In dieser Art sind die großen
Frankfurter Liederbücher gedruckt, die 1579, 1582 (das sog.
Ambraser Liederbuch), 1584 und 1599 erschienen. Ein Um-
schwung in der Dichtung, ein Hinneigen nach fremdländischer
Art und Sitte macht sich darin ebenso geltend wie in der gleichzeitigen Musik. Wie man schon dem lasciven Ton mancher
älteren Lieder durch Umdichtung entgegenzutreten suchte — es
sei hier an die „Gassenhauer und Reutterliedlin, christlich, mora-
liter und sittlich verendert",[52] erinnert, die 1579 bei Egenolffs
Erben erschienen waren und von dem zum Katholizismus zurück-
getretenen Geistlichen Heinrich Knaust herrührten — so ver-
schwand jetzt die Schlichtheit und Innigkeit von vielen unter
der Raffiniertheit oder Schwülstigkeit des Ausdrucks.

Auch die von Italien aus verbreitete Art, einen Teil der
Stimmen mit Instrumenten zu besetzen — auf die schon Meilands
Titel „zu singen und auf Instrumenten zu gebrauchen" hinweist
— trat jetzt bei der Kirchenmusik hervor. Eingaben an den Rat
aus den Jahren 1583, 1585 und 1586 beweisen uns, daß es damals
„Instrumentisten" gab, die auf dieses chorische Mitspielen eingeübt
waren und darauf reisten. So werden „vier Instrumentisten von
Coburgk, die eine Zeitlang mit ihren Instrumenten bei den Barfüßern zur Musik gespielt", 1583 mit fl. 8 belohnt; sie bitten weiter-

---

[52] Stadtbibliothek.

hin um Anstellung als „Stadtpfeifer", was ihnen jedoch abgeschlagen wird. Zwei Jahre später sind sie wieder hier tätig. Ein
anderes Angebot, die „Musica instrumentalis" in der Barfüßerkirche aufzurichten, geht von dem auf diese Kunst reisenden
Posaunisten Kraus aus Danzig aus, dessen im Juli 1586 ein-
gereichtes Gesuch abgewiesen wird, „da es dem Rat keinen
Vorteil brächte, eine solche Musik zu unterhalten".[53]) Man ging
damals offenbar schon mit der Absicht um, sich auf einheimische
Kräfte zu stützen. Der Almosenkasten, unter dessen Ausgaben
von 1582 ab regelmäßig ein Posten für „Partes uff die lateinische Schul" erscheint, bezahlt von 1589 ab dem Ruprecht
Gossel, Wächter auf dem Niklasturm und Posaunist für „der
Music beyzuwohnen" fl 48, eine Rubrik die von nun an regelmäßig geführt wird und sich stets erweitert. Damit stehen
neue Anschaffungen in Verbindung; so die vom 15. März 1589:
der Wächter auf dem Niklasturm erhält eine Posaune, „in der Kirchen bei der Music und sonsten zu
geprauchen", zu fl. 14 „und solche Posaun ist und
soll eines ehrbaren Rats bleiben." Damit ist die erste
Verbindung zwischen Kantorei und Stadtpfeiferei bestätigt, mit welcher dem nur von wenigen Männerstimmen unterstützten Knabengesang eine feierliche volltönende Klangvermeh-
rung gegeben wurde.

Gegen Ende des Jahrhunderts greifen zwei Richtungen im
evangelischen Kirchengesang Platz, von denen die erste mit der
Herausgabe der Osianderschen „Geistlichen Lieder"[54]) zusammenhing. Der württembergische Prälat setzte seine Weisen akkordisch
und verlegte die Melodie in den Diskant, um sie von der
Gemeinde mitsingen zu lassen; wo Sängerchöre führten, fand
das baldige Nachahmung. Noch mehr aber trat die zweite
Neuerung in den Vordergrund. Das für sich allein, nicht in
Verbindung mit dem Gesang kunstvoll entwickelte Orgelspiel
wurde jetzt zur harmonischen Begleitung, zur festeren
Stütze sowohl bei dem Figuralgesang wie bei dem Choral-
gesang angewandt. Der Orgelbau nimmt neuen Aufschwung.
Auch nach Frankfurt kommt 1598 Johann Grorock aus
Emmerich a. Rh., der zunächst abschlägigen Bescheid er-

---

[53]) R. P. u. B. B.
[54]) Stuttgart 1586.

hält, als er am 12. Oktober dem Rat berichtet,[55]) daß verschiedene Personen aus den Geschlechtern und der Bürgerschaft
ein kleines, von ihm hergestelltes Orgelwerk kaufen wollten.
Nach einigen Monaten wird es jedoch genehmigt und vom Mai
1599 ab wird B e r n h a r d G r o r o c k, vermutlich der Bruder
des Johann, für fl. 10 vierteljährlich in Besoldung genommen.
Er erhielt außerdem den V i s i e r e r d i e n s t zu Meßzeiten, d. h.
die Kontrolle über die zum Handel gelangenden Weingefäße
und Weine, was fl. 20 einbrachte. Eine zeitgenössische Erwähnung der wohlbestellten M u s i c a, G e s a n g und C a n t u s
f i g u r a l i s, sowie des O r g e l s p i e l s befand sich in dem schon
erwähnten Handbüchlein von 1599 aus der (nach Beckers An-
führung S. 80) wir auf dreierlei Art schließen können: C h o r a l -
g e s a n g mit O r g e l b e g l e i t u n g, F i g u r a l g e s a n g mit teil-
weiser I n s t r u m e n t a l b e s e t z u n g und O r g e l, daneben den
u n b e g l e i t e t e n F i g u r a l g e s a n g.

Nach der musikalischen Seite hin hatte somit die Herr-
schaft der Prädikanten über die Schule schöne Früchte gezeitigt.
Ein starker Zuwachs muß damals von einheimischen wie auswärtigen Elementen erfolgt sein. Der Wechsel im Rektorat des Jahres
1599 wurde wohl die Veranlassung zur ersten Drucklegung
der S c h u l g e s e t z e, von denen wir die Paragraphen des dritten
Teils aus denen über die Verhältnisse des Chorwesens mancherlei
zu ersehen ist, mit Hinzuziehung späterer Ergänzungen, hier
abdrucken.[56])

DE PAVPERIBVS

SCHOLASTICIS.

Leges vnd Satzungen / die armen Schüler insonderheit betreffendt.

INddieweil bißher allerley Gottloses vnd ärgerliches Leben /
vnter den Pauperibus fürgangen / daß sie die liebe Almusen
schändtlich verschwendet / zu vnd abgelauffen sind / jhres Gefallens /
nach dem sie entweders die Examina oder sonst eine seueriorem
disciplinam gerochen / wann vnd wie sie gewölt / auch etwan
die Herrn Præceptores Classicos, so ihnen eyngeredet / darzu

---

[55]) R. P. u. B. B.

[56]) Nach Liermann S. LVI und den auf dem Archiv in Schulakten III
befindlichen Neudrucken von 1626 und 1654.

getrotzt / solchem vnd dergleichen Muthwillen nun hinfürter /
so viel jmmer müglich / für zu kommen / ist vnsere ernstliche
Meynung / daß es hinfort also gehalten werden soll.

I.

Erstlich damit ein gemeine Bürgerschafft / mit der Menge
der Armen Schüler nicht vberladen / vnd auch die vberigen desto
besser hinauß kommen mögen / so sollen der grossen Pauperum
nicht mehr denn 15. vngefehrlich / der Kleinen aber 25. angenommen werden / da doch allezeit den Vorzug haben sollen
vnsere Bürgers Kinder / so Armut halben dieser Steuwer bedörffen /
neben welchen man auch frembde Knaben auffnemmen mag /
wo sie anders gute ingenia, vnd bey jhnen ein ziemlicher pro-
fectus zu verhoffen ist.

II.

Zum andern / soll der Herr Rector keinen pauperem auffnemmen / der nicht hab ein Testimonium Præceptoris alicuius
ingenui, darauß man sehen könne / daß er von ehrlichen Eltern /
auch sonst sich frömblich vnd wolgehalten / auch seine præcepta
Grammatices latinæ, ziemlich gelegt / vnd denn wenig geübt
sey in Cantu figurali.

III.

Zum dritten / sollen die Pauperes all jhre Testimonia dem
Herrn Rectori zustellen / vnd so bald sie admittiert werden /
in die Hände versprechen / daß sie vermittelst in der Anruffung
Gottes / frömblich vnd Gottselig leben / jhren studijs mit allem
Fleiß abwarten / mit einem guten Exempel den andern Knaben
vorgehen / vnsern Bürgern mit vppigem Wandel kein Ergernuß
geben / den Præceptoribus classicis sämptlich vnd sonderlich /
dem Vntersten so wol als dem Obersten / in sein deß D. Rectoris
abwesen / in allen billichen Sachen zugehorchen / in keinen Weg
sich ihnen zu widersetzen / viel weniger einigen Zanck mit ihnen
anzufangen vnd zu erwecken.

IV.

Zum vierdten / daß sie das gesamlete Gelt / Eleëmosynam,*)
mit allem Fleiß in die gemein Büchß thun wöllen / nichts ver-

---

*) 1626: daß sie aber beim Singen die Leute / selbst das Geld in die
Büchse einlegen lassen und nit in ihre Hände zu sich nehmen sollen / heimlich unter sich selbst teilen u. s. w.

helen / neben abzwacken / heimlich vnter sich selbst theilen /
sondern dem Herrn Rectori alle Sontag nach Mittag bringen /
das er dann vnter sie secundum ingenia, vnd profectum studiorum
außtheilen wirdt.

V.

Es soll auch forthin ein jeglicher Pauper (wie dann auff
andern Particular Schulen der Brauch ist) ein besonder Büchß
haben / die soll allein in deß Herrn Rectoris Gewalt seyn /
darinn soll jhm sein gebürendt Portion Sontäglich gethan / vñ
damit er auch etwas vnter Händen hab / seinen Hospitem zu-
bezahlen / vnd nohtwendig Essen Speiß zu kauffen / mag man
einem jeglichen ein Batzen oder zween darauß geben / das vberige
aber soll jhnen in keinen Weg vnter die Hände gegeben werden /
Es were dann daß einer mit Schwachheit des Leibs behafft /
oder zu Kleydern vnd Büchern nohtwendig Gelt haben müste /
welches doch alles bey der Erkanntnuß des Herrn Rectoris vnd
seines Classici Præceptoris stehen soll.

VI.

Were es auch / daß sich einer oder mehr vnter jnen
schändtlich hielte / mit Fressen vnd Sauffen / oder wolte sonst
nicht studieren / der soll andern zum Exempel simpliciter auß-
gemustert / sein Testimonium so er mitbracht / eyngehalten / vnd
das Gelt so in seiner Büchsen gefunden / den andern in gemein
außgetheilt werden.

VII.

Sie sollen jhnen auch nicht die Macht nemmen / auff Hochzeiten / oder in Wiertshäuser / zu Mahlzeiten vnd Gastereyen
zugehn / vnd daselbst zu figuriern ohn deß Herrn Rectoris
sonderlich Verwilligung / auch sich daselbst nicht vngeschickt
verhalten / alle Cantiones obscœnas vnd scandolosas meiden /
vnd bey guter Zeit wider heim machen.*)

VIII.

Was droben den gemeinen Stattkindern in legib. scholæ
fürgeschrieben in der Kleydung / dasselbig sollen sie fleissig
mercken / in Betrachtung daß sie arm sind / vnd der gemeinen

---

*) 1654: wie auch in andere hiesigen Magistrats nicht zugethane
Kirchen gehn.

Almusen geleben / derhalben sollen sie sich der Reuterischen Pumbhosen. Jtem / der kurtzen Schneider Kappen. Jtem der gebüfften / vnd außgebrochenen Kröß / der auffgestilpten Filtz*) / der Dolchen vnd Seiten Schwingen / es sey Tag oder Nacht gäntzlich abthun.

IX.

Deßgleichen wo die Herrn Predicanten eines oder mehr begeren würden / in examine Catechismi,**) daß sie dasselbig mit allem Fleiß verrichten wöllen.

X.

Es soll auch keiner den andern seinen Commilitonem mit Worten oder Wercken beleydigen / auffwecken zu Zorn / Schelten / Schmähen oder Schlagen / sondern jeder gegen dem andern / mit schleunigen / tugendtlichen vnd vnverletzten Worten erzeigen / auch mit der That nichts fürnemmen / in Bedencken / daß sie Condiscipuli vnd Brüder vntereinander seyn sollen.

u. s. w.

V.

Unter dem neuen Rektorate des aus Pforzheim berufenen Magisters A d o l a r i u s G r a v e l i u s wird als erste musikalische Aufführung in der Barfüßerkirche eine Passion am Karfreitag 1600 erwähnt, die jedoch bei der Gemeinde Anstoß erregte, da sie zu „katholisch" gewesen sei. Diese Bemerkung ist wohl in dem Sinne zu verstehen, daß damals eine Aufführung jener älteren evangelischen Passionen stattfand, bei der die Historie vom Leiden Christi von mehreren Personen rezitierend gesungen, dazwischen aber einzelne Schriftstellen von dem mehrstimmigen Chor vorgetragen wurden. Der Geschmack war dieser älteren Art nicht mehr zugewandt, er strebte den in Italien aufkommenden oratorischen Anfängen entgegen.

Gravelius muß ferner ein Freund theatralischer Aufführungen gewesen sein und zwar solcher, bei denen eine musi-

---

*) 1626: stattliche Krägen, leichtfertige üppige stattliche Kleider, der Dolchen und Seitengewehren u. s. w.
**) 1626: Ihrer vier zu St. Catharin mit Fleiß verrichten.

7

kalische Begleitung vorhanden war oder Musikstücke zwischen
den Akten gespielt wurden. So heißt es am 20. Juni 1604:[57])
„Mosche Juden dem Lautenisten, welchem in des Rektors
jüngst gehaltenen Comödi eine schöne Lautt durch Einfallung
des Gerüsts zerbrochen, zalt man auf seine pitt fl. 8." Der
Rektor ließ sich auch selbst für seine am 28. Mai 1608 ge-
spielte „Comödi" fl. 18. geben, und bei einem zwei Jahre später
von ihm aufgeführten Stück werden „die Musikanten gastfrey
gehalten."

Der Aufschwung, der mit dem neuen Jahrhundert in der
Musikpflege Frankfurts eintritt, ist im Besonderen jedoch auf
Andreas Myller aus Hammelburg in Franken zurückzuführen,
der sich zunächst am 2. Dezember 1601 meldet, um seinen alt-
gewordenen Schwiegervater Caspar Lundorf zu unterstützen,
„da er in der Music wohl erfahren sey". Bereits am 10. Dezember
übergibt man ihm die „Cantorey" mit den dafür besonders ausgesetzten fl. 16, zu denen der Almosenkasten ihm noch weitere
fl. 64 gewährte. Als im folgenden Frühjahr der Kollaborant der
dritten Klasse Jakob Hartmann stirbt, rückt Myller in dessen
Stelle und wird von jetzt ab eigentlicher „Cantor" genannt, wie
denn dieses Amt auch an der Kreuzschule zu Dresden zwischen
Tertianus, Quartanus, Quintanus wechselte. Nach Lundorfs Tod
im Jahre 1604 wird dann Daniel Schemichius aus Büdingen,
bisher in Oberursel wohnhaft, „Quintanus" und die Bemerkung,
daß „er sich auch zum Orgelschlagen wolle gebrauchen lassen",
deutet auf seine musikalischen Fähigkeiten und die Übernahme
des Unterrichts in dem Choralgesange hin.

Die Notwendigkeit eines Orgelbaus in der Barfüßerkirche
war längst in Erwägung gezogen und es wurde endlich 1603
Joh. Grorock damit beauftragt, der das Werk „zu zehn Registern"
im Laufe des Jahres 1604 fertigstellte, wofür er außer fl. 350
für seine Arbeit auch Zuschüsse an Material, Blei, Zinn und
Holz erhielt. Es werden Schreiner, Maler, Schlosser und Uhr-
macher besonders bezahlt, so daß sich die Summe für das Ganze
auf fl. 600 erhöht. Dadurch wurde eine Erweiterung des Lettners
notwendig. Im März 1605 werden dann Florentin von Adrichon
aus Mainz, Lorenz Hark, Antoniter zu Höchst und Lorenz

---

[57]) hier u. folgende R. P. u. B. B.

Hausleib von Nürnberg hierher zur Besichtigung verschrieben, die die Orgel als ein „herrlich gut" Werk anerkennen. Dafür belohnt man sie nicht allein mit 12 Goldgulden, sondern richtet diesen „ehrenwerten Männern" auch ein Orgelgelag an, für das dem Keller auf dem Römer fl. 39 bezahlt werden. Diese hohe Summe ist ein Beispiel für die Verschwendung, die damals in der städtischen Verwaltung eingerissen war, wo selbst der Rat und seine Beamten sich auf Kosten der Stadt gütlich taten. Grorock, der am 15. Mai 1606 heiratet und Bürger wird, war es auch, der die 1606 im Karmeliterkloster erbaute Orgel, deren Herstellung der Rat mit 600 Wellen unterstützte, übernahm. Sein Name wird zum letzten Male 1612 genannt; damals hatte er vor der Krönung des Kaisers Matthias die Orgel der Barfüßerkirche und der Bartholomäuskirche „ganz rein auszustimmen", wofür er fl. 20 und fl. 12 sowie einen Stoß Holz erhält. Die musikalischen Leistungen hatten jedoch nicht allein durch das Orgelspiel eine kraftvollere und feierlichere Zugabe erhalten, auch die Instrumental-Musik entwickelte sich daneben immer mehr.

Die städtischen Rechenbücher verzeichnen außer dem durchschnittlichen Betrag von fl. 10 für „Partes" im Jahr in der nächsten Zeit ungefähr folgendes:

1604: Oswald Schürer von Nürnberg für eine Bass-Posaun, die er mit allen Krumbbögen geliefert hat	fl. 15.
1604: Zinken einen ganzen und halben Bommer genannt	fl. 3, 12 ß.
1605: Eine große Baßgeig auf die Cantorey	fl. 13.
1605: Einen großen Schrank ins Balghaus für alle einem ehrb. Rat zuständige Partes und Instrumenta musicalia	fl. 10.
1606: Einem zu Erffurdt für eine große Baßgeig	fl. 20.
1606: Eine Possaun, so der Andreas auf der Cantorey braucht	fl. 6.
1607: Für Partes Orlandi (Orlandus Lassus)	fl. 16.
1607: Für Uffrichtung eines Inventarii der zuständigen Partes und Instrumente dem Andreas	fl. 2.
1608: Quartzinken für die Cantorey	fl. 5, 16 ß.
1609: Zwei Secundzinken von Andreas Zubrodt in Nürnberg	fl. 6, 6 ß.

1609: Für newe Saiten an Hansen Grünwaldt von
Nürnberg   fl. 2, 9 β.
Außerdem bezahlt man für die Adler auf die Instrumente „zu
ritzen" fl. 2 bis fl. 4.[58]) Der Almosenkasten steuert zur Beschaffung
von Musikalien jährlich ebenfalls fl. 10 zu, bezahlt aber auch die
kunstgeübter gewordenen Türmer und Stadtpfeifer, die jetzt, wie
es auch schon bei Ruprecht Gossel der Fall war, zu Bürgern angenommen werden. Veit Hörnigk „aus den Meissenschen Landen"
ist 1605 Tagwächter auf dem Pfarrturm, Alexander Mengel aus
Grünberg in Hessen 1608 auf dem Niklasturm. Sie erhalten für die
„Beywohnung" der Musik fl. 48 jährlich, ihre „Companei" hie
und da kleinere Beträge. Die Stadt trägt die Kosten für das
Musiciren von den Türmen, das nach dem Ausläuten bei den
kirchlichen Festen geschah; bei den weltlichen Festen dagegen
fand es allein auf dem Niklasturm statt, wie z. B. bei dem Maigelage des Rats, wofür fl. 6 bis fl. 20 für die Musikanten bestimmt
und sie auch „gastfrey" gehalten wurden.

Myllers Tätigkeit als Kantor muß eine sehr umfangreiche,
aber durch die verschiedenartigen Elemente, die zur Mitwirkung
herangezogen wurden, auch keine leichte gewesen sein. Für
den Musikunterricht war die Mitwirkung der Instrumente in
der Kirche eine wesentliche Förderung, da durch sie in ganz
anderer Weise die Tonverhältnisse nachempfunden werden
konnten als durch die gebräuchlichen Erklärungen am Mouochord
und an der Wandtafel. Der Ernst und die Tüchtigkeit, mit der
er seine Aufgabe erfüllte, muß auch Ersprießliches zu Wege
gebracht haben, und damit war vielleicht ein Gegengewicht gegen
das lockere Regiment geboten, das der Rektor Gravelius führte.
Dieser ließ nicht allein den Unterricht zerfallen, sondern behandelte auch die Schüler gewissenlos. Teils erlaubte er den
Chorschülern alle Freiheiten und zog selbst singend mit ihnen
durch die Gassen; teils suchte er sie wieder für seine Zwecke
auszunützen, so daß sie 1603 eine Klage gegen ihn beim Rate
einreichten, da er eine Abgabe von ihren ersungenen Geldern
verlangte.[59]) Nur die Lässigkeit und die Willkürlichkeit der

---

[58]) Eine mit der Jahreszahl 1605 und dem Stadtwappen versehene
Schalmei befindet sich im städtischen historischen Museum.

[59]) Reinhardt: M. Henricus Hirtzwigius. Prog. des städichen Gymnasiums 1891.

damaligen Obrigkeit konnte einen solchen Mann länger im
Amte lassen.

Myllers wird immer ehrenvoll gedacht; er empfängt nach
dem B. B. 1606 eine Extravergütung von fl. 30 für die Vertre-
tung zweier Lehrer, was sich in der ganzen damaligen Zeit
kaum wiederfindet. Außer dem Schreiberdienst am Leinwand-
haus zu Meßzeiten hatte er noch eine ausgebreitete Nebenbeschäftigung: er war musikalischer Beirat und Korrektor der
Typographëia musica, die der Buchdrucker Wolfgang
Richter mit dem Notarius publicus, Zinserheber des Bartholomäusstifts und Buchführer Nikolaus Stein 1602 errichtete.
Richter war seit dem 29. April 1596 Bürger und verheiratet;
er druckte für Feyerabends Erben,[60]) für Joh. Spieß und Peter
Kopff, für letzteren das „große weltliche Liederbuch" von 1599.
Stein stammte aus Steinau an der Strassen und wird schon
1600 in Frankfurt in den genannten Ämtern erwähnt. Er wohnte
damals in des Kanonikus und Kantors Valentin Leucht
Haus. Dieser Beziehung verdankt er wohl in erster Linie die
Begründung des Frankfurter Verlags und das Aufblühen seines
Geschäfts. Er wurde am 12. Juni 1607 Bürger — im Copulations-
buche steht er als Katholik jedoch nicht — dagegen kommen im
Kinderbuch seine und seiner Ehefrau Anna vier Kinder, die
zwischen 1610 und 1615 geboren wurden, vor, von denen bei
dem ältesten, einem am 23. Februar 1610 geborenen Sohn, Wolfgang Richter die Pathenstelle versieht. Die erste Musikausgabe,
auf der wir Steins Namen als Verleger finden, wurde zu Ursel
bei Cornelius Sutor 1602 gedruckt; es sind die „Psalmen Davids
die hiebevor vnder allerley Melodien in teutsche Gesangsweisen
durch Caspar Ulenberg verbracht, nachmals für die Jugend mit
vier Stimmen gesetzt."

Ehe wir den Frankfurter Verlag Steins verfolgen ist es
nötig, den Blick zurück auf den mit dem Buchhandel verbundenen
Musikhandel zu werfen, über dessen Umfang wir uns durch
die in Frankfurt seit 1564 erscheinenden Meßkataloge unterrichten können.

Das Unternehmen, alle Titel der in Frankfurt erscheinenden
Bücher nach Materien geordnet, zu veröffentlichen, wurde von

---

[60]) Pallmann: Feyerabend.

dem Augsburger Buchhändler Georg Willer in der Herbstmesse 1564 begonnen.[61]) Alsbald erschienen neben seinem Unternehmen auch andere Kataloge, sowohl von Frankfurtern wie von zwei Leipzigern Buchhändlern, letztere als Nachdrucke des Willerschen. Im Jahre 1598 wurde als achtes derartiges Unternehmen der Frankfurter offiziellen Ratsmeßkatalog begründet, der 1616 das kaiserliche Privileg erhielt und der neben vorübergehenden Ausgaben, wie es unter anderm die der katholischen Meßkataloge von 1606—1627 waren, bis zum Jahre 1750 bestand. Mit wachsender Bedeutung behauptete sich daneben der ältere Leipziger, der Grossesche Katalog bis 1759, der dann in den Weidmannschen überging. Zu dieser Zeit hatte jedoch die Verselbständigung des Musikalienhandels bereits begonnen, neue Verfahren für die Herstellung der Notenschrift waren aufgekommen und die Neuerscheinungen wurden nun durch Musikalien-Kataloge vermittelt.

Die Abteilungen der „Libri Musici" gelten für den authentischsten Teil der Kataloge, da hier nicht, wie es bei manchen andern Zweigen notwendig war, Neuerscheinungen der Zensur wegen unterdrückt wurden. Den wichtigsten Überblick über die in Frankfurt in den Handel gekommenen musikalischen Werke geben die ersten sechzig Jahre bis zum dreißigjährigen Krieg hin, von da ab sinkt die Ziffer des Angezeigten bedeutend und erreicht nie wieder die Höhe von durchschnittlich zwanzig mehrstimmigen Werken im Jahre. Die Mehrzahl bilden in den Meßkatalogen anfänglich die ausländischen Drucke: Venezianische, Römische, Antwerpener und Löwener Verlegeranzeigen stehen obenan. Notendrucke kommen vereinzelt aus allen Gegenden Deutschlands: wir finden Anzeigen aus Neustadt a. d. Haardt, Rostock, Frankfurt a. d. Oder und Graz. München und Nürnberg behaupten im sechzehnten Jahrhundert den ersten Rang für den Musikdruck, dann stehen sich Leipzig und Straßburg, Frankfurt, Augsburg und Erfurt etwa an Produktion gleich. Der Stein-Richtersche Verlag erhöht in den beiden ersten Jahrzehnten des siebzehnten Jahrhunderts den

---

[61]) Der Titel lautet: Novorum librorum, quos nundinae autumnales Francoforti anno 1564, celebratae venales, exhibuerunt, Catalogus. Benützt wurden die in Frankfurt befindlichen und die von dem Börsenverein deutscher Buchhändler in Leipzig entliehenen Kataloge.

Frankfurter Umsatz bedeutend und stellt ihn zeitweilig mit dem Nürnberger auf eine Stufe. Heute vermögen wir nach den Musikkatalogen der in- und ausländischen Bibliotheken die Bestätigung des Erscheinens für den weitaus größeren Teil der in den Meßkatalogen verzeichneten Musikalien zu finden.

Es ist eine große musikgeschichtliche Epoche, die sich danach vor unsern Augen darstellt. Zu ihrer ersten Gruppe gehören die Werke Orlandos und Palestrinas, die nach der Zurückweisung, die der überkünstelte kontrapunktische Stil durch das Tridentinum empfangen hatte, kraft ihrer hohen Begabung und in Anwendung aller neugewonnenen Kunstmittel den Vokalgesang vereinfachten und zur höchsten Vollendung brachten. Ihnen schließt sich die römische Schule, mit den Nanini, Felice Anerio, Luca Marenzio an, deren Richtung auch die Niederländer Jaches de Wert, Philipp de Monte, Ivo de Vento vertraten. Gleichzeitig wirken mit fast noch größerem Einflusse die Venetianer, die Vertreter der „nuove musiche" und Meister von S. Marco: Andrea und Giovanni Gabrieli. Sie führen dem Vokalstil das neue, wichtige Ausdrucksmittel der „Mehrchörigkeit" zu, sie unterstützen die Vokalstimmen mit Chören von Instrumenten und begründen die venezianische Orgelschule, die zuerst geschlossene Sätze künstlerischer Gestaltung in den „Toccaten" und „Instrumentalkanzonen" hervorbrachte. Venedig wurde unter ihnen der gesuchteste Ort für die musikalische Ausbildung: ihr Schüler Sweelink vermittelte die Orgelkunst nach dem Norden, nach Amsterdam, ihren Vokalstil nahmen die Deutschen nach den verschiedensten Richtungen hin auf. So folgt ihnen Hans Leo Hasler im Madrigal und in seinen geistlichen und weltlichen Liedern, die zum Teil mehrchörig und mit Instrumenten, zum Teil im einfachen, harmonischen Satz und nach Osianders Art zum Mitsingen in der Gemeinde berechnet waren. Dagegen gehören Johann Eccards Tonschöpfungen, besonders die vier- und fünfstimmigen über den Choralsatz gebauten „Geistlichen Konzerte" ganz in das Gebiet der polyphonen Kunstmusik. Derjenige Schüler jedoch, der nicht allein alle von den Venezianern gepflegten Kunstformen beherrscht, der sie auch mit seinem von hoher Bildung durchdrungenen Talente für die deutsche Kunst auf den verschiedensten Gebieten fruchtbar zu machen weiß, ist Heinrich Schütz.

Als dritte Gruppe treten noch die italienischen Meister
hervor, die neben den schöpferischen Gedanken auch die technisch-
praktische Seite der neuen Kunst ausbildeten. Sie begannen
den in akkordischer Schreibweise gesetzten Werken einen Stützpunkt in dem begleitenden, fortlaufenden Instrumentalbaß für
Orgel und Cembalo zu geben und versahen deshalb die Baß-
noten mit Ziffern und Vorzeichen, nach denen die Lage der
Akkorde und ihre Harmonie zu finden war. In den Instrumentalkanzonen von G u a m i und B a n c h i e r i, in L o d o v i c o
V i a d a n a s Kirchenkonzerten fand diese Bezifferung, auch
Generalbaß, basso seguente und basso continuo genannt, ihre
erste Anwendung. Die Zusammensetzung der Konzerte bot
wesentlich Neues, von der früheren Bezeichnung dieser Art
Verschiedenes. Sie waren nur für wenige Singstimmen und
wenige Instrumente eingerichtet; die Stimmen der letzteren waren
besonders dazu komponiert im Gegensatz zu ihrer früheren
chorischen Verwendung. Diese neue Art des geistlichen Konzerts
wurde vorbildlich für seine Gestaltung in der ersten Hälfte des
siebzehnten Jahrhunderts und von wesentlichem Einfluß für das
selbständige Hervortreten der Instrumente.

Richten wir nun den Blick auf die Steinschen Ausgaben,
so sind von vokalen Werken hier zu nennen: die Messen Jakob
Regnards zu 4—12 St. mit Dedikationen an den Kaiser Rudolf,
dessen Hofkapellmeister der Komponist war, die „Cantiones
sacrae", die 1605 dann seine Wittwe herausgab, die „Cantiones
sacrae" zu 4 und 5 St. und 5—12 St. des Kapellmeisters am
deutschen Collegium in Rom Asprile Pacelli von 1608, die Motetten zu 5—8 St. des Roggiere Giovanelli, Nachfolgers von
Palestrina zu St. Peter. Hierher gehören ebenfalls die „Kirchen-
gesänge zu 6—12 St.", die der mainzische Kapellmeister Le
Febure herausgab, denen Myller ein lateinisches Lobgedicht
vorangestellt hat und die dem Erzkanzler Johann Schweikhardt
gewidmet waren. Für die geschickte, der Zeitrichtung entgegen-
kommende Wahl des Korrektors und Verlegers sprechen auch die
Nachdrucke von Kompositionen des hochgeschätzten Kapellmeisters am römischen Seminar, eines der ersten Komponisten geistlicher Opern, des Agostino Agazzari [62]): Motetten zu 4—8 St.,

---

[62]) Probe des Notendrucks, Fig. 13.

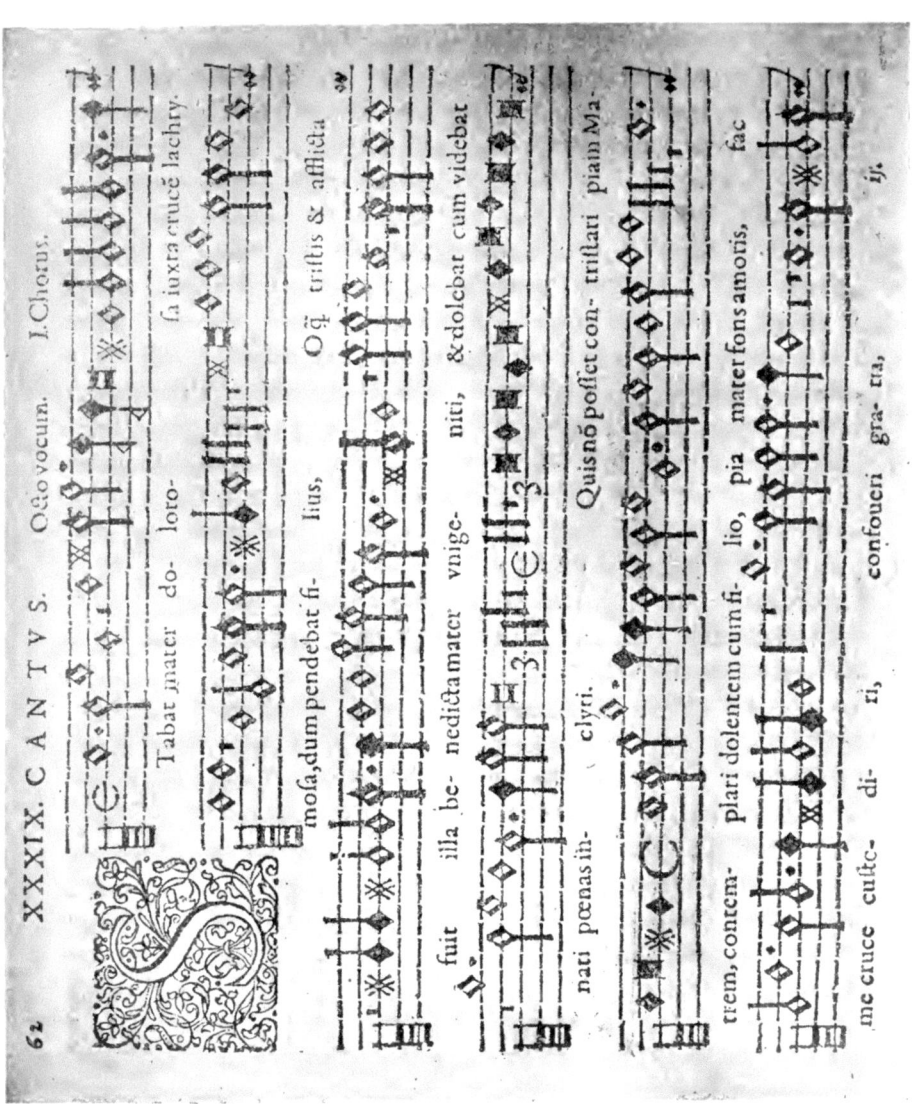

Fig. 13

die Myller mit einem Vorwort einführte, in dem es heißt: „daß
diese Ausgabe von den vielen Fehlern der italienischen Drucke
verbessert worden sei". Madrigale des gleichen Komponisten
zu 5 St. erschienen im darauffolgenden Jahre.

Die uralte Verbindung der leichten Liedform mit dem
Tanze, begann sich am Ausgang des sechzehnten Jahrhunderts
mit dem Hervortreten der fremdländischen Tänze[63]) immer
mehr zu lösen. Dies führte zu gesonderten Tanzsammlungen,
zu jener ältesten Gattung von Instrumentalkanzonen,
die ihre Ausdrucksfähigkeit allein durch den Rhythmus, in kleinen
geschlossenen Formen empfangen. Zu den Erstlingen dieser
Gattung, den Vorläufern der Suiten gehören die von Stein
1606 verlegten: „Pavanen, Galliarden und Intraden von Bal-
hasar Fritsch". Dann fanden die beliebten Gesellschaftslieder in
Vilanellenart dort mancherlei Wiedergaben: so 1602 die „Musikalischen Bergkrein" von Melchior Frank, das „Musikalische
Rosengärtlein" zu 4 St. von Michael Odontius; in diese Reihe
gehören auch zwei Dedikationen an den Frankfurter Rat von
1610 und 1611: „Quodlibets und Pavanen" des Darmstädter Hoforganisten Joh. Moller und „Neue teutsche weltliche Lieder
und Madrigale" des Joh. Staricius, Domorganisten und Poeta
laureatus zu Frankfurt.[64])

Nach dieser Richtung hin ist auch der Kantor der Barfüßerschule tätig gewesen. Er veröffentlichte sein erstes Werk
1600 noch bei Schönwetter unter dem Titel: Teutsche Balletten und Canzonetten zu singen und auf Instrumenten zu gebrauchen mit 4 St., das zweite 1603 bei
Stein: Neuere teutsche weltliche Canzonetten 4—8
Stimmen und dort ebenfalls das 1608 nach seinem frühen
Tode von dem Schwager Michael Caspar Lundorf heraus-
gegebene: Neue teutsche Canzonetten zu dreyen
Stimmen, hiebevor von den Italis ausgegangen, in
teutsche Reimen gebracht von Andreas Myller.[65])

---

[63]) Eines deutschen Tanzes, der 1598 zuerst und in Frankfurt erwähnt
wird, sei hier gedacht; es ist der „Küchentanz", der bei Hochzeiten des
Hauses Limpurg am zweiten Tage von der Dienerschaft ausgeführt wurde.
Wohlleben und Prachtliebe etc.

[64]) Königl. Bibliothek zu Göttingen.

[65]) Stadtbibliothek Hamburg.

Der Herausgeber, der zeitweilig auch Myllers Dienst versah,
ohne sich an der Lateinschule lange halten zu können, sagt in
der Vorrede vom 10. April 1608, „daß diese Sammlung druck-
fertig vorgelegen, sein Schwager noch zu Lebens Zeit höchlichen
Wohlgefallen daran gehabt und er deshalb zum Andenken an
den früh Verstorbenen sie nach Durchsicht habe ausgehn lassen".
Er wolle sie, wie sein Schwager „der Music hochlöblichen
Patronis und Moecenatibus tanquam jure haereditario vnd ererbtem
Musik-Kräntzlein" widmen, den Herrn: Johann Philipp
Schad, Jakob von Hayminsfeld (genannt Güldenast),[66]) Gerhard
Bin, Johann Martin Höcker und Bernhard Grorock, Organist.

Nach Vogel[67]) ist die Ausgabe eine Übersetzung der 1601
bei Gardane in Venedig erschienenen „Canzonette alla romana
di diversi excellentissimi musici romani a tre voci". Die Dichter
der Lieder sind nicht genannt, die Komponisten der vierundzwanzig unbegleiteten Gesänge sind die bedeutendsten Italiens.
Palestrina hat drei sehr graziöse Texte in Musik gesetzt,
Giovanelli und Anerio kommen ebenso oft vor, Luca Marenzio
und Crivelli sind mit je einer Komposition vertreten.

Ein feines Formgefühl und gewiegte Sprachkenntnisse
müssen Myller eigen gewesen sein, da er augenscheinlich das
fremde Idiom sehr geschickt übertragen hat. Am Schlusse des
Bandes sind als fünf- und sechsundzwanzigste Canzonette
Dichtungen und Kompositionen von ihm selbst angefügt. Die
beiden Lieder: Gleich wie ein Binlein und Nun hat
ein End mein übermässigs Klagen, sind anmutige,
gewandte Dichtungen. Das gleiche läßt sich jedoch von den
Kompositionen (für Cantus I, Cantus II und Bassus) nicht sagen.
Hier waltet enge Gebundenheit an die Kirchentöne, den mixolydischen und jonischen vor, befreiende Modulationen treten
kaum ein, und so erscheinen die dreistimmigen Sätze mit ihren
harten Tonfolgen und Quinten wie ein zu weites, schwerfälliges
Gewand, das die anmutige Form der Gedichte verhüllt. Da mir
keine anderen Kompositionen von Myller zum Vergleiche erreichbar waren, soll er hier nur mit seinem ersten naiv frischen
Gedicht und dessen Melodie zu Worte kommen:

---

[66]) Der Polyhistor Goldast.
[67]) Bibliographie der gedruckten weltlichen Vokalmusik Italiens, 1892.
II, S. 496.

„Gleich wie ein Binlein."

Cantus I.   Andreas Myller. 1607,

Gleich wie ein Bin - lein mit des Ho - nigs Saf - fte dem Menschen giebt ein wun-der-süs-se Kraf- - - - - - - - - - - - fte, al - so er - quickt dein wun - der - schön Ge - stal - te mein brennend Herz, mein brennend Herz von Lieb so ma-nig-fal-te, von Lieb so ma - nig - fal - te.

Gleich wie ein Binlein recht nach seiner Arte
Sein lieblich Gwerb mit Fleiß' zusammensparte
Und läßt mit nicht der Blümlein Safft verschleichen,
Wo fern sie nur dieselbe kann erreichen —

Also dein Lieb ruht mir in meinem Hertzen,
Du trewer Schatz, meid ich ohn alles Schertzen,
Dein Huld wil ich ja nimmermehr aufgeben
Und kost es mich vff dieser Welt das Leben.

Ade mein Trost, Gott wölle Dich bewahren,
Du Binlein zart, für Uebel und Gefahren,
Daß ich dir dieses Liedlein hab gesungen,
Dazu hat mich dein Huld und Gunst bezwungen.

Das Wirken einer so vielseitigen Persönlichkeit, wie es Myller augenscheinlich war, konnte nicht allsogleich wieder ersetzt werden; es mußte eine Übergangszeit folgen, in der noch unter dem Einfluß des Vorangegangenen unbedeutende Geister regieren, bis sich die Kräfte wieder sammeln und in neuer Weise ans Licht treten. Unter diesem Eindruck stehen die Jahre nach Myllers Tode, in denen sich wenig Bemerkenswertes erwähnt findet. Eine Neuerung ist die Aufnahme des „Orgelschlagens" bei der Einsegnung der Hochzeitspaare, die am 4. Febr. 1612 bestimmt wird.[68]

---

[68] R. P. u. B. B.

Als geübte Sänger erscheinen während einer Reihe von Jahren die Söhne des Geistlichen Matern Kohler, die nicht allein 1610 und 1611 bei dem Maigelage des Rats auf dem Altan des Niklasturms „diskantiren", sondern auch bei den Krönungsfeierlichkeiten des Kaisers Matthias ihren „lieblichen Gesang" von dieser Stelle ertönen lassen.

Nach Myllers im Frühling 1608 erfolgten Tode wird J o - h a n n S c h w a r t z oder J o h a n n M e l a n d e r als Kantor genannt, der fl. 105 und fl. 24 Wohnungszulage erhält. Aber auch der Kandidat C a s p a r S u l t z e r, der „Quartanus", muß in den folgenden Jahren bis zu seinem Abgange 1611 einen Teil des Unterrichts geleitet haben.

Steins Hauptaugenmerk war nun auf die Herausgabe der Viadanaschen Tonsätze gerichtet, wobei ihn die Einsicht leitete, daß diesen mit Generalbaß versehenen, der Zeitrichtung entsprechenden Kompositionen ein äußerer Erfolg nicht fehlen könne. Er begann mit dem Nachdruck der „Centi Concerti ecclesiastici" zu 1—4 St. (Venedig 1602) im Jahre 1609 und ließ in den nächstfolgenden Jahren die „Vespertina" zu 2 St., das „Magnificat und Falsibordini" zu 1—4 St. und das „Opus musicum sacrorum concertuum" folgen. Die lateinische und italienische Vorrede Viadanas hat Stein in der Gesamtausgabe des Werkes von 1613 ins Deutsche übertragen und bei seiner Ausgabe von 1620 wiederholt als: „Instructio und Unterricht für die Teutschen Organisten, so der Lateinischen oder Italienischen Sprach nit erfarn".[69]) Auf dem Titelblatt des wichtigen, auch Instrumentalkanzonen enthaltenden Werks finden wir die Darstellung eines damaligen Kirchenorchesters in Holzschnitt: um die Orgel, die hier von der allegorischen Figur der Musik gespielt wird, gruppieren sich rechts Zinkenisten, Pfeifer und Posaunisten, links vornen sitzt der Lautenist, hinter ihm Violonisten und Fagottisten.

Stein veranstaltete noch 1614 und 1615 Ausgaben Viadanas und nahm auch die großen mehrchörigen Tonsätze von Hieronymus und Michael Praetorius in Verlag, die 1620, 1623 und 1624 zur Ausgabe gelangten. Den Druck besorgte von 1620 ab Egenolf Emmel, denn nach arbeits- und erfolgreichen

---

[69]) Erstere Ausgabe Königl. Hof- und Staatsbibliothek zu München, letztere Stadtbibliothek s. Israël-Katalog S. 87—90.

Jahren war Wolfgang Richter, der 1616, 1617 und 1618 auch
den katholischen Meßkatalog gedruckt hatte, aus der Verbindung ausgeschieden. Ob dies mit mangelhaften Zahlungen zusammenhing, die 1615 gegen ihn zu Klagen vor dem Rate
führten, konnte nicht festgestellt werden. Er starb am 13. Oktober
1626, anscheinend in dürftigen Verhältnissen.

Wie sich Steins Verlag, der, wenn alle Angaben stimmen,
etwa siebzig umfangreiche Werke hervorbrachte, aufgelöst hat,
ist nicht bekannt geworden. Seine Persönlichkeit hat mancherlei
Anstoß erregt; er war oft in Streitigkeiten und Injurienklagen
verwickelt, die 1600 und 1613 vor dem Rat zum Austrag
kamen. Dann hat er sich auch in die unerquicklichen, den
Frankfurter Buchhandel schädigenden Maßnahmen der „kaiserlichen Bücherkommission" gemischt. Er richtete am 15. März
1608, ehe die Konstitution Rudolfs II. über die „Visitation
der Druckereyen" erlassen war, ein Schreiben an die obere
Instanz in Wien, in dem er um die Bewilligung eines Privi-
legiums für den Druck der katholischen Meßkataloge, die seit
1606 in Mainz erschienen, ersucht. Es heißt darin, daß die
katholischen Bücher teils ausgelassen, teils unvollständig aufgenommen würden, daß der Frankfurter Rat den Dr. Schacher
mit der Revision beauftragt habe, was sowohl den katholischen
Buchhändlern, wie der katholischen Religion zum Präjudiz
gereiche. Er wünscht dann den Katalog unter der Aufsicht des
Dr. Valentin Leucht zu drucken und mit diesem Mann im
Bunde scheint er den Jesuiten in Wien mancherlei Dienste getan
zu haben, wenn es auch erst während der Fettmilchschen
Unruhen gelang, den Katalog nach Frankfurt zu verlegen.
Steins Verlag ist zuletzt auf den Praetoriusschen Gesängen von
1623 angegeben. Von seinem Musikalienhandel erfahren wir
noch, sonst aber verliert sich jede Spur über ihn, seine Familie
und seine Druckerei.

Die in den folgenden Jahrzehnten von den größeren Frankfurter Firmen wie Schönwetter, Unckel, Roth hin und wieder
ausgegangenen Musikdrucke zeigen die Steinsche Type, die ja
auch der Drucker Egenolf Emmel gebrauchte. Sie unterscheidet
sich vorteilhaft von anderen, auswärts benutzten, deren aus
kleinsten Stücken zusammengesetzte Liniensysteme das Lesen
ungemein erschweren. Eine eigentliche Notendruckerei unter-

hielt erst in der zweiten Hälfte des siebzehnten Jahrhunderts
Balthasar Christoph Wust wieder, aber er wie sein Nachfolger
Johann David Zunner waren nicht kapitalkräftig genug, um
ihren Betrieb in größerer Weise auszudehnen, und so haben
ihre Verlagswerke nie die Zahl der bei Wolfgang Richter und
Nikolaus Stein erschienenen erreicht.

VI.

Die großartigen Feste, die bei der am 12. und 14. Juni 1612
vollzogenen Krönung des Kaisers Matthias und der Kaiserin
Anna stattfanden, sind in einer ganzen Anzahl von „wahrhafftigen
Berichten" und „neuwen Relationen" beschrieben worden. Bei
Erwähnung des musikalischen Teils der Zeremonie stimmen die
Berichte über das köstliche „Figuriren" und die „schöne liebliche
Musica" mit denen von 1562 ziemlich überein. Als neu kommt
das mit besonderem Nachdruck erwähnte Spiel des Stiftsorga-
nisten (wahrscheinlich war es Johann Staricius) hinzu. Der
kaiserliche Kapellmeister L a m b e r t u s d e S a y n e, ein im Stil
der Italiener schreibender Komponist, dirigierte die Sänger, „die
Cantorey", wie sie auch nach dem allgemeinen Gebrauche jetzt
genannt werden. Wenige Tage vor der Krönung starb der im
Gefolge des sächsischen Kurfürsten anwesende Hofkapellmeister
Hans Leo Hasler.

Von den bildnerischen Vorstellungen der Krönung sind
vierzehn Stiche in Großquart sehr bemerkenswert, die von der
Hand des Augsburger Stechers Linnemann stammen und bei
Theodor de Bry herauskamen. Eine Beschreibung in deutschen
und lateinischen Versen hat der Secundanus des Gymnasiums
Gothard Artus dazu geliefert. Auf Blatt 10 und 14 der Sammlung ist das Orchester abgebildet, einmal zur Tafel des Kaisers
und der Kurfürsten aufspielend, einmal den Tanz begleitend, den
Kaiser und Kaiserin unter dem Vorantritt zweier Fackelträger
beginnen.

> Ein Dantz der Königin zu ehren,
> Zu halten thut sich nicht beschweren,
> Ihr' Majestät sie beid' allein
> Dantzen, es folgen die Fürsten fein.

Wir sehen in der Nähe des Eingangs zum festlich geschmück-

ten, mit Wachskerzen erleuchteten Kaisersaale eine Estrade errichtet, auf der sich acht Bläser befinden, die mit Zinken, Pfeifen,
Bomharden und Posaunen musizieren; in ihrer Mitte dirigirt aus
einem großen Buch, in das alle hineinsehen, der Kapellmeister.
Ihre Darbietungen mögen in der Art jener kurzen, festlich
rauschenden Tonsätze erklungen sein, wie sie uns aus der
Bearbeitung von H. Riemann: Reigen und Tänze zu Kaiser
Matthias Zeit,[70]) zugänglich sind. Kaiser und Kaiserin, „die
mit einem langen Schweif angethan war", schreiten allein im
langsamen, feierlichen Pavanenschritt daher und eröffnen jenen
Ball, der den Überlieferungen nach „bis in den Tag hinein währete". Die Fürsten sitzen zuschauend im Kreise an den Wänden des Saales, davon gesondert auf einer Tribüne eine stattliche
Schar von Damen.

Während die Stadt mit dem Oberhaupte des Reiches
höfisches Zeremoniell, vornehme Sitten, Kunst und Schaugepränge
jeder Art in ihren Mauern sah, gährte es in der Bürgerschaft,
die sich gegen das unliebsame, autokratische Regiment des
Rats auflehnte, der ihr die Privilegien bei der Eidesleistung
für den Kaiser vorenthalten hatte und eine finanzielle Mißwirt-
schaft führte. Der Kaiser übertrug seinen Kommissaren, dem
Erzbischof von Mainz und dem Landgraf Ludwig V. von Hessen,
die Schlichtung des Zwistes, die zunächst zu dem den Wünschen
der Zünfte entgegenkommenden „Bürgervertrag" vom 21. Dezember 1612 führte. Damit konnte jedoch kein vollkommener
Ausgleich erzielt werden; die Erregung trat bei jedem Anlaß
wieder hervor und weitere berechtigte Ansprüche wurden durch
gewalttätige und aufrührerische Mittel zu erreichen versucht,
die sich in der Plünderung der Judengasse am 22. August 1614
zum Äußersten steigerten. Der Kaiser mußte durch sein Man-
dat dem bedrängten Rat zu Hilfe kommen und erst durch die
Achterklärung und Hinrichtung der Hauptführer wurde die
Ruhe wieder hergestellt. Das Dekret der kaiserlichen Kommission bestimmte die Auflösung der Zünfte und ihre Verwand-
lung in „Gewerbsvereine", die in vollständiger Abhängigkeit
vom Rate standen, so daß dessen Macht nicht allein unge-
brochen, sondern vermehrt war. Am Anfang des Aufruhrs hatte

---

[70]) Verlag von Fr. Kistner, Leipzig. 1895.

man zum Zwecke besserer Agitation die Bestimmung getroffen,
daß sich alle Bürger nach dem Vorbilde der Patrizier und
Zünfte in Korporationen vereinigen sollten. Infolge davon entstanden unter andern auch die **Artikel der Musikanten
und Spielleute**, die vom Rate zuerst am 1. Juli 1613 und
nach Beendigung des Aufstands nochmals 1617 approbiert worden sind.[71]) Sie lauten:

Wir der Rath der Statt Franckfurth am Mayn
thun kundt und hiemit bekennen: demnach uns etliche unserer
Bürger von Musicanten, Spielleuthen und anderen zu erkennen
gegeben, welcher gestalt sie sich einer neuen Gesellschaft mit
einander verglichen, und darneben underthenig gebetten, Wir
uns dieselbe nicht allein belieben, sondern auch diejenige Articull
vnd Ordnung, so sie darüber verfasset, vnd vns zur Revision
übergeben, ersehn, nach Notturft verbessern vnd confirmiren
wollten: daß wir darauff sowohl solche Gesellschaft als auch
angeregte Articull, Inmaßen dieselben von vnsern dazu depu-
tirten Ratsfreunden zuvor ersehen worden, approbirt und confirmirt haben. Thun dies auch hiermit vnd in Krafft dieses vnd
wöllen, daß denselben alles Ihres Inhalts gelebt vnd nachkommen
werde, doch behalten wir uns darbie austrücklich bevor, da
hiernechst Mängel oder Mißverstände, oder andere Fälle, so
hierin nit begriffen, sich ereignen vnd zutragen vnd wir darunter
von der Gesellschaft ersucht wurden, zu dem Allem weittere
Versehung und Erklärung zu thun, vnd also diese Articull er-
heischender Notturft nach zu endern, zu mindern, oder zu mehren,
ohne Intrag. Und lautten demnach die Articull, wie hernach
folget:

Ordnung und Articull der Musikanten,
Spilleut vnd anderer, so sich
zu ihnen begeben.

Erstlichen: soll Keiner in die Gesellschaft ins künfftig
fernere auff und angenommen werden, der mit einigen Macul
oder sonsten behaffet ist.

Zum Andern: Weil allbereit zu den Spielleuten und
Musicanten vber die dreißig und mehr personen, So allhier

---

[71]) Ugb. C. 59 **A** im Stadtarchiv.

Bürger sind, getretten vnd sich zu Ihnen gethan, so soll ein
jeder von denselben der Gesellschaft zum Anfang zween Gulden
zu erlegen schuldig sein.

Zum dritten: Da inskünfftig einer in diese Gesellschaft
eingenommen zu werden begeren wirdt, der soll zuvorderst satte
Kundschafft seiner Ehelichen geburt vnd herkommens vorzulegen
vnd der Gesellschaft alsobaldt, wenn Sie beede frembde waren,
Sechs Gulden zu erstatten schuldig sein.

Zum vierten: Wäre es aber, daß eines Gesellschafters
Sohn oder Wittib sich an eine frembde Weibsperson vnd hingegen ein frembder an eines Gesellen Dochter oder Wittib ver-
heurathen vnd dieser Gesellschaft vehig zu werden begehren
wirdt, der oder die sollen vor das Gesellenrecht mehr nicht als
zween gulden erstatten und erlegen. Da sye aber beides als
Gesellschafter Döchter vnd Söhn zusammen heurathen wurden,
sollen mehr nit als Ein Gulden in die Gesellschaft zu erstatten
schuldig sein.

Zum fünften: Dieweil diese Gesellschaft noch etwas
gering vnd nicht stark, vnd aber sich ähnliche Bürger befinden
möchten, welche sich vermöge angeschlagenen Edicts und Ge-
bots zünftig machen vnd zusammenthun sollen, in diese Gesellschaft begeren würden, der soll vor die Gesellschaft drey gulden
vndt Ein maß zinnen schenkkanden, wie auch einen ledern
Aymer dieselbigt in Feuersnoth haben zu gebrauchen, zu erlegen
schuldig, vnd als dann gleich den Spielleuthen vnd Musicanten
dieser Gesellschaft vähig und theilhaftig sein.

Zum Sechsten: Dieweill bis dahero den Spielleuthen vndt
Musicanten von den frembden groser mercklicher Intrag geschehn,
so soll nunmehr hinfürters den frembden vmbschweifenden Spielleuthen, so sich dieses werks zu unterziehen gemeinet, insgemein gäntzlichen verbotten sein, einigen Weinkauff, Hochzeit,
Gastungen und anders zu dingen noch darauff zu spielen, viel
weniger sich dessen Alles zwischen den Messen, in den Wirts-
häussern, Gasthoffen, Weinschenckenhäussern oder wo das sein
mag mit Ihren Spielen gebrauchen zu lassen noch auch den
heillosen Juden damit bedienet zu sein. Die weill solches in
allen Reichs Stätten verbotten bei straff, welcher frembde Spielmann zwischen den Messen in einem oder dem andern brüchig
erfunden würdt, Vier gulden, welche er alsdann unnachlässig zu

erlegen schuldig und verbunden sein soll. Doch soll einem
Bürger, so Spielleuth von nöthen haben würde, dieselbe anderswo
vff seine Kosten zu bestellen frei stehn.

Zum Siebenten: Wann ein Herrn oder Fronfasten gebott vmbgesagt wird vnd einer von dieser Gesellschaft außen
bleiben thätt, der soll darfür, wenn er nicht erlaubniß gebetten,
acht schilling zur straff, wie auch, wo einer ohn erlaubniß bei
gemeinen Gebotten außen bleiben wirdt, 18 pfennig zur straff
zu erlegen schuldig sein.

Zum achten: Wan Fronfasten gebott gehalten, soll
ein jeder Gesell alle Quartal 18 Pfg. alsobald aufzulegen
schuldig sein.

Zum Neundten: Wann eine Wittfrau in der Gesellschaft
ihr Frohnfastengelt oder anders, so sie in die Gesellschaft
schuldig, innerhalb Jahresfrist nicht ausrichten wird, die soll
der gesellschaft und gehapter gerechtigkeit darinnen allerdings
verlustig sein.

Zum Zehenden: Wann einem zu den Leichen gebotten
und ohn erlangte erlaubniß außenbleiben wirdt, der soll darfür
18 Pfg zur straf zu erlegen schuldig sein.

Zum Eilften: Es sollen alle Jahr vff Joh. Baptistaetag
zween Jahrmeister auß der Gesellschaft erwelet werden, welche
gebüerliche Uffsicht haben, die verwirkte straffen einfordern vnd
darumb gepuerliche vffrichtige Rechnung und lieferung thun
sollen.

Zum Zwölfften: Wan einer in versambletem Gebott
dem andern in seine red oder stimm fallen, oder sonsten etwan
lügen strafen würde, der soll alsobald acht schilling zur straff
aufzulegen schultig sein.

Zum dreizehnten: Wann einer bei der zusammenkunft
oder gebott gegen dem andern sich ungebüerlich mit wortten,
oder wercken halten oder erzeigen wird, der soll ebewr gestalt
der Gesellschaft zu gutem Sechs schilling zur straff zu erlegen
verbunden sein.

Zum Vierzehnten: Würde aber einer den andern also
verwunden, daß gefahr darbey zu besorgen, Solche straff soll
er bei der ordentlichen Obrigkeit auszutragen und zu verbüssen
gehalten sein.

Zum Fünfzehnten: Alle Bußen und straffen, welche in

dieser Gesellschaft einkommen, sollen die helfft einem E. Rath,
die andere helfft aber der Gesellschaft zu guetem verbleiben,
vnd darumb gepurliche Rechnung geschehn.

Dessen zu Urkund haben wir der Rath
obgenannt unserer Stadt Insiegel zu End
dieses anhängen lassen. So geschehn den
ersten Tag July im Sechszehnhundert und
dreizehnten Jahr.

Die Namen derer, welche 1613 um die Erlaubnis zur Errichtung der Gesellschaft einkamen oder sich ihr anschlossen,
sind folgende: [72])

**Volgen die Nahmen derjenigen, so die Gesellschaft
anzurichten gestatten:**

1. Peter Fleischmann,
2. Christoph Holzmann,
3. Hartmann Aichhorn,
4. Hans Deuerling,
5. Alexander Mengell,
6. Mattes Dobrisch,
7. Henrich Müller,
8. Peter Heppener,
9. Niclaus Heppener,
10. Jakob Schumacher.

Alle
Burger
alhier.

Verzeichnus derjenigen Personen, so sich zu obgemelter
Gesellschaft gethan und begeben:

1. Valentin Rossmann,	12. Hans Leirer,
2. Hans Born,	13. Ulrich Biber,
3. Jost. Scharschmidt,	14. Friedrich Heiring,
4. Hans Dier,	15. Bastian Gebhardt,
5. Jakob Sailer,	16. Johannes Zee,
6. Henrich Neubauer,	17. Georg Ackermann,
7. Michael Grün,	18. Valentin Deumeling,
8. Hans Ganns,	19. Hans Weidner,
9. Moises Kraus,	20. Heinrich Trinkaus,
10. Hans Frölich,	21. Lorentz Reinhardt,
11. Hans Philipp Gerlach,	22. Hermann Müller,

Alle Burger alhier.

---

[72]) Ugb. C 59 D im Stadtarchiv.

23. Hans Ruprecht,	32. Elias Schramberger,	
24. Heinrich Bruder,	33. Konrad Kleinschmidt,	
25. Hans Biller,	34. Niclas Zimmermann,	
26. Hanns Emrich,	35. Lorenz Drümper,	
27. Hans Ochs,	36. Adam Dörfus,	
28. Hans Dörr,	37. Heinrich Ott,	
29. Niclaus Hoffmann,	38. Hans Roßbach.	
30. Eberhardt Mayer,	39. Thomas Burckhardt,	
31. Joh. Leonhard Heddeler,	40. Conrad Wilhelm,	
	41. Adolf Barbers.	

Alle Burger allhier.

Nur die ersten zehn Personen, die diese „Artikel" unterschrieben haben, sind „Musikanten und Spielleute", die übrigen gehören den verschiedensten Gewerben an, und zwar teils solchen, die als Zunft bestanden, teils den nicht inkorporierten. Ersterer Art waren Glaser, Schreiner und Barchentweber, letzterer Art Kutscher, Fuhrleute, Salzschreiber, Lederbereiter, Hecker und Taglöhner.[73] Ob bei diesen Leuten in irgend einer Weise die Musik als Nebenbeschäftigung zum Beitritt in die Korporation ausschlaggebend war, läßt sich nicht nachweisen.

Es ist auf den ersten Blick ersichtlich, daß die „Artikel" nicht vollständig ausgearbeitet sind, da der zweite Teil, der bei den andern Zünften die ausführlich festgesetzten Verordnungen für Gesellen und Lehrlinge enthält, hier fehlt. Für die Musikanten war eben nichts Vorbildliches aus dem Mittelalter vorhanden. Auch verlangte die damalige Praxis für die „Kunstpfeiferei und Turmbläserei" wesentlich neue Bestimmungen. Gewohnheitsrechte waren hier noch nicht ausgebildet. Von dem Aufschwung des ganzen Stands und der Art seines Zusammenschlusses geben erst Aufstellungen Kunde wie sie einige Jahrzehnte später, 1658, zusammengefaßt wurden und für große Teile Deutschlands in Kraft traten als: Artikel des Instrumental-Musikalischen Collegii in dem ober- vnd niedersächsischen Crais und anderer interessirter Örter, die vom Kaiser Ferdinand III. Bestätigung empfingen.[74]

---

[73] Nach den Bürgerbüchern von 1565—1598, 1599—1608, 1608—1634.
[74] Abgedruckt bei Spitta: Joh. Seb. Bach, I, S. 142..

In den Jahren des Fettmilchschen Aufstands, von
1613—1616, bewegte sich die Kirchenmusik, soweit sie in dieser
kritischen Zeit nicht verboten war, in den von Myller eingerichteten Bahnen. Ist dabei auch eine Abnahme der städtischen Anschaffungen zu bemerken, so setzt doch der Almosenkasten seine
Zuschüsse fort.

Nach dem Blutgericht vom 28. Februar 1616, das dem
Aufstand ein Ende machte, verkündeten die Vertreter der
kaiserlichen Kommission die hohen Geldstrafen mit denen der
Aufruhr der Bürger und der Zünfte geahndet wurde. Die
Summe belief sich auf fl. 130, 877.

Die Korporation der Musikanten und Spielleute war
mit fl. 121, 16 xr. daran beteiligt. Das vorhandene Verzeichnis [75])
der zur Zahlung Verpflichteten weist fünfzig Personen auf;
achtzehn der 1613 Genannten kommen nicht mehr vor, dafür
finden wir:

1. Georg Acker,	9. Leonhard Khun,
2. Johann Gebell,	10. Hans Jakob Lach,
3. Philipp Beltz,	11. Jakob Metzger,
4. Johann Benoit,	12. Lorenz Reinhard,
5. Abraham Floeckh,	13. Johann Schar.
6. Johann Hauck,	14. Caspar Schimmel,
7. Veit Hörnick,	15. Johann Seip,
8. Wendelin Jung,	16. Niklas Grün,

17. Joh. Wahll, Notarius.

Nur der Niklastürmer Veit Hörnick ist als Musikant neu
hinzugekommen. Im Übrigen finden sich außer den schon erwähnten Berufen, vier neue: der des Seidenfärbers, Karten-
malers, Kaufmanns und Notars. Die beiden Niederländer Johann
Benoit und Abraham Floeckh sind Kaufleute.

Die höchste Summe der nach dem Vermögen eingeschätzten
Personen bezahlt Velten Deumeling mit fl. 20, 58 xr., dem folgt
Matthes Dobrisch mit fl. 13, 43 xr., Heinrich Trinkaus mit
fl. 12, 34 xr. Die Mehrzahl der Korporationsmitglieder hatte
zwischen einem und fünf Gulden zu bezahlen, die niedrigste
Buße war 17 xr.

---

[75]) Ugb. E 96, Tom. XLVI, S. 54—55, im Stadtarchiv.

An jenem denkwürdigen letzten Februar kehrten auch die vertriebenen Juden zurück und wurden auf Befehl des Kaisers wieder in das Ghetto eingeführt. Zur Erinnerung an die schwere Zeit des Exils feierten sie alljährlich den Austreibungs- und Einführungstag als Fast- und Gedenktag, den sie nach dem Namen ihres Feindes „Vinz Purim" nannten. Gehörtes und Erlebtes verband sich dabei symbolisch: in die psalmodierenden Gesänge der Synagoge wurden die Trompeterweisen aufgenommen, die bei dem triumphierenden Rückzug erklungen waren.

Marsch des Trompeter-, Trommler- und Pauker-Corps, 1616.

Das Morgengebet des Rückführungstages wurde nach der Melodie eines der vielen damals gedichteten „Vinzlieder" gesungen, angeblich im Ton der Schlacht bei Pavia.[76]

[76]) Die Melodien sind nach den Angaben eines alten jüdischen Kantors von Herrn Elias Ullmann zu Frankfurt zuerst aufgezeichnet und die dritte, 1877 an den Herausgeber der „Gegenwart", Dr. Paul Lindau in Berlin, zum Zweck der Veröffentlichung gesandt worden. (Band XI, No. 4, S. 62). Von dort ging sie in Erks Liederhort über (Band II, S. 110, 1893), wo sie F. M. Böhme „zu einem wahrscheinlich vierzeiligen Pavierlied gehörend", bezeichnet. Die Söhne des genannten Finders, die Herren G. und M. Ullmann, hatten die Freundlichkeit mir die Originalhandschrift zur Verfügung zu stellen, die auch zu dem Aufsatz „Vincenz Fettmilch" von M. Ullmann im Feuilleton der Frankfurter Zeitung vom 28. Februar 1905 benützt worden war.

Trompeter Solo.

Der neuergänzte Rat beobachtete der erregten und unbefriedigten Bevölkerung gegenüber jetzt eine kluge Taktik, indem er seine Aufmerksamkeit inneren Verbesserungen zulenkte. Als sich das Predigerministerium 1615 mit schweren Anklagen gegen Gravelius an den Rat wandte — es wurde dem Rektor sogar die Erbrechung der Sängerbüchsen nachgewiesen — erfolgte seine Amtsentsetzung.

Die Stelle erhielt der Magister Heinrich Hirtzwig aus Gießen, dem als Philolog und Pädagog ein guter Ruf vorausging, der auch als streitbarer lutherischer Theologe bekannt war. Seine Aufgabe, die in erziehlicher und wissenschaftlicher Hinsicht zerrüttete Schule neu auszubauen, war keine leichte; er schildert sie in einem Sendschreiben an seinen Mentor und Freund den Professor Balthasar Mentzer am Pädagogium in Gießen.[77] Die darin enthaltenen Äußerungen, daß die „Sorge für die Armenschüler" die Hälfte der Beschwerden des Rektorats ausmache, und daß die Chorschüler üppig seien, da sie Musiker sind, berührt Zustände, die wir bereits kennen gelernt haben. Daß er auch nach Kräften den Figuralgesang zu heben suchte, geht aus einer späteren Eingabe hervor, in der es heißt, daß die Musik in der Frühpredigt zu den Barfüssern, durch sein Zusprechen, Text und

---

[77] Reinhardt s. o.

Mitmachen auf drei, auch vier Choros gestiegen sei.
Gerade diese Erwähnung ist wichtig, da wir daraus schließen
können, daß damals mehrchörige Werke, wie es die Gabrielischen
und Prätoriusschen waren, gesungen wurden.

Als Neuerung ist zunächst zu erwähnen, daß an Stelle
des 1615 verstorbenen Organisten Bernhard Grorock David
Oberndorffer, Instrumentist aus Oberursel, mit dem Jahr-
gehalt von fl. 40 gewählt wird, der nebenbei wiederum das
Weinsticheramt versieht, das jetzt fl. 48 abwirft. Er leistet den
Bürgereid am 25. Februar des gleichen Jahres. Auf Steins
Bestellung gab er 1619 eine Sammlung Instrumentalstücke heraus,
die den Titel führen: Allegrezze musicale,[78]) auserlesene
künstliche Paduanen, Galliarden, Intraden, Canzonetten, Ricercaren, Balletten, Allemanden, die aus Werken der damals
beliebtesten Komponisten wie Schein, Haussmann, Prätorius,
zusammengestellt waren. Der umb das liebliche Music-
Kräntzlein wolverdiente Steinius hatte sie mit einer
längeren Vorrede versehn. Eine bedeutsame Zugabe wurde der
Kirchenmusik durch die Annahme des Lautenisten Johann
Daniel Mylius aus Gmünden, der als Bürger, Arzt und Chemiker
seit 1606 in Frankfurt lebte und am 15. Juli 1618 die Erlaubnis
erhielt, allsonntäglich unter dem Gottesdienst die Laute zu
schlagen, wofür ihm jährlich fl. 16 aus dem Kasten zugesagt
werden. Er ließ 1622 eine noch umfangreichere Sammlung von
Tanzstücken, wie die Oberndorffersche, in Lautentabulatur
erscheinen: den Thesaurus gratiarum,[79]) in dem Präambuln,
Fugen und Phantasien mit Passemezzen, Branslen, Couranten und
Volten abwechseln. Das Tabulaturbuch (Hochfolio), ist von
Hartmann Palthenius in Kupfer gestochen und kam bei Jakob
de Zetter heraus. Titel und Vorwort sind in lateinischer, französischer und deutscher Sprache abgefaßt. Die Tabulatur ist
die damalige französische, auf sechs Linien, mit Hilfsbuchstaben
unter der sechsten Linie, Taktstrichen und Fähnchen; sie ist
sehr klar und sicher gestochen und in der Ausführung den
besten gleichzeitigen italienischen Plattenstichen an die Seite
zu setzen. Die Widmung ist sehr ausgedehnt: Bürgermeister,

---

[78]) Cantus auf der Kgl. Bibliothek zu Berlin.
[79]) Kgl. Bibliotheken zu Berlin und zu Dresden.

Senatoren und Scholarchen werden genannt, außer bekannten
treten auch neue unbekannte Kunstfreunde hinzu, denen Lobgedichte gewidmet werden wie dem „Apelles" Martin von Valkenburgh, dem Daniel de Neufville und den Herren Johann Friedrich
und Michael Ruland. Die hier gegebenen Lautenstücke müssen
sich großen Beifalls erfreut haben, denn der „Thesaurus" wurde
1625 und 1644 neu aufgelegt.

Mit der Laute kam außer dem längst eingeführten Baß-
violon ein zweites Saiteninstrument in das Frankfurter Orchester,
dessen Charakter sich besonders für markante Verzierungen
und Passagen trefflich eignete. Die Lautenisten der damaligen
Zeit mußten gründlich musikalisch geschult sein und den Kontrapunkt verstehen.

Irgendwelcher Anhalt, ob das vornehme stimmführende
Instrument, die Violine, damals schon gebraucht worden wäre,
findet sich nicht. Wie aber von altersher die neuen Kunstweisen
und Instrumente durch Fremde eingeführt wurden, so lernte
man auch jetzt die Zusammensetzung des italienischen Orchester
durch die Komödiantentruppen kennen, die schon ihrer Panto-
mimen und Tänze halber der Instrumentalmusik bedurften. So
traf im Jahr 1601 die berühmte Truppe des Robert Browne[80])
mit aus Venedig verschriebenen Instrumentisten hier zusammen,
die ihre „liebliche Musica" zwischen den schauspielerischen
Vorstellungen wohl nach dortiger Sitte auch mit Violinen, Viola
da braccia und Viola da gamba, Lauten und Theorben ausführten. Ebenso brachten die Hofmusikanten des Landgrafen Moritz
von Hessen 1601 solche „Violisten", wie sie insgemein genannt
wurden, mit, und bei der englischen Truppe, die 1611 aus den
Niederlanden nach Frankfurt kam, wird es geradezu gesagt,
daß sie „auf sechserlei Art mit allerlei Seytenspielen lautiren
konnten". Aus späteren Berichten erhellt, daß die Truppen
von Spencer und Green, die 1614 und 1628 in Frankfurt
spielten, bis zu fünfzehn berühmte Musiker bei sich hatten,
deren Instrumentenspiel die Zwischenakte ausfüllte.

Auf die Kunstanschauungen Frankfurts mögen darum auch
die benachbarten Höfe nicht ohne Einfluß geblieben sein. Da
glänzte besonders der kurpfälzische zu Heidelberg durch gewählte

---

[80]) Mentzel: S. 48, 55 u. 58.

Vokal- und Instrumentalmusik: fremde Künstler zogen dort aus
und ein, von denen der Brescianer Biagio Marini, einer der
ersten hervorragenden Violinspieler und Komponisten für sein
Instrument, 1621 von dem Pfalzgrafen Wolfgang Wilhelm die
Ritterwürde erhielt. Doch auch kleinere und bescheidenere
Hofhaltungen wie die des Landgrafen Philipp von Hessen zu
Butzbach und Darmstadt hatten ihre „Sänger und Instrumen-
tisten", die unter der Führung eines Kapellmeisters standen.[81]

Gewiß war es längst die Absicht des Rats, die im Mittelpunkt
des allgemeinen Interesses stehende Tonkunst weiter auszubauen
und sie durch einheitliche Leitung auf eine höhere Stufe zu
heben; auch auswärts muß man dies gedacht und mancherlei
Erwartungen daran geknüpft haben. Vor der Krönung Ferdinand II., 1619, kam es dazu noch nicht; die Berichte über
die Feier fügen dem Bekannten nur wenig hinzu und lassen
die Frankfurter Musiker ganz aus dem Spiel. Neu ist, daß bei
dieser Krönung die „kurfürstlich trierischen Kapellanen" als
ausübende Sänger auftraten, die sich auch mit einer feierlichen
Messe in der Liebfrauenkirche hören ließen. Kurz vor der
am 19. Juli 1619 stattfindenden Feier sandte Heinrich Schütz
von Dresden aus dem Rat seine Psalmen Davids sampt
etlichen Moteten mit folgendem Schreiben:[82]

Edle, Ehrnveste, hoch vnd wohlgelehrte, auch hoch und
großachtbare, Insonders großgünstige Herrn,

Ew. Herrlichkeiten und gunsten gebe ich dienstfreundlich
zu vernehmen, daß ich ezliche Psalm des Königs und Pro-
pheten Davids, wie sie in ihren formalibus von ihm selbst
concipiret, aus sonderlicher devotion, Gott zu Ehren, wie
ein ieder in seinem beruff alles zuförderst dahin zu richten
vnd anzustellen verpflichtet ist, in die Noten gesetzt vnd
nunmehr auf vieler frommer Herzen vnd Christen anhalten
vnd sollicirn in Druck amfertiget,

Wann dann Ew. H. vnd gunsten wegen liebreicher Affection
zur Music sehr beruffen vnd berühmt werden, Solches auch

---

[81] Siehe Nagel: Zur Geschichte der Musik am Hofe von Darmstadt.
M. f. M. 1900. I—V.
[82] R. Suppl. 1619.

augenscheinlich in der That erweisen, das sie in ihren wohl
bestalten Kirchen und Schulen allerley instrumental und
vocal Musicken mit großen Kostenn treulich pflegen und
exerciren lassen.

Als lebe ich hierumb der Ongezweifelten Zuversicht, Ew.
H. vnd gunst wurden zuförderst an solchen und dergleichen
Geistlichen Concerten eine hohe Beliebung vndt an diesem
meinem opere kein ongeneigtes gemüth oder gefallen schepfen,
derowegen an diesselbe ich die Offerirung berührtes und
beigebundenes meines operis hiermit zu werck gerichtet,
gantz dienstlich bittend solches mit geneigtem Gemüth auff-
und annehmen vnd zu ihrer Affection zu iederzeit mich
commendiert sein zu lassen. Dargegen ich mich zu allen
bereitwilligsten Diensten schuldigst erkennen will.

Dresden den 17. Juli anno 1619.

Ew. Herrlichkeit
Dienstgeflissener
Churfürstlich Sächsischer Capellmeister daselbst
Heinrich Schütz.

Die vom Rat als Gegenverehrung ausgesetzte Summe betrug
6 Rchtlr.; sie möchte zu klein erscheinen für das umfangreiche
Psalmwerk des Komponisten, das aus sechsundzwanzig mehrchörigen Kompositionen bestand, in denen die Zahl der Stimmen,
den Gabrielischen Chören gleich, manchmal bis zu einundzwanzig aufstieg. Schütz war mit diesem Werk zum ersten
Male vor die Öffentlichkeit getreten und hatte die Kompositionen
im eigenen Verlage, reich ausgestattet, erscheinen lassen. Da
sich in einem sieben Jahre später angelegten Musikalienver-
zeichnis nur „2 Ps. Davids sambt etlichen Motetten“ von ihm
vorfinden, die jetzt zu den leider verlorenen Nummern gehören,
dürften 1619 wohl diese beiden Psalmen gemeint sein.

Die zunächst einlaufenden Dedikationen rühren von dem
„hessendarmbstädtischen Capellmeister“ Johann Andreas
Herbst her, der sie zu Neujahr 1621, 1622 und 1623 an den
Rat gelangen läßt; für die ersteren werden ihm drei und sechs
Rchtlr., für die letztere einundzwanzig Rchtlr. bewilligt. Sie
ist in dem aus sechs Stimmbüchern bestehendem Manuskript
der Stadtbibliothek erhalten und führt den Titel:

Neujahrsgesänge dem Frankfurter Rat gewidmet, worauf später einzugehen sein wird.

Der die Widmung von 1622 begleitende Brief[83]) lautet:

Lect. in Senatu 10. Jan. 1622.

Edle, Ehrnveste, Fürsichtige, Ehrsame, Hoch- und wohlweiße, Großgünstige Herren und geneigte Beförderer!

Es haben E. Ehrenv. u. W. ohne Zweifel sich noch zu erinnern, wie daß Ich vor einem Jahr ein teutsche Cantilenam meiner wenigen Composition mit 5 Stimmen E. E. F. u. W. strenae loco in Underthenigkeit dediciret vnd praesentiret hab. Wann dann, großgünstige Herrn, Ich hie bevor von etlichen der Music wohl erfarn vnd derselben sonderbaren Liebhabern zum oftermalen ersucht vnd gebeten worden, meine Teutsche Psalmen und Kirchengesäng, welche Ich mit 5 Stimmen in Contrapuncto fracto gesetzt, entweder durch den offenen Truckh publiciren, oder aber schrifftlichen, dieweil solche vff den hiesigen Franckfurtischen Choral oder gemeine Kirchen Melodei gerichtet, daß menniglich in der Gemein mitsingen kann, vnd also in öffentlicher Kirchenversamblung zu gebrauchen nicht vndienlich, Ihnen communiciren wollte. Dieweil Ich nun vilfaltig gespüret und vermercket, daß E. E. F. u. W. auß sonderbarer Anmuth vnd Neigung zur Music, auch zu den gemeinen Kirchenliedern ein groß Gefallen tragen sollen, als hab, in anmerckung allerseits verspüreten, großgünstigen und geneigten Willens, so von E. E. F. u. W. vff die vor einem Jahr beschehene Deticationn mir erzeiget, mein dankbares Gemüth hinwiederumb gegen Ihnen etlicher maßen zu erweisen, hierauf E. E. F. u. W. Ich diese meine Psalmen und Gesänge, welche vff alle Sonntag und Fest durchs gantze Jahr in den evangelischen Kirchen zu singen gebräuchlich, zu einem glückseligen fried- vndt freudenreichen Neuen Jahr nochmahls in Undertänigkeit offeriren und präsentiren wollen, vnder dienstlich bittende E. E. F. u. W. wollen solche meine geringe, jedoch wolgemeinte Arbeit, so zu Gottes Ehr vnd Wolstandt der Kirchen gereichet, großgünstig nicht allein

---

[83]) Dedikationen und Invitationen des Stadtarchivs.

von mir an- und vffnehmen, sondern auch meine großgünstige Herrn und geneigte Beförderer sein und bleiben.
E. E. F. u. W. hiermit göttlichem Schutz, mich aber zu
deroselben beharrlichen Gunst und er dienstwillig befehlend
E. E. F. u. W.

Underdienstwilliger

Joh. Andreas Herbst

von Nürnberg

Landgräfl. Capellmeister zu Darmbstatt.

Es ergibt sich aus diesem Schreiben, daß Herbst wie
Michael Altenburg und andere gleichzeitige Tonsetzer zwischen
der kunstvollen Ausgestaltung seiner fünfstimmigen Motetten,
Note gegen Note gesetzte Choralstellen eingefügt hatte, bei
denen die Gemeinde mitsang. Seine Tonsätze über „Gieb Fried
und Freud zu jeder Zeit", „Herr Gott dich loben wir", „Mein
Seel' erhebt den Herren mein", die in späterer Zeit gedruckt
wurden, dürften dazu gehört haben.

Die Widmungen an den Rat bahnten Herbst den Weg zur
Frankfurter Kapellmeisterstelle; die Scholarchen traten mit ihm
in Unterhandlung, die am 1. September 1623 zur Übernahme des
Amts führte. Damit war der erste Schritt getan die, Kirchenmusik zur Kunstmusik der Stadt zu erheben.

Hundert Jahre hatten unter mannigfaltigen Einflüssen diesen
Prozeß zu Wege gebracht. Mit der Verbreitung des neuen
Glaubens erhob sich das lebensfrische Element des Volksgesangs
zu seiner Unterstützung; es betätigte sich gleichzeitig im weltlichen Lied und bei szenischen Darstellungen. In Beziehung
damit sowohl, wie mit dem eindringenden Humanismus stehen
die ersten Reproduktionen musikalischer Werke, die wir von
Einzelerscheinungen zu großem, ganze Kunstrichtungen vermittelnden Betriebe aufsteigen sehen. Als „Instrumentisten" und
„Komponisten" tauchen von allen Seiten die Vertreter der Tonkunst vor unsern Augen auf, die berühmt oder unberühmt von
dem Rate nicht im Stiche gelassen werden. Persönlichkeiten
künstlerischen Geschmacks und künstlerischer Tatkraft beginnen
ihre Wirksamkeit. Die Führung wird immer kundiger, immer
leichter die Beschaffung des durch den Handel zuströmenden
Materials.

Zu einem wirklich klug erwogenen Mäcenatentum von seiten des Rats kam es jedoch erst, als er selbst die schwere Krise im zweiten Jahrzehnt des siebzehnten Jahrhunderts überwunden hatte. Dann aber haftete dieser Förderung nicht die vorübergehende Willkür einer modehaften Prunksucht an, sondern wie wir bald sehen werden, die echt bürgerliche Art der Schätzung einer Sache um ihrer selbst willen.

3. Johann Andreas Herbst,
erster städtischer Musikdirektor, 1623—1666.

I.

Herbst wurde im Jahre 1588 zu Nürnberg geboren und empfing dort seine musikalische wie wissenschaftliche Ausbildung, letztere vermutlich auf der Lateinschule seiner Vaterstadt. Daß sie eine gründliche und gute war, beweist nicht allein die Abfassung seiner theoretischen Bücher; auch die auf uns gekommenen handschriftlichen Eingaben verraten durch klare Darstellung und sachlichen Zusammenschluß den gewandten, unterrichteten Mann.

Nur wenige Komponisten dieser Übergangszeit verkörperten die Errungenschaften der neuen Richtung nur in ihren kunstvollen Tonsätzen, wie es Hans Leo Hasler und der große Heinrich Schütz getan haben. Die meisten verbanden mit ihrem Kunstschaffen die theoretische Spekulation, die didaktische Darstellung. So war es Sethus Caloisius, der mit seiner „Melopöica" von 1592 eine vereinfachte Darstellung der Zarlinoschen Kontrapunktlehre gab, Lippius, in dessen „Synopsis Musica" von 1612 zum ersten Mal Werke der Zeitgenossen harmonisch analysiert sind, wodurch neue Gesichtspunkte aufgestellt wurden, Baryphonus, der in den Plejaden die Kon- und Dissonanzlehre als das wichtigste obenan stellte und eine ausgedehnte Intervallenlehre bot, und der braunschweigisch-wolfenbüttelsche Kapellmeister Michael Prätorius, der in dem umfangreichen „Syntagma Musica", das 1614—1620 erschien, zum Teil auch in deutscher Sprache die gesamte theoretische und praktische Musikübung seiner Zeit heranzog. Aus ihm hat sowohl Crüger in seinem auf harmonischer Grundlage beruhenden Lehrbuche von 1624 wie Herbst in seinen Lehrschriften geschöpft.

Dieser trat jedoch zuerst mit musikalischen Kompositionen hervor, und es erschienen von ihm 1614 zu Nürnberg die „Amorosischen Gesäng", zwölf deutsche Lieder zu fünf und zwei lateinische zu sechs Stimmen. Er folgt darin dem uns schon bekannten italienischen Genre und nimmt sich die ähnlichen Tonsätze seines Landsmannes H. L. Hasler dabei zum Vorbild. Die nächsten Jahre bringen ihn an den Hof des Landgrafen Philipp V. zu Butzbach und Darmstadt, wo er seinem Herrn 1616 „ein fröhlich Weihnachten Lied" und eine „Symphonia gratulatoria" widmet; 1619 schreibt er zur Hochzeit seines Bruders eine „Symphonia".

An dem kleinen Hofe des Landgrafen fehlte es für Herbsts Wirken nicht an Verständnis und Anregung; der Fürst pflegte vielseitige Interessen, korrespondierte mit Gelehrten wie Kepler und Galilei und war auch selbst mit dem Tonsatze vertraut. Die Aussicht auf einen größeren Wirkungskreis und auf höheren Gehalt (er hatte nur fl. 105 außer den Naturalien bei dem Landgrafen), bewogen Herbst in die Dienste des Frankfurter Rats zu treten, jedoch blieben seine Beziehungen zu dem fürstlichen Hause unverändert gute, wie er denn sowohl zu Festen im Jahre 1624 als auch zu dem „hochzeitlichen Ehrentage" Philipps 1627 die Musik leitete.

Herbst wurden in Frankfurt 120 Rchtlr. oder 180 fl., 7 Ellen Tuch, 12 Achtel Korn gewährt, dafür hatte er sich zu verpflichten: „uff alle Sonn- und Festtäge bey der Music in der Barfüsser Kirchen nit allein persönlich erscheinen, dieselbe nach meinem besten Verstand moderiren, bestellen und anrichten, alle darbey befundene Mängel abschaffen und hergegen, soviel mir müglich, verbessern, sondern auch etwa 6 bis 8 Knaben in der latinischen Schul, welche ich darzu qualifizirt und tüchtig befinden werde, gutwillig und ohne einige Recompens in der Musica getreulich und mit allem Fleiß underrichten, mich auch der verordneten Herrn Scholarchen Befelch und Verordnungen underwerfen und uff dieselbe in Zeit währenden meines Dienstes mein Aufsehens haben."[1]) Nach diesen Festsetzungen war Herbst freie Hand

---

[1]) Dienstbriefe der Kapellmeister 16, abgedruckt in der kurzen Skizze von B. Widmann: J. A. Herbst. V. f. M.-W. 1891.

gegeben, die Kirchenmusik künstlerisch umzugestalten, und er fand in diesen Bestrebungen bei den damaligen Scholarchen weit-gehendste Unterstützung. Als erste auf ihn zurückführende Neue-rung können wir den am 23. Dezember 1623 gefaßten Beschluß, einen zweiten Organisten anzustellen, bezeichnen. Es heißt darüber:[2] „Als Herr Joh. Phil. Weiss von Limpurg im Namen der Herrn Scholarchen anbracht, welcher gestalt die Notdurft erfordere, daß zu der Musik in der Kirchen ein s o n d e r b a r e r Organist angenommen werde, wie dann, wozu allbereits ein Person vorhanden (Matthias Sagittarius aus Welschland in Tyrol) und sich darzu gebrauchen zu lassen erbietig, derwegen sie der Besoldung halber das Mittel vorschlagen, daß von einer jeden Hochzeit, darbey die Orgel geschlagen wird, gleichfalls wie bei den andern Organisten ein Goldgulden ins Kastenamt geliefert und darvon ihm ein jährlich Deputat gemacht werden solle, wolten derwegen ein solches einem erbaren Rat zur Nachricht angedeutet und umb Confirmation gebeten haben: Ist solches also confirmirt worden.

Damit wurde neben dem „Groß-" oder „Choralorganisten" ein „Klein-" oder „Musikorganist" zu den Barfüßern angestellt, den das Kastenamt mit fl. 100 in Besoldung nahm und der anfänglich auf seinem eignen „Regahl", einer kleinen tragbaren Orgel, die auf dem 1623 errichteten „Studentenlettner" auf-gestellt wurde, begleitete. Er mußte die Befähigung eines ge-wandten Generalbaßspielers besitzen, der die Harmonien aus der Bezifferung finden, Übergänge und Transpositionen zu machen im Stande war.

Die große Orgel von 1605, die zur Begleitung bis dahin verwandt worden war, konnte nach den erhaltenen Nachrichten damals wohl kaum mehr genügen. Vermutlich hatte sie eine sehr mangelhafte Temperatur, die die Ausführung der Oktaven-gattungen nur auf einer gewissen Tonhöhe zuließ, so daß sich der Chor nach ihr richten mußte und nicht umgekehrt. Auf Antrag des Kapellmeister erfolgte daher ein Ratsschluß vom 30. März 1624,[3] daß dieses Werk einer gründlichen Renovation unterzogen werden solle, womit man Herbsts Schwager, Niko-

---

[2] R. P. u. B. B.
[3] R. P. u. B. B.

laus G r i e n w a l d t oder G r ü n w a l d t, „kunstreichen Orgelmacher aus Nürnberg" betraute, .dem am 9. Oktober,[4]) da er die
Orgel ganz ausgenommen, chorstimmig gemacht, die Register
verändert und neue Pfeifen darin verfertigt hat, 100 Rchthlr.
ausgezahlt werden.[5])

Den deutlichsten Einblick in die Aufgabe, die Herbst sich,
seinen Schülern, dem Organisten und den Instrumentisten stellte,
gewinnen wir durch die Inventarienverzeichnisse, die er hinterlassen hat. Das erste, vom 22. Juni 1625 ist überschrieben
„I n v e n t a r i u m l i b r o r u m e t i n s t r u m e n t o r u m m u s i c o -
r u m in die B a r f ü ß e r k i r c h g e h ö r i g".[6]) Es zählt die damals im städtischen Besitz befindlichen Musikalien und Instrumente auf, während das zweite vom 29. Oktober 1625 die
Überschrift trägt „V e r z e i c h n u s s d e r e r M u s i c a l i s c h e n
B ü c h e r, w e l c h e i n d e r P a r f ü ß e r k i r c h e n b e y d e r
M u s i c n o t h w e n d i g z u g e b r a u c h e n s e i n d t",[7]) also Herbsts
A n s c h a f f u n g e n enthält und besonders unser Interesse durch
die angegebenen Preise und eine hinzugefügte Rechnung Nikolaus
Steins erweckt. Eine dritte Aufstellung vom 31. August 1626,
ist die umfangreichste[8]) da in ihr die vorhergehenden zusammen-
gezogen und wesentlich vermehrt[9]) werden.

Nach dem über die Literatur jener Epoche früher Gesagten
lassen sich die von Herbst aufgeführten Musikalien in folgender Weise einreihen. Werke jener älteren Art, wie sie von der
Gabrielischen Schule ausgingen, die für mehrere Chöre geschrieben
und zur b e l i e b i g e n Besetzung mit Instrumenten bestimmt
waren, sind die von Hasler, Leon Leoni und Lappi. Zu solchen,
bei denen die instrumentale Besetzung dagegen v o r g e s c h r i e b e n
war, gehören in der Sammlung die von Guami, Banchieri,
Luzzaschi und Grillo. Dann finden sich die mehrstimmigen
Motettensätze mit B a s s o c o n t i n u o, wie sie von Agazzari,

---

[4]) St. R.

[5]) St. R.

[6]) Schulakten 1, Fol. 255, siehe Anhang.

[7]) Ebenda Fol. 253.

[8]) Akten des Almosenkastens Ag II, 8.

[9]) Dieses Verzeichnis ist in dem Buche von Pfarrer Battenberg, Die
alte und die neue Peterskirche, vollständig, jedoch fehlerhaft abgedruckt;
es folgen daher hier im Anhange I. und II. die beiden älteren Inventarien
aus denen es hervorgegangen ist.

Cifra, Castello und Hieronymus Prätorius ausgingen, und die Kirchenkonzerte der direkten Nachfolger Viadanas mit beschränkter Anzahl von Gesangsstimmen und einzelnen dazu komponierten Instrumentalstimmen. In dieser Weise schufen die Komponisten Prioli, Minischalchi, Veneti, Bondioli und andere. Eine solche Auswahl konnte nur der treffen, der mit eigenem künstlerischen Sinn allen Fortschritten und Veränderungen der Zeit folgte. Ein Vergleich mit den Nummern des Israelschen Katalogs ergibt denn nun auch, daß Herbst die Mehrzahl der vorhandenen Musikalien der Barfüßerbibliothek angeschafft hat. Unter den als verloren bezeichneten (s. Anhang) befinden sich leider auch die für die Kunstübung damaliger Zeit so wichtigen Sammelwerke: das Promptuarium musicum des Johannes Donfried und die Polyhymnia cade-cuatrix et panegyrica von Michael Prätorius. Viele der musikalischen Bücher versah Herbst mit Eintragungen, Zusätzen und Korrekturen; auch ist ein Werk, die Aurea corona von Leon Leoni in elf Stimmbüchern, ganz von seiner Hand geschrieben. Zur Wiedergabe dieser Tonschöpfungen bedurfte er gut eingelernter Einzelsänger, eines Figuralchors und geschickter Instrumentisten.

Die regelmäßige Auszahlung des ganzen ausbedungenen Gehalts deutet darauf, daß er sich seine Kapellknaben heranbildete und dazu die Discantisten und Altisten aus dem Schülerkreise, den Tenoristen und Bassisten aus den älteren Chorpräfekten wählte. Diese Kapellsänger standen damals jedoch noch nicht in fester Besoldung, sondern wurden alljährlich, wie bei ihrem Austritt, mit einem größeren Geschenk bedacht. Der Unterricht fand wahrscheinlich in Herbsts eigener Wohnung statt; in der Barfüßerschule ist er niemals erwähnt, hier erteilte nur der Kantor den Klassenunterricht.

Auf die vermehrte Tätigkeit der Musikanten dürfen wir nach der ihnen jetzt zuteil gewordenen Gehaltserhöhung von fl. 12 auf fl. 16 schließen. Da nach der Sitte der Zeit die besseren Musiker sich einige Jahre in der Fremde aufzuhalten pflegten, fand bei ihnen damals auch eine regelmäßige Ergänzung durch auswärtige Kräfte statt. So lesen wir 1626[10]) von einem

---

[10]) St. R.

„tüchtigen Musico", Michael Egele aus Ottingen, der eine Zeitlang bei der Kirchenmusik mitwirkte und dem Rat „unterschied-
lich ufgewartet", auch etliche musikalische Stücke dedicirt habe,
wofür er 24. Rchtlr. als Gegenverehrung erhält. Später, 1629,
ist es ein Cornettist Nicolaus Böhaimb und ein Wolfgang
Diedrich Bader, die wir belohnt finden. Wie sehr sich die
Spitzen des Gemeinwesens für musikalische Produktionen interessierten, geht daraus hervor, daß sie „einem frembden, vertriebenen Musico aus Österreich" am 23. August 1625
die obere große Ratsstube einräumten, der dort mit seinen
Söhnen und Töchtern dem Herrn Bürgermeister und andern
Ratspersonen „eine liebliche Musica uff allerley Instrumenten
und Violen figurirt habe", wofür er tags darauf mit 24. Rchtlr.
bedacht wird.

Da außergewöhnliche Ereignisse immer die Phantasie der
Bildkünstler angeregt haben, so dürfen wir in jenem Spiel der
vertriebenen Familie, bei dem die Mitwirkung der weiblichen
Glieder gewiß neu und auffallend war, vielleicht einen Vorwurf
für den damals in Frankfurt wirkenden begabten Maler Hans
Jakob Schöffer erblicken, der auf seinem 1632 für die Ratsstube vollendeten Gemälde „das Gastmahl des Belzasar" musi-
zierende Mädchen, eine Lauten-, eine Harfen- und eine Violin-
spielerin anbrachte.[11]) Die Lieferung dieses figurenreichen, mit
orientalischen Kostümen und südlicher Szenerie ausgestatteten
Gemäldes an den Rat war Bedingung für die Aufnahme in die
Frankfurter Malergesellschaft, deren Statuten am 2. September
1630 vom Rat approbiert worden waren.

Das Haupt der zur Wahrung ihrer Interessen damals zu-
sammengetretenen Kunstmaler war Philipp Uffenbach, der Lehrer
des Landschafters Adam Elsheimer. Gerade seine Wirksamkeit
auf dem Gebiete der darstellenden Kunst, als Maler wie als
Radierer, seine kunstgewerblichen, chartographischen und geo-
metrischen Zeichnungen, verbunden mit Studien und Speku-
lationen über geometrische und mechanische Probleme, in denen

---

[11]) Siehe Donner-v. Richter, Ph. Uffenbach und andere gleichzeitig in
Frankfurt lebende Maler im A. f. F. G. u. K. Dritte Folge Bd. VII, S. 203
und folgende. — Es ist danach das siebente unter den elf noch erhaltenen
Gemälden, die nach der Restauration von 1904 wieder den Aufgang zum
Kaisersaal schmücken.

er als Bildkünstler damaliger Zeit nicht vereinzelt dasteht, legen
uns eine Parallele mit den zeitgenössischen Musiker-Theoretikern
sehr nahe. So sehr er auch in Motiven, Zeichnung und Farben-
gebung in der Kunst des sechzehnten Jahrhunderts wurzelt,
bricht sich daneben doch das Bestreben Bahn, die von den
Niederländern überkommenen Effekte realistisch-koloristischer
Art anzubringen. So beobachten wir auch bei den gleichzeitigen
Tonsetzern noch den grundlegenden Zusammenhang mit der polyphonen Vokalmusik des sechzehnten Jahrhunderts und doch
dabei das Durchbrechen der Kirchentöne, das Umwechseln von
Dur und Moll, das Bestreben nach Tonmalerei im Gesange und
die immer bewußter werdende Verwendung der durch die Instrumente zu erzielenden Farbenstimmung, verbunden mit dem
Bestreben, die konstruktiven Veränderungen theoretisch zu begründen.

Bei der Frankfurter Kirchenmusik galt es jedoch zunächst,
das Zusammenspiel der einheimischen und auswärtigen instrumentalen Kräfte in gemeinsamer Übung zu schulen und dazu
einer besonderen Leitung zu unterwerfen. So empfiehlt Herbst
1626 einen auswärtigen „Musicus" zur Bestallung. Mit ihm zu
„handeln", wird an die Scholarchen verwiesen; man begnügte
sich fürs erste damit, jenen „zu sechs sonderbahren Instrumenten
qualifizirten" Musicus bei der Kirchenmusik mitwirken zu lassen.
Erst als das Gute zu entfliehen drohte und G o t t f r i e d H u p k a
im Begriff stand, eine Anstellung bei dem Grafen Heinrich
Volrad zu Stolberg-Königstein zu Ortenberg in Hessen anzunehmen, entschloß sich der Rat, ihm eine feste Besoldung zu
geben, und löste ihn durch ein Schreiben an den gräflichen
Sekretär Feldner aus den Unterhandlungen. Hierauf kommt es
am 5. April 1627 zu nachstehendem Vertrag: [12])

„Ich G o t f r i d t H u p k a v o n B i s c h i n i n B ö h m e n,
Musicus, urkundte und bekenne hiermit: demnach die Ehren-
veste, Fürsichtige vnd Wolweise Herrn Bürgermeister vnd Raht
des H. R. Reichs Statt Franckfurt am Meyn mich hie bevor
vff mein beschehenes unthertheniges Bitten zu einem Musikus
off vnd angenommen vnd an iehtzo eine anderwertliche Bestallung mir verordnen lassen, daß Ihren E. E. vnd F. W. ich mich

---

[12]) Schulakten I, Fol. 305.

vff nechst nacheinander folgende drey Jahr lang, von nechsten Ostern an zu rechnen, verpflichtet und verbunden habe, thue dies auch hiermit vnd in Kraft dieses, also vnd dergestalt, daß solche drey Jahr über vff alle Sonn- und Festtage ich bey der Music zu den Barfüssern zu erscheinen, vnd dieselbe mit meinen musikalischen Instrumenten, wie es die Nohturfft jedesmahl erfordern vnd von Nöthen sein wird, zu zieren schuldig vnd verbunden seyn, hingegen mir zur ständigen Besoldung järlichs hundert Reichs-Thaler, alle Quartal mit 25 Rchtlr., gereicht werden solle. Wenn dann in Zeit wehrendes meines Dienstes sichs begeben möchte, daß benachbarte Graven und Herrn vnd andere mich vff etliche Tage hinauß beschreiben vnd begeren würden, soll mir zwar bei denselben zu erscheinen vnverwehret, doch aber Ich schuldig seyn, solches jedesmals dem Herrn Bürgermeister anzuzeigen, vnd mich dahin zu befleissen, daß ich zu rechter Zeit allhie wieder erscheinen vnd dadurch die Kirchen - Music meinetwegen nit verhindert werde. Da auch hiesige Bürger vnd andere an mich begeren sollten, bey Hochzeiten vnd Gastereyen vff zu wartten vnd Ihre Kinder in meinen musikalischen Instrumenten zu unterrichten, soll mir solches gleichfalls unverwehret, sondern gegen billige Belohnung verstattet vnd zugelassen sein. Dessen zu Urkundt hab ich diese Verschreibung mit eigenen Händen unterschrieben vnd mit meinem gewöhnlichen Petschafft[13] becräfftiget. So geschehn den 5. April im sechzehnhundert und sieben und zwanzigsten Jahr.

Gottfried Hupka."

Es geht aus diesem Dienstbrief wie aus dem vereinbarten Gehalte hervor, daß Hupka, der vorzugsweise als Violinist angesehen werden muß, das Orchester führte, daß er als Meister nach der Sitte der Zeit Lehrlinge hielt und Gesellen heranbilden und einstellen konnte. Leider besitzen wir aus dieser Epoche keine Dienstanweisungen, doch ist es ziemlich klar ersichtlich, daß er einerseits der Oberleitung Herbsts untertan gewesen ist, daß ihm jedoch andererseits die selbständige Einstudierung des instrumentalen Teils mit seiner „Companei", den

---

[13] Zeigt ein Herz mit Blumen darüber.

Türmern und andern städtischen Musikern, obgelegen hat. Bei diesem städtischen Kirchenorchester, das sich im mannigfachen Wechsel der Zeiten in seinen letzten Ausläufern bis 1830 erhielt, kamen damals zu den Blasinstrumenten, den Zinken, Posaunen und Fagotten auch die Saiteninstrumente: Violine und Viola, Laute, Viola da gamba, von denen jedoch, wie aus der Aufstellung zu ersehen ist, nur ein Teil der Stadt selbst gehörte.

Hupka verheiratete sich am 30. April 1630 mit Barbara Breitschuh, der Stieftochter des Visierers und Kirchenmusikanten Peter Krämer, dessen Gesuch, mehr Leute zu seiner Tochter Hochzeit einladen zu dürfen, vom Rat am Tage zuvor abschlägig beschieden wird. Am 5. Juni 1630 schwört Hupka den Bürgereid, das Bürgergeld wird ihm erlassen.

Mit Aufnahme des Orchesters waren Herbsts Bestrebungen, die Kirchenmusik zu heben, keineswegs erschöpft; er wirkte jetzt für die Aufstellung einer zweiten Kirchenorgel. Er begründet die Notwendigkeit in einer Eingabe[14]) an den Rat vom 30. März 1628.

Zu seinen Motiven und Ursachen, warumb in der Parfüsser Kirch uffn newn Ledner zu einer wolbestelten Music ein Positiff oder Orglwerckh hoch von Nöthen ist legt er in den fünf ersten Paragraphen dar, daß das „Regahl" des Matthias sich leicht verstimme, unter dem Gottesdienst nachgestimmt werden müsse, ja manchmal ganz den Dienst versage. Es heißt weiter:

6) da hingegen jetzt Vertröstung vorhanden, daß es, wenn ein E. E. Rath großgünstigst konsentieren wolle, es durch etliche Bürger gestiftet werden könne. In maßen denn allbereits m i t e i n e m g a n z e n S t i m m v o r r a t h V i o l e n u n d G e i g e n g e s c h e h n;

7) zu geschweigen, daß sich so viele Personen auf dem Musiklettner einfänden, die sich zeitlich finden lassen u n d d e r l u t h e r i s c h e n R e l i g i o n n i c h t z u g e t h a n s i n d t, daß sie zu uns zu treten sich bereit finden möchten;

8) daß die Orgel, wenn auch der jetzige Organist und Kapellmeister nicht mehr vorhanden wären, wenigstens zur Schul-Musik hinzugezogen und verwandt werden könnte.

Der Erfolg seiner Bemühungen ließ nicht lange auf sich

---

[14]) Schulakten I. Fol. 313.

warten; schon am 31. März 1628 wird der **Verdingbrief**[15])
mit seinem Schwager aufgesetzt und der Ertrag der Sammlung
dem Rate übergeben.

„Zu wissen und kundt seye Menniglich, daß E. E. E. H.
Rats der Stadt Franckfurt am Meyn verordnete Herrn Scholarchen bey dem E. kunstreichen Niklas G., Bürger und Orgelmacher von Nürnberg, auff heut zu End bemeltem datto ein
Orgelwerk mit einem eingehängten Wellenbrett von Sechs Registern volgender gestalt, angefeimbt und verdingt haben:

Erstlich ein Principal von vier Füßen oder Werckschuhen
von gutem sauberen Zinn und polirt.

Zum Andern ein gedachtes um eine Oktav tieffer als das
Principal von gebürendem gemischten Zinn.

Zum dritten noch ein gedachtes von gleicher Materi, dem
Principal ad aequal.

Vierdents eine offene octava vor dem Principal, auch von
gemischtem Zinn.

Zum fünften eine Superoctava von gemischtem Zinn.

Zum sechsten und letzten eine Zimbeln von erst gedachter
Materi.

Dann solle die Windtladen von gutem dürren Aichenholz,
vleissig und wol verwart mit zugehörigen Spannblasbälgen undt
Windt Canaln gemacht sein, item die Register durchaus oben,
hinden vnd forn her von Eissen sein, aber das Clavier von
Indianischem und Ebenholz vom großen C bis oben in das drey-
mal gestrichene c̿, das sein fünfundvierzig Claves.

Im Uebrigen das Gehäus oder Corpus weiß von sauberer
Schreiner Arbeit vnd geschnittenen gestrengen vor die Pfeiffen
mit zweyen angehängten Flügeln, die man uff und zu tun kann,
auch daß die Blasbälg vnder dem Orgelwerck liegen vnd mit
Riemen gezogen werden. Welches er Nicolaus Grienwaldt also
mit allem Vleiss zu machen, auch alle darzu gehörige Schlosser
und Schreiner und andere Arbeit vff seine Kosten zu stellen
und also gentzlichen ausgefertigt zu liefern schuldig sein solle.

Dagegen und vor solche Arbeit sollen die Herrn Scholarchen
Ihm Nic. Grienwaldt ein vor alles erlegen und bezahlen **Fünff-**

---

[15]) Schulakten I. Fol. 309.

hundert gulden pro 15 Batzen gerechnet, davon er
damals alsbald baar auf die Hand 147³/₄ Rchtlr. empfangen, und
hat die Liefferung gedachten Orgelwerkhs vff Martini Episcopi
dieß laufenden 1628. Jahrs außerhalb Gottes Gewalt ohnfehlbar
zu thun neben gebührlicher Gewehrschaft vf Jahr und Tag hiemit
zugesagt vnd versprochen, hierbey aber seiner Haußfrauen oder
Weib ein Dtz. Reichsthaler zu einem Wein- oder Leykauf aus-
gedingt.

Dessen zu Urkundt seindt dieser Zettel zwei gleichlautend
verfertiget, von mehr ehrengedachter Herrn Scholarchen und
Ihm Nic. Grienwaldten underschrieben und jedem Teil einer zu
seinen sicheren Handten geliefert worden.

So geschehn in Franckfurt d. 31. März 1628.

Joh. Phil. Weiss von Limpurgk.
Hektor Wilh. von Günderrode.
Nicolas Bebinger.
Joh. Oier Faust von Aschaffenburg.
Peter von Carben.
Hans Leible.
Nicolaus Grienwaldt, Orgelmacher."

Darunter findet sich:

„Ich Joh. And. Herbst vrkunde und bekenne hiermit, daß
etliche hiesige Bürger sich freiwillig erboten, ein neu Orgelwerkh
in die Barfüßerkirche zu stiften, solches auch von E. E. H. Rat
auff mein untertäniges anbringen großgünstigst verstattet vnd
darauf obstehender Verdingbrief vffgerichtet worden, daß ich
mich hierauff kraft dieses verobligiert und verbunden haben
will, nicht allein alle und jede Gelder, so wie jeder Bürger
kontribuiren wirdt, einzufordern und getreulich zu liefern, sondern auch sowohl für solche kontribuirte Gelder, als auch ohn-
fehlbare Verfertigung des Orgelwerkhs gut und Bürg zu sein
und wohl erweltes E. E. Rats und Herrn Scholarchen, so diesen
Verdingsbrief unterschrieben, vff alle begebenden Fälle gäntzlich schadlos zu halten. Sonder alle Gefährdte. Urkundt meiner
eignen Handt Subscription. Actum 31. Martii 1628.

Grünwaldt hatte nun, wie aus einer späteren Eingabe
hervorgeht, seinen Preis für die Orgel zu niedrig gestellt und

reicht ein Verzeichniß [16]) ein, „was ein Orgelwerk mit einem eingehenkten Wellenbrett mit 6 Registern, das Prinzipal von 4 Fuß kostet, auch was man dazu haben muß, wie folgt:

Erstens vor Zinn und Blei . . . . fl. 100

Für Wißmut . . . . fl. 16

Für Leder, Leim, Pergament . . . . fl. 52

Für Messingen Draht zum Angeheng und Scherz auch zum Heften zwischen die Ventil und Clavier . . fl. 5

Item Zierrathen zum bollirn . . . . fl. 3

Für Unschlitt zum Gießen und Läutterung des Metalls fl. 2

Item für Holz und Kollen zum Gießen und Löten der Pfeiffen, auch zum Leimwärmen . . . . fl. 6

Gut dürr Eichenholz zur Windladen, Fundamentbrett, Zellen, Stöcke, Register, Blindstegen, Ventillen; auch Lindenholz zu den Stellbrettern, darin die Pfeiffen stehn, item gut dürr fürecken Füchten oder Dännenholz zu den Bälgbrettern, Glittern oder Falten der Blasbälg, zum Secklein oder Bodenbrett, Spünden des Wellenbrett, die Wellen, Strackturn und Wündtkanäle, welches alles ich zu 20 Rchtlr. nit kaufen kann . . . . fl. 30

Nun hab ich ein 7 Monat oder 30 Wochen daran zu arbeiten, ehe ich es verfertigen kann, wenn ich nun jede Woche nur fl. 6 rechne vor die Kost, als vor mich, mein Weib, 2 Kinder, 2 Gesell und 1 Magdt, nemblich 7 Personen, so machts . . . . fl. 180

Item so muß ich jede Woche den beiden Gesellen 25 Btz. Liedtlohn geben, das macht die Zeit über . . . fl. 50

Wo bleibt nun die Schlosserarbeit als Schrauben zu den Stöcken, die Register vff der Laden und vorn bei dem Werk, Zugstang, Winkelhaken, die Ermlein und Backen zu den Wellen, daran das Klavier gehenkt wird, die Clausurn für die Spündt zu der Windladen, das Geheng- und Zugwerckh zu den Bälgen, der Beschlag zum corpus und Fliegeln?

Item dem Schreiner für das corpus sambt seiner Zu-

---

[16]) Ohne Datum. Schulakten I. Fol. 319.

geherung und Zierraten der Gestreng vor die Pfeiffen,
welches ich beides, Schlosser und Schreinerarbeit,
under 100 fl. nicht kann machen lassen, will auch
fl. 100 weniger nehmen, wenn E. E. u. H. solches
machen lest . . . . fl. 100
Letzlichen vor meine Mühe und Arbeit rechne ich
hundert Gulden, welche ich auch gar wohl daran   fl. 100
verdienen kann, damit ich mich, mein Weib und
Kinder auch zu kleiden habe und Hauszins zu
bezahlen, dann ich jährlich 32 Rchsthr. Hauszins
geben und bezahlen muss."

fl. 644

Er fügt noch hinzu, daß er keine weitere Arbeit habe
aufnehmen können und deshalb „bei der Regierung in Kreuznach
in Schimpf und Despeckt gerathen sei, da er die dortige Orgel
nicht repariret habe"; man möge auch die Orgel zu den Barfüssern von berühmten Organisten prüfen lassen, er habe sich
mit allem Fleiß bemüht, „ein rechtes, justes, perfecktes Orgelwerkh, das den Meister loben wird", herzustellen.   Er schließt
mit der Bitte, daß man ihm „aus gehörten Ursachen und Versäumnissen, noch 100 Thlr. weiter bewilligen möchte.

Nach einer Bemerkung von Herbsts Hand auf dem Verdingbrief sagte man nur noch fl. 100 zu.   Dem Quartheft, das
die Liste der Beitragenden enthält (es sind 174 Personen die
zusammen fl. 653, 2 Schill., 2 ₰ gegeben haben), folgt die Berech-
nung der Ausgaben.[17])

D. 8. Mai 1628 beim Giessen vor Wein . . . . . fl.   1,40
D. 3. Juni beim Weynkauff vor Essen und Wein   . fl.   9,—
Dem Orgelmacher laut Verdingbriffs . . . . . . fl. 600,—
Der Frauen verehrt vermög Verdingbriffs . . . . fl. 18,—
Den Gesellen Dringgeldt . . . . fl. 12,—
Dem Calcanten . . . . fl.   1,30
Dem Schreinergesellen Dringgeldt . . . . . . fl.   1,30
Vor Pfeiffenwein 4 Goldgulden . . . . fl.   7,30

fl. 651,10

Darauf folgt: „Dem Kapellmeister, welcher als obenstehende

Gelder kolligiret, sind von der Recheney pro labore verehrt worden, 10 Thlr. — 15 fl. Die Flügel von der Orgel hat Herr Hans Jakob Rulandt uff seinen Kosten mahlen lassen und hat den Maler Martin von Valkenburgh dafür geben: so hat Herr Valkenburgh das Corpus gans schwarz angestrichen und vergüldet, darfür er kein Lohn gefordert, sondern vor Goldt und anders fl. 28¹/₂ ausgelegt, so ihm aus dem Kasten wider erstattet worden."

Unter den hundert und vierundsiebzig Personen, die zu der Orgel beisteuerten, fehlen erfreulicherweise auch Namen der reformierten Niederländer nicht; es treten unter den Gebern auch Glieder der Familie Braumann auf, die sich später noch um die Frankfurter Kirchenmusik verdient machte. Wie eine stille Gemeinde von Musikfreunden erscheinen uns jene Personen, die wir bereits auf den Dedikationen der Lauten- und Instrumentalstücke kennen lernten.

Trotzdem das Orgelspiel damals seiner ausgedehntesten Pflege und Blüte entgegenging, wurden die Instrumente in mäßigen Dimensionen gebaut, wie wir es an der Disposition verfolgen können, die im übrigen alle beim Orgelbau aufgekommenen Verbesserungen einschließt.[18] Man leistete jetzt auf diesem Instrument mehr als dreißig Jahre früher, wo es nur auf Kolorierung, Continuo und Choralbegleitung angekommen war. Selbständige Orgelstücke galten von nun an ebenso wie der mehrstimmige Gesang für eine Verherrlichung des Gottesdiensts. Sie bestanden aus den von den Italienern geschaffenen Instrumentalformen: Ricercaren, Canzonen, Toccaten.

Die süddeutschen Organisten studierten ihre Kunst zumeist an der Quelle in Italien selbst, den norddeutschen wurde sie durch den berühmten Kontrapunktiker Sweelink in Amsterdam vermittelt, der Organisten für Hamburg, Lübeck, Hannover und Halle bildete, die sich großen Rufs erfreuten. Der in letzterer Stadt wirkende Samuel Scheidt wurde damals der Begründer einer neuen Form: der Choralfiguration.

---

[18] Auf einem Holzschnitt des Frankfurter Malers Wilh. Traut von 1653, der das Innere der Barfüßerkirche darstellt, läßt sich deutlich der Musiklettner mit der darauf befindlichen Orgel erkennen. Baudenkmäler von Frankfurt a. M., Bd. I.

Überall richtete man des vermehrten Spiels wegen in
Deutschland alte Instrumente her oder baute neue. So sammelten
jetzt auch die Nachbarn der Katharinenkirche für eine neue
Orgel, die mit Unterstützung des Almosenkastens 1638—39
errichtet werden konnte; bald darauf stiftete ein Sachsenhäuser
Gastwirt ein Werk für die Dreikönigskirche, ebenso erhielt die
kleine Kirche des Heiliggeisthospitals 1637 ein Instrument. Der
„Musikorganist" Matthias Sagittarius bezieht von nun ab fl. 100
vom Almosenkasten und fl. 40 von der Stadt; mit fl. 40 werden
auch die drei andern Organisten jährlich eingestellt.

Herbsts befruchtender Tätigkeit blieben Kämpfe nicht erspart: die gegensätzlichen Strömungen gingen von dem Institut
aus, mit dem er am nächsten verknüpft war. Schon bald nach
seinem Amtsantritt im Jahre 1624 hatte er sich über die Schul-
musik zu beschweren, deren Leistungen unter dem Kantor
Schwarz ihn offenbar nicht befriedigten. Er empfiehlt in seiner
Eingabe an den Rat sie „vielfacher Unordnung halber" nach
St. Kathrin zu verlegen. Daraufhin wendet sich der Rektor
Hirtzwig in einer „scharpffen Supplikation" an den Rat, die
am 16. August 1624 zur Verlesung kommt. Er äußert sich darin
folgendermaßen: [19] wie 1615 „durch mein Zusprechen, Text und
Mutmachen die Schulmusik in der Frühpredigt zu den Barfüßern
mit menniglichem Contento und Applaus erstmals uff drei
auch vier choros gestiegen; durch was Angelegenheit diesselbe etwas abgenommen und wie ihr auch wieder in vorigem
vigor beneben des Kapellmeisters Musik, wenn diese — wie er
an anderer Stelle sagt — auch mit Engelzungen verrichtet
würde, beständig zu verhelfen und wieder in ordentliche Reih
und Stell zu setzen wohl möge erwogen werden." Der Rat
stimmt jedoch dem Vorschlag seines Kapellmeisters bei. Herbst
verwandte den Schülerchor nur da, wo es auf die Entfaltung
größerer Chormassen ankam, wie z. B. bei dem schon öfter
erwähnten Bittgesange, der Litanei, die 1628 zuerst mit der
Orgel- und Instrumentalbegleitung vorgetragen wurde, was bei
den Zuhörern eine „sonderbare Andacht" erweckt haben soll.
Eine verständnisvollere Unterstützung ließ sich für den Kapellmeister durch den 1626 in die vierte Präzeptor- und Kantor-

---

[19] Suppl. 1624.

stelle eingetretenen Laurentius Erhardi, einen Schüler
des vortrefflichen Straßburger Musikers Thomas Walliser, erwarten. Er strebte mit Ehrgeiz danach, die Schulmusik zu
St. Katharinen zu heben, und so wird ihm ein besonderer Zuschuß vom Almosenkasten mit fl. 10 gewährt und die gleiche
Summe für Beschaffung notwendiger Instrumente und Musikalien
ausgesetzt.

In die Epoche nach Hirtzwigs Abgange 1627, als Herbst
die meisten Hindernisse überwunden und seine Sänger herangebildet hatte, dürfen wir wohl die Aufführung der N e u j a h r s-
g e s ä n g e setzen, die 1623 von ihm dem Rat gewidmet worden
waren. Sie befinden sich in sechs Stimmheften in 4°, von Herbsts
Hand geschrieben, auf der Stadtbibliothek unter Chiffer R 34;
der Titel lautet:

Magnificis et Amplissimis Viris, Nobilitate, Prudentia omnique
Virtutum genere Spectatissimis, Inclytae Francofurtensis ad
Moenum Reipubl. Coss. Scabinis et Senatoribus, Dominis suis
gratiosis omnique observantiâ submissè colendis Canciones hasce
Sacras, quinis vocibus elaboratas, strenae loco cum felicissimi
anni novi augurio et officiorum oblatione dat dedicat conse-
cratque Johannes Andreas Herbst etc.

Die Reihenfolge der Gesänge ist:

1) L o b e t   d e n   H e r r n,   a l l e   H e i d e n,   Ps. 117;
2) H e r r   J e s u   C h r i s t,   m e i n   G o t t   u n d   H e r r;
3) L a e t a t u s   s u m,   Ps. 122;
4) B e a t u s   v i r,   Ps. 112;
5) H e r r,   w e r   w i r d   w o h n e n,   Ps. 15.

Herbst hatte in dieser Widmung die Kompositionen mehrerer
Jahre vereinigt. Der erste, dritte und vierte Gesang [20]) waren
1617, 1621 und 1622 dem Landgrafen überreicht worden. Mit
künstlerischer Überlegung ist der 117. Psalm, eine feierlich-
ernste Komposition, an den Anfang gesetzt. Zur Kenntnis seiner
Schreibweise ist sie hier in Partitur gebracht.

---

[20]) Veröffentlicht nach dem in Darmstadt befindlichen Manuskript, das
mit dem Frankfurter genau übereinstimmt, bei Nagel, s. o.

Neujahrsgesänge, dem Frankfurter Rath gewidmet.

No. I. Psalm 117.   Joh. And. Herbst.

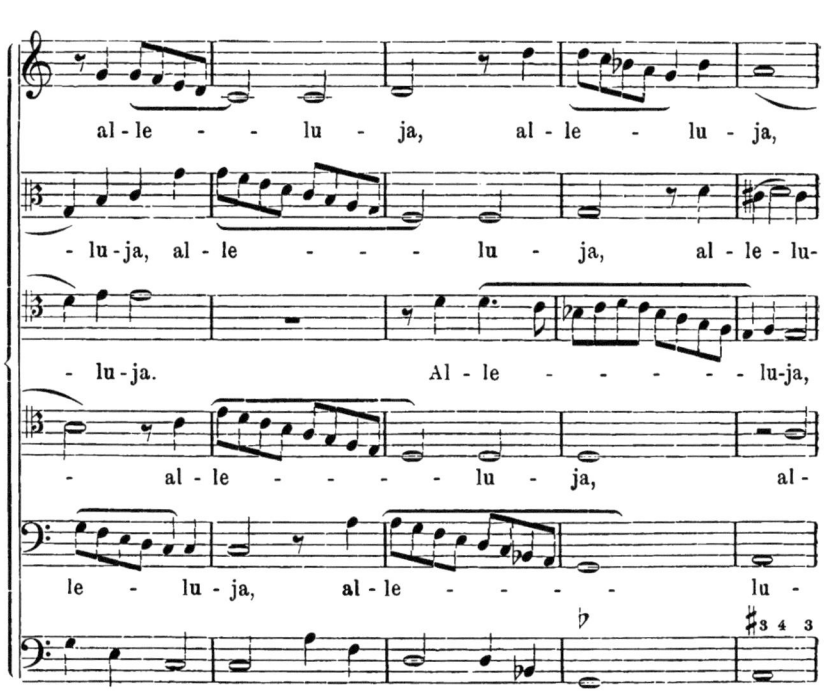

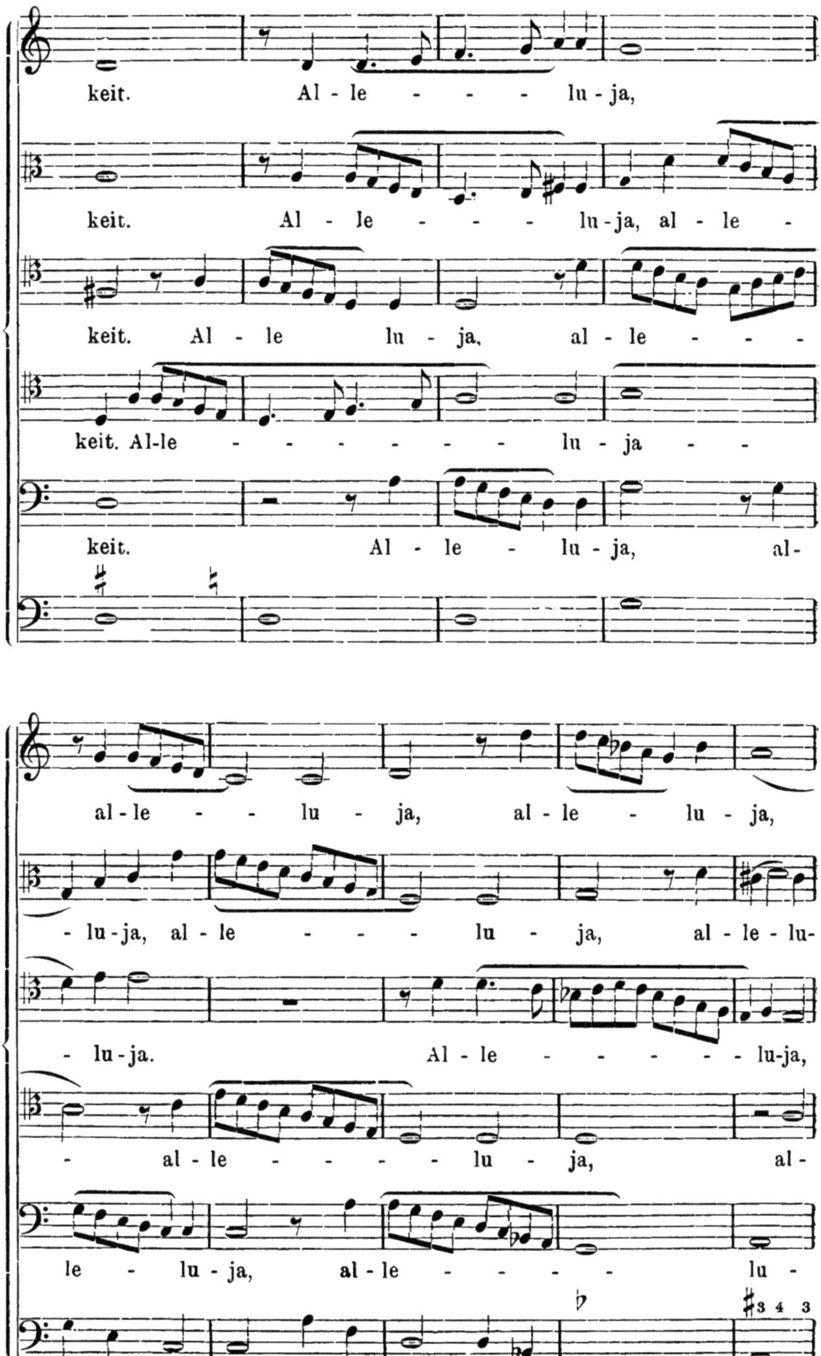
keit. Al - le - - - lu - ja,
keit. Al - le - - - - lu - ja, al - le -
keit. Al - le lu - ja, al - le - - -
keit. Al-le - - - - - - - lu - ja - -
keit. Al - le - lu - ja, al-
al - le - - lu - ja, al - le - lu - ja,
- lu - ja, al - le - - - - lu - ja, al - le - lu-
- lu - ja. Al - le - - - - - lu-ja,
- al - le - - - - - lu - ja, alle - lu - ja, al - le - - - - lu -

Wie bei der ganzen Sammlung ist der Tonsatz der für
die geistlichen Kompositionen dieser Epoche ganz allgemeine,
fünfstimmige mit Continuobegleitung; er steht in dorischer Tonart mit b und moduliert nach A-moll, A-dur und D-dur. Das
erste Thema: Lobet den Herrn wird in den beiden Teilen,
also je sechsmal gebracht, davon je einmal in der Verkürzung.
Das zweite Thema: Preiset ihn, alle Völker, tritt ebenfalls zwölfmal ein, auch dies in wechselnder Verkürzung und
Vergrößerung. Ihm schließt sich die Sequenz von dreiundzwanzig Takten an: Denn seine Gnad und Wahrheit,
worauf Herbst nach einer Überleitung das zweite Thema wieder
aufnimmt und daraus den Schluß, das Allelujah mit verziertem
Kontrapunkt bildet. Die kleine Sammlung legt auch in den
folgenden vier Motetten Zeugnis ab, wie sehr Herbsts Talent
im vokalen Prinzip wurzelte, wie er sich diesen Stil zu eigen
gemacht hatte und ihn als Grundlage jeder anderen Kompositionstechnik schätzte, wenn auch in seinen späteren Tonschöpfungen ein Hinneigen zum italienischen Konzert mit Instru-

mentalbegleitung hervortritt, den er ja auch bei den Anschaffungen bevorzugte. Der würdevoll kirchliche Ernst, der seine Kompositionen durchwebt, dürfte auch heute noch wirksam sein und sie als protestantische Kirchenmusik der nachpalestrinaschen Epoche nicht ganz der Vergessenheit anheimfallen lassen. Besonders wäre es eine schöne Aufgabe für die einheimischen Kirchengesangvereine, jenen dem Rat gewidmeten Kompositionen eines für Frankfurt so bedeutungsvollen Tonsetzers durch Einstudierung und Vorführung zu neuem Leben zu verhelfen.

In dem Augenblick, als die Vorbedingungen für eine gedeihliche Weiterentwickelung der Kirchenmusik errungen waren, trat die schwerste Probe für ihr Bestehen und Weiterwachsen ein. Die mit dem Beginn des dreißigjährigen Krieges bewahrte Neutralität der Stadt war durch den Aufenthalt Gustav Adolfs in ihren Mauern im Winter 1631—1632 gebrochen. Während man bis dahin mehr aus der Ferne gelitten hatte und wohl durch Truppendurchmärsche, Zufuhren und harte Kontributionen, wie kleinere Pestepidemien geschädigt worden war, drangen in den Jahren 1633—1635 die Schrecken der Kriegsnot mit den obdach- und besitzlosen Einwohnern der ausgesogenen benachbarten Landstriche in die Stadt herein. Sie flüchteten in das feste Frankfurt, das die Mittel zu ihrem Unterhalt kaum aufbringen, die Ausbreitung einer furchtbaren Pest nicht mehr hindern konnte. Im Jahre 1634 plünderten die Truppen Bernhards von Weimar, was in der Umgebung der Stadt noch vorhanden war; 1635 wurde der Zutritt Frankfurts zum Prager Frieden die Veranlassung zu den Kämpfen mit der in Sachsenhausen zurückgebliebenen schwedischen Besatzung, und es folgte eine teilweise Beschießung der Stadt, die endlich im August zur Zeit der höchsten inneren Not durch den Abzug der schwedischen Besatzung ihr Ende erreichte.

Welch erlösende Kraft muß die Kirchenmusik damaliger Zeiten auf die Gemüter der Menschen ausgeübt haben, daß man, umgeben von so viel Jammer und Elend, noch an ihre Ausführung, an Anschaffung von musikalischen Büchern und Instrumenten und an die Besetzung von Musikerstellen dachte?

Es gereicht dem Rat zu großem Ruhme, daß er bei den unaufhörlichen Anforderungen, die an seine Mittel gestellt wurden, weder den Kapellmeister noch die Musiker entließ, wozu sich

viele deutsche Fürsten damals gezwungen sahen. Ging doch
sogar die berühmte chursächsische Kapelle in Not und Elend
zu Grunde, während sich ihr Leiter Heinrich Schütz zeitweilig
am dänischen Hofe betätigen mußte!
Auch der nicht minder in Anspruch genommene Almosenkasten gewährte seine Zuschüsse weiter, da die Existenz der
Musiker durch die Abstellung jeder öffentlichen Lustbarkeit
eine kümmerliche geworden war. Selbst während der Anwesenheit des Schwedenkönigs herrschte große Stille, und nur
zweiwal werden Bankette erwähnt. Das erste findet unter dem
Präsidium des Königs zu Ehren des hessischen Landgrafen am
21. November 1631 statt; am 22. Januar 1632 wird der König
durch eine große Festlichkeit im Gasthof zum Rebstock ge-
ehrt bei der viel Grafen und Fürsten anwesend sind und das
„Singen, Springen und Tantzen volle vier Stunden währete.[21])
Zweimal auch finden wir den Gesang der Chorschüler bei dem
für das königliche Paar in ihrer Residenz im Braunfels abgehaltenen Gottesdienst hervorgehoben, ein drittes Mal bei der
Beerdigung des weimarischen Obersten Wolfhart Hal in der
Katharinenkirche. Von dem Gottesdienst in den während der
Schwedenzeit 1633—1635 dem evangelischen Bekenntnis übergebenen katholischen Kirchen heben die Berichte eine Predigt
des Seniors Tettelbach vom 28. August 1633 ganz besonders
hervor, bei der auch „eine schöne Music" ausgeführt wurde,
die wohl ebenso auf Herbsts Rechnung zu setzen ist, wie
die bei dem Trauergottesdienst für Gustav Adolf am 23. Juni
1633. Bei dieser Veranlassung wurde zuerst das von Ludwig von Hörnigk gedichtete, in dorischer Tonart gesetzte
Lied „Mein Walfahrt ich vollendet hab" in vierstim-
migem Satz gesungen. Der vielseitig tätige Mann, der auch
als einer der ersten Kameralisten bekannt ist und 1647 durch
seinen Übertritt zum Katholizismus eine Fehde zwischen dem
Frankfurter Geistlichen Waldschmidt und dem Mainzer Jesuiten
Kedd hervorrief, hatte schon 1628 bei Matthias Kämpfer eine
Sammlung von vocaliter und instrumentaliter gesetzten Gesängen erscheinen lassen, das Triphyllum sacrarum, achtzehn alla musica moderna zu 3 St. gesetzte Kirchen-

---

[21]) Kitschs Tagebuch, Fichards Archiv I, S. 166 und 169.

gesänge mit basso continuo, die er dem kaiserlichen Rat Hans Baur von Eyseneck widmete, deren Komposition jedoch wenig Verständnis für die kirchlichen Melodien aufweist, während das erwähnte Lied bald sehr verbreitet und geschätzt wurde.

Aus der Begeisterung für den Schwedenkönig entsprang auch die seinem Gedächtnis gewidmete Komposition des Kantors und Organisten zu Rothenburg o. d. Tauber, Erasmus Widmann, die Heldengesänge zu 4 St. von 1633, die er dem Rat am 26. Juli 1633 mit nachstehendem Schreiben übersandte: [22])

Woledle, Gestrenge, Ehrnveste, Fürsichtige, Hoch und Wolweiße Großgünstige Herren.

Ewe. Ew. Herrlichkeiten seyen meine jederzeit ganz vnterthenige, geflißene, willige Dienste bevor.

Demnach es nunmehr in das 35igste Jahr gehet, daß zu Grätz in Steyrmark (da ich einer hochlöblichen Landschaft bestälter Evang. Stiftorganist war) vnter jetzt regierenden Keyser Ferdinando, damahlen residirenden Erzherzogen daselbsten etc., aus anstiftung der Jesuiten das Ministerium Augsb. Confession Anno 1598 den 20ten Sept. aus der Stadt und Land geschafft vnndt solch angefangene Verfolgung vnd Trangsahl bißher nicht allein durch alle Osterreichische Fürstenthumb, sondern auch andere Land vndt Stätt im Röm. Reich penetrirt und mit List vnd Gewalt fortgesetzt worden: Daß es das Ansehn gehabt, als ob allen evangel. Communen die Päbstische Gräuel vfgedrungen vnndt die liebe Posteritet in die höchst verdambliche Irrthumben vnd Fünsternuß möchte eingeführet und bezwungen werden, welches aber auff vnser und vnser Kinder Gebet vnd Seufzen, der getreuwe Gott väterlich und höchst wunderbarlich abgewendet, den Hochmuth vieler Tyrannen gedempfft, vill schädlicher List vndt Practic der Feinde zu nichten gemacht vnd vns wider allen Trutz derselben bey seinem heiligen Wort ganz gnädiglich erhalten: Als hab ich aus Christlicher Devotion vndt Eiffer nicht unterlassen können noch wöllen, beywesende Dank und Lobgesänge Gott u. E. E. vnd Herr-

---

[22]) Dedikationen und Invitationen. Stadtarchiv.

lichk. wie auch allen ritterlichen Helden (so für die Libertät zu streiten gesinnet) zu Ehren zu stöllen vnd ein Truck zu verfertigen, daneben E. E. vnd Herrlichk. 12 hierbey gelegte Exemplaren [23]) vnterthenig zu offerieren, gehorsambist bittend, solche in allen Gunsten auff vndt anzunehmen vnd mich zu dero beharrlichen Favor in günstigen Befelch zu haben. E. E. vnd Herrlichk. hiermit göttlicher Protektion vnd Schutz befehlendt.

Datum Rothenburg ob der Tauber, 20. Juli 1633.

E. E. u. Herrl.

Underdienstlich geflissener

Erasmus Widman

Cantor u. Organist allda.

Als zur Schwedenzeit der katholische Gottesdienst suspendiert wurde, fand eine Übergabe der Musikalien des Bartholomäusstifts an den städtischen Kapellmeister statt, wie es nach der Aufschrift des im Archive befindlichen Verzeichnisses festzustellen ist.[24]) Bei den geringen Nachrichten, die sich über die katholische Kirchenmusik vom Ausgange des Mittelalters ab erhalten haben, hat dieser Aktenfaszikel den Wert des Belegs für ihre auf künstlerischen Prinzipien beruhende Ausübung in damaliger Zeit, die nach der mehrjährigen Unterbrechung wohl ebenso wieder aufgenommen wurde. Der Thesaurus Musicalis nun, der ursprünglich von dem Organisten Getzmann angelegt war, trägt auf der Rückseite die Bemerkung: „Den 22. Juli A. 1633 hat Thomas Ohlzweig, Organist zu St. Bartholomäi, diess Verzeichnuß übergeben . . . mit der Anzeig, daß er ein mehrers nit empfangen, vnd möge wohl seyn, daß die nit vorhandenen von dem vorigen Organisten mit sich zu Haus genommen vnd in bewußter vergangener Feuersbrunst im Arnspurger Hoff möcht verbrandt seyn. Actum ut supra im Beysein Joh. And. Herbst, Capellmeistern." Wie bei Übergabe dieser Musikalien griff auch das jeweilige Steigen und Fallen der protestantischen Sache auf andere Verhältnisse ein; wir können es auch bei der Besetzung der Frankfurter Organistenstellen beobachten. Der erste Organist der Katharinenkirche Hans Jörg Mentzer aus Cronberg hatte den Posten

---

[23]) Einer dieser Drucke ist erhalten. Israëls Kat. S. 94.

[24]) Barth. Stift, städtisch, 270 (s. Anhang).

erhalten, als 1627 die papistische Partei in dem Bergstädtchen
ans Ruder kam. Im Jahre 1632[25]) wird er dorthin zurück-
gerufen und die Frankfurter Stelle bis 1634 von dem Niklastürmer
Andreas Hörnick versehn. Dann kehrt Mentzer, wiederum aus
der Heimat vertrieben, auf seinen Posten zurück, den schließlich,
als er im Jahre 1640 stirbt, sein exilierter Vater bis zum westfälischen Frieden inne hat. Die scharfen Gegensätze gehen
auch aus der Amtsentsetzung des Matthias Sagittarius hervor,
die seines „papistischen Glaubens halber" vom Predigerministerium im Jahre 1632[26]) beantragt und vom Rat genehmigt wird.
An seine Stelle wählt man nach abgelegter Probe Philipp Friedrich Böddecker, Organist und Fagottist am Hofe des Landgrafen Georg in Darmstadt, der sich jedoch nicht sogleich dort
losmachen konnte. Nach längerem Warten tritt auf Herbsts
besondere Empfehlung Philipp Friedrich Buchner von
Wertheim ein, der sieben Jahre vorher von Herbst zum Kapellsänger ausgebildet worden war und 1627 mit dem ebenfalls hier
geschulten Friedrich Lang von Nürnberg zurück in die Heimat
zog. Den Organistenposten bekleidete er nur zwei Jahre.
Schon am 30. März 1636 finden wir eine Supplikation[27]) in der
er „um großgünstige Dimission" bittet, „alldieweil jetzige Zeiten
so beschaffen, daß, wo fern Einer nicht sonderlich in seinen
studiis excellirt, nicht woll möglich fort zu kommen, als hab
ich umb mehrerer Experientz und Erfahrnuß willen mich nach
fernern Orthen zu begeben . . entschlossen." Buchner ging
nach Italien und Frankreich, wurde später Kapellmeister beim
Fürstbischof von Schönborn zu Würzburg und führte an dessen
Hofe die Oper ein. Sein Grabstein im dortigen Dome, auf
dem nach der Sitte der Zeit ein Lebensabriß eingemeißelt
ist, enthält die für Herbsts Unterweisung ehrenvollen Worte:
„Frankfurt hat mich veredelt in der Kunst der
Musik.[28]) Auch in seine Stelle tritt auf Herbsts Empfehlung
der Vater, der sie jedoch nur kurz, bis zu seinem 1637 erfolgten Tode versieht.

---

[25]) R. P. u. B. B. 1632 u. 1634.
[26]) Dgl.
[27]) R. Suppl. .
[28]) M. f. M. 13, S. 49.

Das wichtigste Ereignis dieser ganzen Zeit ist jedoch Herbsts Abgang im Jahre 1636. In einem Schreiben vom 25. August übermittelt er dem Rat die Berufung nach Nürnberg,[29]) die durch den Tod des Kapellmeisters bei St. Egidien Philipp Nicolai (wahrscheinlich Herbsts Lehrer) veranlaßt war. Die Mahnung an seine Pflicht als Bürger jener Stadt, Schutz und Rückhalt, die mit dieser Zugehörigkeit verbunden waren, reiften den Entschluß in ihm, von Frankfurt zu scheiden. Er sucht auf seine Vorgesetzten dadurch einzuwirken, daß er sich zur Abrichtung zweier Knaben als Diskantisten „in arte musica moderna" verpflichtet und ebenso mit Übersendung „würdiger Kompositionen" dienstlich sein will. Das Gesuch kommt dem Rat sehr ungelegen und er hüllt sich zunächst in Schweigen. Die Entscheidung wird erst herbeigeführt als Herbst einen Nachfolger empfiehlt, worauf ihm am 13. September die Entlassung zugeht.

Der dem Rat bezeichnete ist Johann Jeep, ein dreiundzwanzig Jahre bei dem Grafen zu Hohenlohe in Weikersheim in Diensten stehender Kapellmeister. Herbst hält ihn „für einen fürtrefflichen Komponisten, der die Kapellmeister- wie Chorimusidirektorstelle wohl executire, auch Organist sei und mit dem Orgelwerk umzugehen verstehen. Jeep reicht gleichzeitig sein Gesuch um die Stelle ein, aus dem hervorgeht, daß er bei seinem „vor einem Jahr wehrenden exilio zu Zeiten, als er (Kapelmeister Herbst) nicht in loco sein können seine Stelle versehen" und mich in der Betstunde zu St. Cathrin auf dem Orgelwerkh habe hören und gebrauchen lassen.[30]) Nach abgelegter Probe im „Orgelspiel und Dirigieren" in der Barfüßerkirche wird Jeep angenommen.

Herbst erhält vor seiner Abreise am 27. September noch „einigen Recompens" für die gehabte Anschaffung von allerhand musikalischen Instrumenten, als: Positiv, Regal, Posaunen und Bücher.

II.

Die Schilderung, die der neuerwählte Kapellmeister von seiner Reise nach Frankfurt in einer Supplikation an den Rat

---

[29]) Schulakten I, Fol. 261. Veröffentlicht bei Widmann, s. o.
[30]) Schulakten II, Fol. 15.

entwirft, führt uns in die schreckenvollste Zeit des dreißigjährigen Krieges. Danach löst er zu Ende des Jahres 1636 seine Verhältnisse in Weikersheim, verpachtet seine liegenden Güter und erreicht mit Weib und Kind Wertheim, nachdem er auf der Reise einer achtmaligen Plünderung ausgesetzt war. Hier muß er fünf Wochen liegen bleiben und von seinem „Eigenen" zehren, da ein furchtbarer Winter die Weiterreise verhindert. Das Schicksal führt ihn mit dem schon erwähnten alten Organisten Buchner zusammen, der sich in ähnlicher Notlage befindet, da er von seinem Herrn, dem Fürsten Löwenstein, den rückständigen Sold nicht erlangen konnte. Als endlich am 28. März 1627 das Eis des Maines brach, traten beide zusammen die Reise nach Frankfurt an. Jedoch auch in den sicheren Mauern der Stadt verfolgt Jeep das Mißgeschick. Er wurde häufig vom „Quartanfieber" heimgesucht und geriet durch Unkosten für Ärzte und Heilmittel in Not; vor allem wurde er dadurch verhindert seinen Dienst vollkommen zu erfüllen, was in gesunden Tagen mit Umsicht und Pünktlichkeit geschah.

Es war nicht leere Ruhmrednerei, daß er in dem an den Rat gerichteten Anstellungsgesuche erwähnt: er „habe zu Weikersheim vor Königen, Churfürsten und Herrn seines Amts gewaltet;" seine Stellung war dort in Wirklichkeit eine hoch geachtete und er war ein weit und breit geschätzter Komponist. Eine Sammlung Lieder „Studentengärtleins erster und zweiter Theil" erschien in den Jahren 1614—1616 in Nürnberg; der erste Teil wurde siebenmal, der zweite Teil dreimal aufgelegt. ·Vor einer langen Zeit der Dürre waren dies die letzten Kompositionen heiterer, geselliger Lieder in Deutschland. Sie begründeten Jeeps Ruf, da er es mit großem Geschick verstand, seine Harmonien innerhalb der alten Kirchentöne aufzubauen und mit leichter, graziöser Melodik dem Text anzupassen. Auch die kirchlichen Kompositionen Jeeps,[31]) besonders die knapp gehaltenen Spruchgesänge machen einen individuell erfundenen, in der harmonischen Fassung sehr befriedigenden Eindruck. Jeep bezog, wie zuletzt Herbst, fl. 200 und den Zuschuß des Almosenkastens; auch kommt sein Name in den Rechenbüchern dieser Anstalt mit ausgesetzten

---

[31]) Schöberlein, B. III, 226 u. A.

Beträgen für Reparaturen, Saiten und Musikalien vor. Für die
„musikalischen Weynachtsgesäng", die er 1637 dem
Rat verehrt, erhält er fl. 8, für ein im darauffolgenden Jahr
überreichtes „Musikalisches Stücklein" fl. 6. Aus seinen
unfreiwilligen Versäumnissen müssen Schäden erwachsen sein,
die eine gereizte Stimmung des Rats hervorriefen, so daß man,
ohne ihm aufgekündigt zu haben, nach einem andern Kapellmeister „trachtete". Unter den damaligen Verhältnissen war
dabei keine große Mühe aufzuwenden, und schon am 28. Januar
1640 hatte man sich den hessendarmstädtischen Kapellmeister
Christian Völckel gesichert. Nun wurde Jeep bedeutet,
seinen Abschied zu nehmen; er hat sich jedoch zunächst in Eingaben an den Rat vom 16. und 28. April bitter über diese
„schimpfliche Degradation", bei der man nicht die halbjährige
Kündigungsfrist beobachtet habe, beschwert. Damit erreicht
er jedoch nur so viel, daß man ihm seine halbjährige Bestallung
nicht entzieht und ihm „abzugshalber" weitere fl. 100 gewährt.
Er beschloß sein Leben 1650 in Ulm.

Völckel gibt seinem Gesuch um die Stelle vom 10. Januar 1640 die schmeichelhafte Wendung, daß ihn „sein Herz
mehr an eine christlich, löblich und vollangestellte Pollicci getragen," als der landgräflichen Hofhaltung weiter zu dienen,
da er genugsam wisse, was Hofleben heißt.[32]) Ihm schienen
jedoch seine Vorgesetzten in Darmstadt gewogen zu sein, da
man ihm die Stelle für später offen hielt, und durch die
Rentkammer das rückständige Salarium in Frankfurt aus-
zahlen ließ.

Der klug eingefädelte Plan, beschwerliche Verhältnisse ohne
Rücksicht abzuschütteln, brachte jedoch beiden Teilen keine
dauernde Befriedigung, und die Jahre unter Völckel sind, wie die
unter Jeep, nur als Übergangsstadium zu bezeichnen, von dem
spärliche Nachrichten übrig geblieben sind. Außer der an
Völckel am 9. August 1642 erteilten Erlaubnis „zur Bedienung
einer fürstlichen Hochzeit nach Stuttgart zu reisen" und außer
dem Weihnachtsdedikationen von 1641 und 1642, die wir beide
Male mit fl. 15 belohnt finden, gelangt nur zur Kenntnis, daß er bei
seiner Übersiedelung von Gießen nach Frankfurt ausgeplündert

---

[32]) Suppl. 1640.

und verwundet wurde, infolgedessen er dann während seiner
Direktionszeit anhaltend kränkelte und ohne Erfolg die Bäder
Ems und Wiesbaden besuchte. Die auf der Darmstädter Hofbibliothek von ihm vorhandenen dreistimmigen Tonsätze mit
Instrumentalbegleitung sind unbedeutend. Nach seinem am
10. März 1644 erfolgten Tode sah sich die Witwe und der in
bedrängter Lage zurückgebliebene Sohn zu mehreren Eingaben
um Unterstützung veranlaßt, die Gewährung fanden. Bis zur
Herbstmesse wird der Sohn Ernst Martin als „musicus vocalis
et instrumentalis" für den Gehalt von fl. 10 angestellt und dann
mit gutem Abschied entlassen.[33])

Für den 1637 freigewordenen Posten des „Kleinorganisten"
meldete sich außer dem schon früher dafür ausersehenen Philipp
Friedrich Böddecker der Organist der Egidienkirche zu Nürnberg Joh. Erasmus Kindermann. In zwei Gesuchen von 1638
und 1640 nennt er sich einen Schüler Johann Stadens zu Nürnberg und beruft sich auf seine in Italien vollendete Bildung.
Die Scholarchen entschieden sich jedoch für Böddecker, dem sie
sogleich den Gehalt um fl. 16 erhöhen, ja als ihn eine Vokation
seines Landesherrn nach Stuttgart rief, abermals eine Zulage
von fl. 25 eintreten lassen, durch die er dem Kapellmeister fast
im Gehalte gleich stand. Aus diesen Aufwendungen, zu denen
noch besondere Honorare für Dedikationen traten, läßt sich ersehn,
wie sehr man das kunstgebildete Orgelspiel zu schätzen wußte.
Als sich dann 1643 die Kunde von Böddeckers Berufung nach
Straßburg verbreitete, erneuert Kindermann sein Gesuch, mit
dem er die Übersendung eines umfangreichen Werkes der „Musica
catechetica" verbindet. Aber hierfür, wie für den 1649
überreichten „Friedensgesang"[34]) werden ihm nur „einige
Dukaten" vom Rate zu Teil. Heute gilt Kindermann als das
Haupt der älteren Nürnberger Orgelschule und ist als Vokal-
und Instrumentalkomponist seiner Zeit geschätzt; damals gelang
es ihm nicht, sich die gut dotierte Stelle mit ausgedehnterem
Wirkungskreis in Frankfurt zu erringen. Böddecker verstand es
für seinen Bruder Heinrich zu wirken, dessen Probespiel am
6. Juli 1643 stattfand und dem man, um einem erneuten baldigen

---

[33]) R. P. u. B. B.
[34]) Suppl. u. St. Rech.

Wechsel vorzubeugen bei der Annahme bedeutet, „er möge sich der Bürgerschaft bequemen." [35])

Obgleich aus einer Beschwerdeschrift, die der Stuttgarter Kapellmeister Samuel Capricornus 1659—1660 an seinen Landesherrn gegen den von Straßburg dorthin gekommenen Ph. F. Böddecker richtete,[36]) nicht viel Gutes über dessen Kompositionstechnik gesagt ist und gegen ihn auch Herbsts Urteil angeführt wird, liegen aus den fünf Frankfurter Jahren keinerlei Nachrichten vor, die auf mangelndes Einverständnis schließen lassen könnten. Nach dem Titel seiner Kompositionen erscheint er als ein den Neuerungen zustrebender Komponist, der sowohl für den monodischen Gesang wie für Instrumente allein schrieb. So erschien von ihm die „Sacra partitura", eine Ode a voce sola und zwei Sonaten für Violine allein; auch gab er 1652 zu Frankfurt eine Instrumentalkomposition, die „neuverstimbte Violenlust", mit 3 Viol. und G. B. heraus, was sich nach heutigem Sprachgebrauch mit „neugestimmter" deckt. Zwei Jahre früher hatte er dem Herzog von Württemberg ein „Te Deum laudamus" zu 12 voc. C. A. T. B. 2 Viol., Fagott und 3 Trombonen gewidmet.

Turmbläserei und Trompeterkunst treten gerade in diesem Zeitabschnitt in ihre Blütezeit. Aus den Eingaben, die für die Stellungen auf dem Pfarr- und Niklasturm gemacht wurden, läßt sich schließen, daß erprobte und kunsterfahrene Leute in Betracht kamen. Nach dem Tode des Alexander Mengel 1630 und des Niklastürmers Andreas Hörnigk 1638 fanden mehrfache Neubesetzungen statt, bis der Dienst hier von 1642 ab durch Peter Mengel und dort von 1658 ab durch Adam Boller versehen wird, deren Familien ihn in mehreren Generationen auf beiden Türmen behalten. Um diese Zeit erwuchs dem Pfarrtürmer, der von nun ab häufig der „Stadtmusikant" genannt wird, ein besonderer Nebenerwerb durch die in den mittleren Bürgerkreisen aufkommende Sitte, die Hochzeiten oben, in seiner geräumigen Kuppelstube zu feiern. Auch Tanzmusik wurde bis um die Mitte des achtzehnten Jahrhunderts an Sonntagen oben abgehalten.

- - -

[35]) R. P. u. B. B.
[36]) Veröffentlicht von Sittard, S. d. J. M. G. 1901, 1.

Durch die „Uffwartungen" Fremder wird dagegen die modernste Trompeterkunst in Frankfurt bekannt; die privilegierten Trompeter- und Heerpaucker der Fürsten, bringen sie dem Rate dar. Wie früher die Instrumentisten so werden jetzt sie zu besonders festlichen Anlässen verschrieben. So geschah es bei den Krönungen von 1612, 1619, 1658 und zur Feier des Friedensfestes von 1648. Meistens werden vier oder sechs Trompeter genannt, deren Belohnung von fl. 6 bis zu 20 Rchtlr. aufsteigt; auch dadurch kann auf das kunstvolle hohe Clarin und tiefe Principalblasen geschlossen werden, mit dem jene „Aufzüge" für Trompeten auszuführen waren, wie sie von 1650 ab von den Tonsetzern zu Feierlichkeiten komponiert wurden.

Die äußeren Umrisse des vielbewegten Lebens eines solchen „Kunsttrompeters" treten uns in dem Gesuch vor Augen, das Johann Starzmann [37]) 1674 beim Rat um Anstellung bei den Truppen einreichte. Danach hatte er in der Armee Türennes und in Darmstädtischen Diensten gestanden, war mit der Vokal- und Instrumentalmusik vertraut und blies die Trompete nach der Note. Auch verstand er die französische, italienische und lateinische Sprache.

Aus den Militär- oder Feldtrompetern, die meistens mit den angeworbenen Truppen hierherkamen, gingen damals auch die der städtischen Verwaltung hervor. Sie gehörten mit den vier „Einspännigern" zu den Dienstleuten des Bürgermeisters, waren wie diese beritten und trugen die blaue Kleidung mit den Abzeichen der Stadt; Röcke und Hüte wurden ihnen 1651 mit Schleifen, Quasten und Schnüren besonders reich verzieret, wofür fl. 57 eingetragen sind.[38]) An Sold hatten sie fl. 15 monatlich und 30 Achtel Hafer; dafür lagen ihnen Herolds- und Botendienste ob, wobei sich allerdings die Verwendung der Trompete nur auf kurze Fanfaren beschränkt haben kann. Im Jahre 1643 gibt ein solcher musikalisch genugsam vorgebildeter Trompeter, Cornelius Hoffgesangk, seinen Dienst auf und ersucht um Verwendung bei der Kirchenmusik, die ihm gewährt wird.

So sehr sich auch in dieser harten Zeit die Gesuche um

---

[37]) Dienstbriefe der Trompeter 1643—1812.
[38]) St. R.

Gehaltsaufbesserung von seiten der Musiker mehren, so verhält
sich der Rat ablehnend, selbst dem verdienten, seit langer Zeit
die Haupt- und Prinzipalstimmen führenden Hupka gegenüber.
Einmalige Zuwendungen setzen dagegen nicht aus:[39]) 1637
wird der holsteinische Bassist Georg Weber, der auch in Darmstadt zeitweilig diente, damit eingetragen, 1642 ist es ein Johann
Gever, 1644 der bambergische und 1652 der churmainzische
Kapellmeister, die mit mehreren Gulden bedacht werden. Im
Jahre 1647 erhalten des Kapellmeisters Sänger, der Diskantist
Leonhard Krebs und der Altist Leonhard Kohler 6 Rchtlr., und
fl. 32: „da sie ein Jahr lang bei der Musik dienten und abgehn,
um sich in Nürnberg auf unterschiedlichen Instrumenten insonderheit uff dem Clavier weiter zu exercieren."

Auch eine Vermehrung der Stellen hatte stattgefunden mit
der 1640 erfolgten Aufnahme eines zweiten Instrumentisten,
des Nikolaus Pistorius, eines „armen Exulanten", der
fl. 104 jährlich erhält; fl. 150 werden dem an die Stelle des verstorbenen Mylius getretenen Theorbisten Johann Steffan
zugesagt. Wie sehr kunstgeübte Leute damals geschätzt und
empfohlen wurden, ist aus dem „passeport" vom 12. Juli 1648
zu ersehen,[40]) den der Frankfurter Rat dem Musicus und Harfe-
nisten Wolfgang Teubner an den Rat zu Köln mitgibt, da
dieser sich den Rhein abwärts nach den Niederlanden und
Hamburg begeben wollte. Es wird um jeden Vorschub und
Beförderung für ihn ersucht. Bei späterer Wiederkehr im Jahre
1655 darf er sich vor dem Rat mit seinen „unterschiedlichen
Instrumenten", einem kleinen Orchester, hören lassen, und man
nimmt seine Widmung gegen das ansehnliche Geschenk von
12 Rchtlr. an.

III.

Die Hoffnungen, die Herbst an die Übernahme des Kapell-
meisterpostens in seiner Vaterstadt knüpfte, sollten sich nicht
erfüllen, da Nürnbergs Blüte und Wohlstand während des Krieges
fast vollständig vernichtet worden war. So richtete er gleich
nach Völckels Tode am 15. März 1644 ein Gesuch an den Rat

---

[39]) Suppl. u. R. P. u. B. B.
[40]) Ugb. C. 59, Uu.

um Wiedergewährung der Stelle und empfängt die Vocation bereits am 21. März.[41]) Er erwähnt in dem Schreiben, daß er „in seinem Patria in nichts prosperieren konnte", und daß wo „Martis Kalbfell" ertöne, „Davids Harpffen" schweigen müßten. Weiter beruft er sich darauf, daß er aus schuldiger Dankbarkeit ein musikalisches Werklein der lieben Jugend zum Nutzen in öfterem Druck habe ausgehn lassen, das dem Frankfurter Rat gewidmet worden sei, von dem er so viel Liebs und Guts empfangen. Damit meint er die Musica Poetica sive Compendium Melopoëticum,[42]) das ist „Eine kurtze Anleitung vnd gründliche Unterweisung / wie man eine schöne Harmoniam, oder lieblichen Gesang / nachgewiesenen Praeceptis vnd Regalis componiren vnd machen soll. So mehrenteils aus den fürnebmsten / so wol Alten als Newen / Lateinischen vnd Italiänischen Anthoribus vnd Musicis, mit besonderem Fleiss zusammengetragen / vnd in dieses Compendium kürtzlich verfasset / auch mit schönen Clausulis und Exemplis geziert, Allen Liebhabern dieser edlen Kunst zum besten / vnd dienstlichen Wolgefallen / in Teutscher Sprach / dergleichen zuvor niemals also gesehen worden / an jetzo publiciret vnd zum Druck verfertiget etc."

Herbst hat das Buch „den Woledlen Herrn: Joh. Philipp Weiss von Limburg, Joh. Christoph Treudeln der Rechten Dr., Johann Maximilian zum Jungen, Christoph Bender der Rechten Licentiat, Joh. Erasmus Seyffart der Rechten doctori" gewidmet und auch den Rat und die Scholarchen einzuschließen nicht vergessen. In diesem hundert und zwanzig Seiten zählenden und in zwölf Kapitel eingeteilten Lehrbuch legt er die Grundbegriffe des Tonsatzes bis zum Gebrauch des Kontrapunkts auf harmonischer Grundlage für die Schüler dar und stützt sich dabei auf Crügers Synopsis. Seine Beispiele sind Tonsetzern der herrschenden Richtung entnommen: dem Instrumentalkomponisten Diruta, dem Sangesmeister Zacconi und dem Theoretiker Chiodino. Obgleich Herbst wohl erwähnt, daß die Praxis durch Zugrundelegung des jonischen Tons C-dur und des aeolischen A-moll, einen kürzeren Weg einschlage, beginnt er seine Modus-

---

41) Schulakten III. Fol. 31 ff.
42) Erschienen zu Nürnberg 1643. (Stadtbibliothek.)

lehre nach alt hergebrachter Art mit dem dorischen Ton und
verfolgt weiter die umständliche Definition der Transposition
in Oberquarte und Unterquinte, für das Auswechseln von Dur
und Moll. Mit der gleichen Zähigkeit führt er in ausgedehnter
Weise die „Clauseln" oder „Schlüsse" in „regulärer" oder „trans-
ponirter" Art ein. Bei der Anleitung zur Fugenkomposition
sind die meisten Beispiele im zweistimmigen Kontrapunkt von
ihm selbst gesetzt; nur am Schluß hat er eine Auswahl aus
Chiodinos Werk getroffen. Die Charakterisierung der „Modi" als
„ernsthaft, fröhlich, demütig, kräftig" geht wie alle symbolist-
ischen Erläuterungen jener Epoche ursprünglich auf Zarlino
zurück. Die am Schlusse der Schrift in Aussicht gestellte ausgeführte Kontrapunktlehre hat Herbst nicht geschrieben.

Die „Musica poëtica" wurde als erstes deutsches Handbuch der Tonsatzlehre sehr verbreitet, ja sie erlangte eine
gewisse Berühmtheit durch eine Stelle im zweiten Kapitel S. 17
bis 18, die sie auch bis heute noch nicht der Vergessenheit hat
anheimfallen lassen. Herbst behandelt dort den „Suspect zweier
Quinten oder Oktaven", d. h. die verbotene Fortschreitung vollkommener Konsonnanzen in paralleler Bewegung in den verschiedenen Stimmen, für die er den Ausdruck „verdeckte
Quinten und Oktaven" prägt.

Sein Nürnberger Aufenthalt zeitigte noch einige andere
Werke, die auf der vorherigen Frankfurter Praxis beruhen. Es
erschien das „Lob- und Danklied aus dem 34 Psalm mit
13 St. uff 3 Chör, 2 Violinen oder Cornetto und Fagott, 5 St.
vokal in concerto und Instrumente in ripieno".[43]) Ebenso wurde
die „Musica prattica sive instructio pro Symphonia-
cis d. h. eine kurtze Anleitung wie die Knaben und Andere
können im Singen unterrichtet werden", die dem Nürnberger Rat
gewidmet ist, 1642 ebendort, bei Sartorius verlegt; die zweite
Auflage erschien elf Jahre später zu Frankfurt a. M. bei Georg
Müller. Vor Herbst hatte Prätorius im dritten Bande seines
„Syntagma" auf die italienische „maniera del buon canto" auf-
merksam gemacht und die Lehren italienischer Gesangspäda-
gogen vermittelt. Durch Chrysanders Veröffentlichung von Lodo-

---

[43]) Ausfüllende Stimmen; dieses und das folgende Werk auf der Königlichen Bibliothek zu Berlin.

vico Zacconis Schriften [44]) wissen wir, wie eifrig und fein die
Italiener über Stimmbildung und Kehlenfertigkeit nachgedacht
und wie weit sie darin gekommen waren. Herbst muß eine
ganze Anzahl dieser am Ende des sechzehnten und im siebzehnten Jahrhundert veröffentlichten Abhandlungen, besonders
aber die von Francesco und Richardo Rognoni von 1598 und
1620 gekannt haben, da er ihnen Beispiele entnimmt,[45]) während er sich in den Ausführungen und Erläuterungen ganz an
Praetorius anschließt, ja in der zweiten Auflage des Buches
aus der Anleitung und Beschreibung der Praetoriusschen In-
strumentenlehre noch vieles herübernimmt und, den Titel er-
weiternd, in der Vorrede sagt: „daß dieses Werk sonderlich
auch für Instrumentisten auf der Violin und Cornett, mit allerhand Cadenzen vermehrt sei". Die gedrängte Zusammenfassung
von Herbsts beiden Lehrbüchern mag ihnen den vielbändigen
und vorzugsweise in lateinischer Sprache abgefaßten Werken
gegenüber in jener Epoche zu großer Verbreitung verholfen haben.

Herbst erging es nun wie allen denjenigen, die alte Verhältnisse aufsuchen, nachdem es ihnen in andern nicht geglückt
ist: es blieben ihm Enttäuschungen nicht erspart. So wohl-
wollend ihm auch die Scholarchen wiederum gegenübertraten,
so sehr sie seine Bestrebungen förderten, wurde er bei der jetzt
obwaltenden größeren Sparsamkeit nur mit dem Gehalte von
fl. 190 angestellt, sein Kornanteil und das „Kleid" werden nach
einigem Zögern und öftern Eingaben noch bewilligt. Anders
verhält man sich bei den einmaligen Zuwendungen und schießt
ihm großmütig für „seinen Uffzug mit drei Personen, viel Fracht
und Musikalien" fl. 37½ zu, belohnt auch die Widmungen zu
Neujahr 1649 und 1650, wovon der erstere wohl der Gesang
zur Friedensfeier war,[46]) mit 10 Rchtlr. und fl. 12.

Der Titel eines als Einzeldruck erschienenen Gesanges ist
folgender: [47])

---

[44]) V. f. M. W. 1891.

[45]) Kuhn M.: Die Verzierungskunst in der Gesangsmusik des XVI.
und XVII. Jahrhunderts. S. B. d. J. M. VII.

[46]) Ein Manuskript mit der Bezeichnung 1650 „zu Ehren des Frankfurter Rats komponirt 13 St. mit 7 Versen und Instrumenten", befindet sich
auf der k. k. Hofbibliothek zu Wien, Msc. 18374.

[47]) Faksimiledruck nach dem Exemplar der Stadtbibliothek.

SVSPIRIA CORDIS, AD CHRISTVM SAL-
vatorem noſtrum.

Das iſt:

Hertzens-ſeufftzer / zu Chriſto
Vnſerm Heyland.

Mit 4. Stimmen. Tre Soprani è Baſſo neben den Numeris vnd
Signis pro Baſſo continuo, für einen Organ-Theorb-oder Lauteniſten
von newem Componirt,

Vnd

Denen WohlEdelgebornen / auch Edlen / Ehrn-
veſten/Wohlgelährten/Ehrſamen vnd Züchtigen/dieſer
Zeit Studirenden Jünglingen.

Georgio von Carben/zu Staden.	Jobſt Philipps Schile.
Johann Philipps Fleiſchbein/	Joh. Matthæo Münch.
dem Jüngern.	Petro Heiden.
Otthoni Friderico Schützen.	Achylli Hupka.
Arnoldo von Hörnick.	Lorentz Hartmann Hyſerich.
Georgio Tilemanno Grambs.	Andreæ Krebſen.
Ioh. Reinhardo Colero.	Heinrich Chriſtian Kirchnern.

Meiner Großgünſtigen / vnd Hochgeehrten Herren Mœcenatum
vnd Fautorum, auch guter Freund Hertzgeliebten Söhnen / vnd
in arte Muſica, meinen allerſeits (reſpectivè) theils
geweſenen / theils noch vielgeliebten Diſcipulis.

ZuChriſt-vnd Hertzlicher Wünſchung von Gott dem Allmächtigen /
eines Glückſeligen/Geſunden/Fried-vnd Frewdenreichen

Newen Jahrs:
Dedicirt vnd offerirt,

Von

Ioh. Andreâ Herbſt/Capellmeiſtern zu Franckfurt.
Anno Chriſti. M. D C. X L VI.

Gedruckt zu Franckfurt am Mayn/Bey Matthæo Kämpffern.

Wir lernen durch diese Widmung den Schüler- und Freundeskreis Herbsts kennen und werden später einzelnen der genannten Persönlichkeiten noch begegnen. In der Anordnung des Drucks folgt zunächst Cantus III, der guten klaren Notendruck auf acht Systemen zeigt; ihm gegenüber ist die zehnzeilige Textstrophe „Ach mein geliebtes Jesulein" und ihre lateinische Vorlage, die auf den sehr alten Hymnus „O Jesu mi dulcissime" zurückgeht, abgedruckt. Die folgenden Seiten enthalten die drei übrigen Stimmen, der Singbaß gilt durch die hinzugefügten Nummern und Zeichen zugleich als Continuo. Der Ausdruck der Anrufung und Bitte des kurzen, aus G-moll gehenden Stücks wird durch den Wechsel des zwei- und dreiteiligen Takts besonders hervorgehoben. Eine Ähnlichkeit mit dem ebenfalls 1646 erschienenen Choral Michael Altenburgs über den gleichen Text, der im Gothaischen Cantional zuerst gedruckt wurde, liegt nicht vor.

Ganz ebenso gliedert sich eine andere Gelegenheitskomposition Herbsts, das aus A-dur gehende Epicedium auf den Tod Johann Maximilians zum Jungen, des Gelehrten, vom 6. Juni 1649. Die beiden vorhandenen Exemplare dieses Gesangs[47]) bilden den Schluß einer größeren Trauerschrift für den als Ratsglied und Scholarch um die Stadt so verdienten Mann. Wahrscheinlich ist diese Melodie von Hammerschmidt dem Keymannschen Liede „Meinen Jesum laß ich nicht", das 1659 in seinen Fest-, Buß- und Dankliedern erschien, mit wenig Veränderung unterlegt worden. Die sechs trochäischen Strophen dichtete für Herbst Johann Vogel, Rektor der Schule zu St. Sebald in Nürnberg und Poeta laureatus. Deren erste lautet:

> Ehre, Reichthum, Leibeslust
> Werden billig hochgehalten,
> Wallen unter mancher Brust
> Wie des Jungen so des Alten.
> Alle drey erfreuen sehr,
> Kunst und Weisheit noch viel mehr!

Unter dem zweiten Böddecker, Heinrich, wurde das Orgelspiel in der Barfüßerkirche anscheinend noch kunstvoller gestaltet. Er führte sich nach der Anstellung mit den „Salmi

---

[47]) Stadtbibliothek und Ratsschulbibliothek zu Zwickau.

concertati" ein, 1646 hat er dann ein „Musikalisch Capriccio"
und eine Toccata hinzugefügt, Formen, die auch Bach in seiner
Jugend pflegte, da in ihnen die Kunst des Spiels sowohl in
aneinandergereihten Fugengängen, wie mehrstimmigen freien
Phantasien, die mit Passagenwerk wechselten, gezeigt werden
konnte. Man hielt von seiten des Rats offenbar recht viel auf
den Organisten und wollte seine Kunst nicht zu bekannt werden lassen: als am 27. November 1649 der Landgraf von Hessen
ihn „uff etliche Tage begehrt", erfolgt die ausweichende Antwort, „daß er jetzt nicht in loco sei".[49])

　　Nachdem 1654 der Großorganist Oberndorffer hochbetagt
gestorben war, wird auf Böddeckers Betreiben sein Sohn Johann
Heinrich für diese Stelle ausersehn. Wahrscheinlich ist dieser
Heinrich Böddecker, der 1664 entlassen wird, mit dem drei
Jahre später nach Berlin berufenen Kammermusiker gleichen
Namens identisch,[50]) da er von nun ab aus den städtischen
Büchern verschwindet. Der Vater versieht eine Zeitlang beide
Stellen allein.

　　Auch bei dem Orchester hatten inzwischen mancherlei
Veränderungen stattgefunden. Am 31. Mai 1650 starb Gottfried
Hupka der erste musicus ordinarius,[51]) dessen Stelle an H a n s
H e k t o r B e c k, einen Frankfurter, vergeben wurde,[52]) wie wir
es denn von jetzt ab mit einer Reihe von Persönlichkeiten zu
tun haben, „die in Frankfurt in der Musik erzogen worden sind"
und durch Heiraten innerhalb ihres Kreises sich immer mehr
zusammenschlossen. Fremden Musikern mag es oft schwer ge-

---

[49]) R. P. u. B. B.

[50]) Eitner, Quellenlexikon II, S. 85.

[51]) Seine Witwe heiratete am 2. Januar 1655 Herrn Johann Pissner
„des Rats". Nach ihrem am 3. Juli 1666 errichteten, von drei Ratsherrn
unterzeichneten Testament (Stadtarchiv) hinterließ sie ihr Vermögen, außer
den nach den Ehepakten ihrem derzeitigen Gatten zufallenden fl. 400, den
Kindern ihres Sohnes erster Ehe, des früh verstorbenen Magisters Achilles
Hupka: Nikolaus Conrad und Johann Adam. Sie hatte die Kinder zu sich genommen, die einer gegen ihren Willen in Genf geschlossenen Ehe des Sohnes entsprungen waren, und sie sorgte auch für die im Falle ihres Todes notwendige
Vormundschaft. Nikolaus Conrad wurde Dr. jur. und Ratsschreiber, sein
gleichnamiger Sohn Stadtbibliothekar und Senator, in den Jahren 1748, 1751,
und 1755—1757 jüngerer Bürgermeister.

[52]) R. P. und B. B.

worden sein, da einzudringen. So sehen wir 1649 einen Franzosen, Joannes Aymé, der als Cornettist und Violinist angenommen war, bereits nach einem Vierteljahr weiterziehn, da er sich der Injurien des Kapellmeisters und etlicher Musiker nicht erwehren konnte,[53]) wobei allerdings auch viel persönliche Eitelkeit mitgespielt haben kann. Augenscheinlich fand hier das umgekehrte Verhältnis statt wie in Joh. Kuhnaus satyrischem Roman „Der Musikalische Quacksalber"[54]) und gehörte Herr Joannis Aymé zu jener Sorte von Bläsern, auf deren Part „Cornettino primo" gesetzt werden mußte, um sie nicht zu verletzen, obgleich sie nur „Cornettino secondo" bliesen.

Die zweite Instrumentistenstelle übernimmt nach Pistorius Tod oder Abzug Hans Henning Hübner, neben dem der Fagottist Dietrich Saffran genannt wird, der nach seiner Supplikation vom 31. Dezember 1647 früher sieben Jahre bei der musica instrumentalis in der Barfüßerkirche gedient, dann sich zu Elbing, Königsberg und Danzig versucht habe, allwo er auch den ältesten Sohn des Freiherrn von Canitz in der Musik unterrichtet hätte. Man stellt ihn als fünftes besoldetes Kapellglied mit fl. 32 an.

Die Frage, welche Tonschöpfungen Herbst innerhalb seiner zweiten Direktionsperiode angeschafft habe, dürfte wiederum zu gunsten der Italiener beantwortet werden; von deutschen Tonsetzern treten seine Nürnberger Landsleute Johann Staden, der Organist von St. Lorenz, mit seinen „Geistlichen Gesängen von 1625" und dessen Sohn Sigismund Theophil mit dem ersten Teil der Seelenmusik von 1644 hervor. Letzterer schrieb ganz im italienischen Stile und von ihm rührt auch die Musik zu dem ersten deutschen, von Harsdörffer gedichteten, 1644 gedruckten Gesprächsspiel „Seelewig" her.

Das Verzeichnis der Musikalien von 1820[55]), das bei ihrer Übergabe von dem Gymnasium an das Kastenamt aufgestellt wurde, enthält dreiundfünzig Nummern, die in den Inventarien Herbsts nicht vorkommen und bis auf wenige Stücke noch er-

---

[53]) R. P. u. B. B.
[54]) Siehe Neuausgabe von Kurt Benndorf, 1900. S. 164.
[55]) Akten des Almosenkasten Ag. II, 8. Fehlerhaft abgedruckt bei Battenberg.

halten sind.[56]) Die Anwendung der Begleitinstrumente in vier
auf der Kgl. Bibliothek zu Berlin bewahrten Kantaten dürfte
ebenfalls auf die letzte Periode seines Schaffens schließen lassen:
Kantate I. ist zu 3 St. und 3 Violinen, Kantate II. zu 5 St. und
2 Violinen, Kantate III. zu 3 St. und 2 Violinen und Posaunen,
Kantate IV. „Domine noster refugium" zu 5 St. mit Instrumenten.
Sein letztes, im Druck erschienenes Werk zeigt der Herbst-
meßkatalog von 1657 an[57]): Des edlen Daphnis aus
Cimbrien, Galathee und Hirtenlieder mit der Mittel-
stimme (d. h. mit ausgeführten Begleitstimmen) ausgefertigt.
Der Titel könnte auf eine Reihe liedmäßiger, unter dem Einfluß
Th. Stadens entstandener Gesänge schließen lassen.

Über Einzelheiten von Herbsts Amtsführung liegen aus
diesen Jahren nur wenige Andeutungen vor. Daher ist es von
Wert, einen Ausspruch des Rats anzuführen, der sich in einem
Antwortschreiben vom 29. Dezember 1660 an die kurfürstlich
sächsischen Räte Herrn Carl Freiherrn von Friesen und Herrn
Reinhard Dietrich Freiherrn von Carben findet. Sie hatten
den Kapellmeister Constantin Christian Dedekind empfohlen, der
in Dresden nicht habe ankommen können, und begründen ihr
Schreiben an den Rat damit: „daß der dasige Kapellmeister
seines hohen Alters wegen den Dienst zu leisten wohl indis-
poniert sei." Darauf erwidert der Rat vom 18. Februar 1661,
daß er bei seinem Kapellmeister noch nicht den gering-
sten Mangel verspüre.[58])

Das letzte unter Herbsts Amtsführung eingetretene Kapellglied ist Johann Daniel Kühnell, Violdigambist und Musikus aus Dänemark, der in seinem Gesuch vom 9. Oktober
1662 angibt,[59]) von seinem Vater, dem königl. dänischen und

---

[56]) Siehe Israël-Katalog. Es fehlen aus dieser Zeit:
    Aconitano, Motetti, Concerti e Psalmi. Frankfurt 1631.
    Bocchi, Motetti a voce sola. Brescia 1629.
    Bovetta, Salmi 8 voc. Venedig 1644.
    Mestini, Melismata Sacra, 4 voc. Nürnberg 1644.
    Pomassi, Quaranta Concerti a 5 voci, Organo. Venedig 1615.
    Tresti, Sacrae Cantiones. Frankfurt 1610.
[57]) Göhler K. A.: Verzeichnis der in den Frankfurter und Leipziger
Meßkatalogen 1564—1759 angezeigten Musikalien. 1902.
[58]) Schulakten II. Fol. 132.
[59]) Rats Supplik, R. P. u. B. B.

später fürstlich mecklenburgischen Kapellmeister in der Vokal-
und Instrumentalmusik erzogen worden zu sein. Inzwischen
habe er bei den verschiedensten Kapellen gedient und sei zuletzt am baden-durlachschen Hofe Violist, Violdigambist und Diskantist gewesen. Er tritt in die Stelle des musicus ordinarius
Beck, den man seiner Unsittlichkeit wegen vom Amt suspen-
dieren mußte.[60])

Nach langer Pause wird in den Berichten bei der Krönungs-
feier Leopolds I. wieder einmal der Musik in der katholischen
Hauptkirche gedacht; jetzt wurde der Gesang der herrschenden
Zeitrichtung gemäß durch die Kastraten der kaiserlichen Hofkapelle in „besonders feierlicher und köstlicher Weise" ausgeführt.

Als Gegensatz fällt in jene Kaisertage des Sommers 1658
eine musikalische Produktion, die der Kantor Erhardi vor dem
Kurfürsten von Sachsen im Hofe zum Goldstein einrichtete, wo
er seinen Chor „in großer volkreicher Versammlung choraliter
und figuraliter pro virili uffwarten ließ". Mit dieser Produktion
hing die ein Jahr später erfolgende Herausgabe seines Harmonischen Choral- und Figuralgesangbuchs[61]) zusammen, das bei Matthäus Kempffer herauskam. Zur Orien-
tierung über die damaligen Leistungen und die veränderte
Geschmacksrichtung ist das Buch nicht ohne Wert. Die Gesänge
sind teils ein- und zweistimmig mit G. B., teils fünf- und sechs-
stimmig ohne Begleitung gesetzt. Die alten Melodien treten
gegen moderne zurück; von hundertachtundsiebzig Melodien
gehören achtundfünfzig dem Leipziger Thomaskantor Joh. Herr-
mann Schein an, der durchaus in italienischer Manier mit G. B.
komponierte und oft zum Nachteil eines reinen Satzes auf die
Interpretation des Textes den größten Wert legte. Von andern
Komponisten müssen uns besonders die interessieren, deren
Frankfurter Wirksamkeit wir kennen lernten. Voran steht
Herbst mit neunundzwanzig Choralgesängen zu drei, vier und
fünf Stimmen, ohne G. B., Jeep mit fünf zu drei und vier St.,
Erhardi selbst mit fünf, darunter einem einstimmigen und zwei
zu drei, drei zu vier St. mit G. B., von Völckel ist einer auf-

---

[60]) R. P. u. B. B.
[61]) Großherzogliche Hofbibliothek, Darmstadt.

genommen. Die Manuskripte standen Erhardi wohl in der
Bibliothek der Barfüßerkirche zur Verfügung, denn die zuletzt
genannten Kompositionen sind vorher nicht im Druck erschienen;
von Herbst dürften einige der im Schreiben vom 10. Januar
1622 erwähnten dabei gewesen sein.

Einen Überblick über diese geistliche Musik wird uns
heute durch das schon öfter erwähnte Werk von Schöberlein
geboten; es sei hier besonders auf den fünfstimmigen lydischen
Tonsatz von Herbst „Singet und klinget allzumal", auf das
ebenfalls fünfstimmige phrygische „Ach Gott, wie lang", auf die
schon erwähnten Spruchgesänge Jeeps und sein in phrygischer
Tonart gehaltenes „Vater Unser" hingewiesen.[62]) Das einstimmige Schullied Erhardis „Ein Liedlein will ich singen, zum
Lob der Ruthen gut" nimmt sich in diesem ehrwürdigen Kreise
sehr unbedeutend aus.[63])

In umständlicher Weise sind die am Schlusse des Buches
gebrachten drei Register gehalten, die sowohl die Ordnung der
Lieder nach den Festzeiten, nach den Tonos musicales und den
Komponisten wie nochmals alphabetisch bringen. Der Zweck
des Buches, dem Schülergesange zu dienen, tritt besonders deutlich durch das von Erhardi hinzugefügte instruktive Nachwort
hervor, betitelt: „Einen nützlichen Unterricht musikalischer
Sachen", in denen er sich auf Herbst und andere zeitgenössische
Meister und die „Töne" im ursprünglichen und versetzten Umfange duriter und molliter setzt, wobei ihm jedoch mancherlei
Fehler mit unterliefen. Die Notentypen sind hier klein, ähnlich
wie wir sie in dem französischen Gesangbuche von 1599 kennen
lernten.

Das Bild des langjährigen Frankfurter Kantors ist in
einer einfachen, nur mit dem Namen versehenen und einer
kunstvoll geschmückten Ausfertigung[64]) von Sebastian Furck in
Kupfer gestochen worden. Die Anordnung der beiden Spruch-
bänder und der Medaillons, mit der Darstellung von Fides und
Spes, wirkt harmonisch und fein. Mit dem Stich eines ausgeführten Tonsatzes, dem unter dem Lobgedichte des Frank-

---

[62]) Daselbst: II, 6, 394, III, 226, I, 29, I, 240.
[63]) S. auch Winterfeld: Bd. II, S. 592.
[64]) Lehnemannsche Sammlung, Historisches Museum. Beilage 6.

furter Arztes P. Lotichius angebrachten Kanon auf Erhardis Symbolum „Gott verläßt nicht, wer ihm vertraut", folgt Furck einer holländischen Sitte, nach der schon im sechzehnten Jahrhundert dort Musikerporträts mit Kompositionen geschmückt wurden. Der wiedergegebene Kanon ist eine Verquickung von Altem und Neuem. Der dorische Ton ist hier der zweite, da mit C zu zählen begonnen wird, Erhardi setzt mit der Subdominante von A-moll mit erhöhter Terz, der „dorischen" Sexte ein und geht in der Durchführung nach D-moll.

Wenden wir uns nun zu der Hauptsache, dem Porträt selbst, so will uns dies wenig ansprechend erscheinen. Hohle unheimliche Augen blicken über die große Nase hinweg, hart und unfreundlich ist auch der Zug um den Mund. Nach der äußeren Erscheinung ist es nicht zu verwundern, daß dieser Mann einen herrischen, abstoßenden Charakter hatte, und daß von seinen Händeln mancherlei verlautet. Ihm, der seine Verdienste gern überall herauskehrte, mag es nicht angenehm gewesen sein, daß nach Herbsts am 26. Januar 1666 wahrscheinlich an der Pest erfolgtem Tode die Scholarchen mit Daniel Lommer, dem Magister der sechsten Klasse, wegen der Musikdirektorstelle unterhandelten. Aus der Bewerbung Lommers vom 8. März 1666 aber geht hervor,[65]) daß man gewissermaßen gebunden war, da er vor etlichen Jahren als Director Musices nach der freien Reichsstadt Ulm vocirt worden sei und damals die Vertröstung empfangen: „so etwann bei der Kirchenmusic eine Vacanz vorkommen solle, ihn damit zu befördern."

Erhardi erreichte es dann 1667 noch, daß seines zunehmenden Alters wegen sein Schwager Ernst Bogilaus Moscherosch von Straßburg, der Sohn Philanders von Sittewald, in die vierte Stelle einrückte. Der Tod des Kantors erfolgte am 6. November 1669.

Die Kosten der Musik zu Herbsts und Lommers Zeiten sind nach einer unter Telemann gemachten Eingabe von 1718, auf über fl. 4000 jährlich geschätzt worden. Diese Ausgaben erweisen sich nun als sehr schwankend. Nach genauester Prüfung der Rechenbücher des Almosenkastens und der Stadt glaube ich für die Zeit von 1623—1666 als Durchschnittsjahr 1643

---

[65]) Akten des Almosenkastens II, 8 und R. P. u. B. B.

nehmen zu dürfen, da damals die Hauptstellen gegründet waren
und eine Gehaltsreduktion noch nicht stattgefunden hatte. Es
wurde verausgabt:

	Stadt-rechenbuch	Almosen-kasten	Almosenkasten: Kornlieferung.
Kapellmeister	fl. 240	fl. 60	12 Achtel (Malt.) à fl. 4 = fl. 48
Kleinorganist	„ 50	„ 150	10 „ „ „ „ = „ 40
Grossorganist . . .	„ 60	„ 100	5 „ „ „ „ = „ 20
Organist zu St. Kathrin .	„ 60	„ 50	5 „ „ „ „ = „ 20
Organist zu Sachsenhausen und an der Spitalskirch	„ 60	„ 60	5 „ „ „ „ = „ 20
Erster Violinist	„ 134	„ 16	5 „ „ „ „ = „ 20
Zweiter Violinist .	„ 104	„ 16	5 „ „ „ „ = „ 20
Violonist	„ 104	„ 16	5 „ „ „ „ = „ 20
Lautenist .	„ 134	„ 16	— „ „ „ „ = „ —
2 Zinkenisten	„ —	„ 32	6 „ „ „ „ = „ 24
2 Posaunisten .	„ —	„ 32	6 „ „ „ „ = „ 24
4 Vorsänger	„ —	„ 64	12 „ „ „ „ = „ 48
Dem Kantor zu den Bar-füssern	„ 60	„ 10	5 „ „ „ „ = „ 20
Geschenke den Kapell-knaben	„ 20	„ 20	— „ „ „ „ = „ —
Für Partes und Instrumente	„ 20	„ 20	— „ „ „ „ = „ —
	fl. 1046	fl. 662	81 Achtel (Malt.) à fl. 4 = fl. 324.

Die Gesamtsumme von fl. 2032 vergrößerte sich durch die
schwankenden Kornpreise in manchen Jahren bedeutend; so
kostete das Malter Korn 1636 und die folgenden Jahre 12—15 fl.,
1658 kam es nochmals auf diese Höhe. Immerhin aber dürften
die Aufwendungen für die Kirchenmusik, selbst bei Vermehrung
der Stellen, mit den wechselnden einmaligen Geschenken und
den „Kleidern" die Summe von fl. 3500 unter Herbst nicht
überschritten haben. Als bestimmte Einnahme für die Musik ist
dagegen nur der „Orgelgoldgulden" der Brautpaare, der durchschnittlich fl. 150 im Jahre betrug, nachzuweisen.

Diesen materiellen Leistungen der Stadt steht Herbsts
Lebenswerk gegenüber. Schritt für Schritt hat er zunächst
von 1623—1636 der Tonkunst eine würdige Stätte bereitet. Was
er vorfand, waren bescheidene Anfänge, die er mit künslerischer
Einsicht sorgsam ausbildete. Er leitete den Gesang, das Orgelspiel und die Instrumentalmusik an der Hand eines ausgedehnten Studienmaterials zu immer höheren Zielen. Die Tüchtigkeit und Ausdauer, mit der er dies fertig brachte, hielten die

Frankfurter Kunstmusik in den Zeiten des Schwankens aller Verhältnisse aufrecht. So steht seine Persönlichkeit nach der ersten Frankfurter Direktionsperiode in dem Bilde vor uns,[66]) das Sebastian Furck 1635 gestochen hat, „in festem Leben und Männlichkeit, in innerer Kraft und Ständigkeit".

Herbst gehört zu den vielen, schätzenswerten Tonsetzern jener Epoche, in der Altes und Neues zusammenfließt, in der auf allen Gebieten eine Umformung stattfindet, die daher reicher an mitbauenden, als an genialschaffenden Meistern gewesen ist. Wir können ihn auch als Theoretiker nicht zu den neue durchschlagende Gesichtspunkte eröffnenden, sondern zu den das Vorhandene aus Erfahrung und Praxis vermittelnden Schriftstellern zählen.

Das soll jedoch seinen Ruhm nicht schmälern; wir wollen ihn nach dem schätzen, was er für Frankfurt geleistet hat. Da muß denn besonders auf die schwierigen Verhältnisse hingewiesen werden, die er in seiner zweiten Direktionsperiode bis ins Greisenalter zu bewältigen hatte. Sein äußeres Leben, wie das seiner Angehörigen, ist verklungen und sein Grab auf dem Peterskirchhof ist unbekannt. So stimmt sein Einzelschicksal mit dem zusammen, was er selbst im allgemeinen von seiner Kunst dachte: „Die Musik bleibet ewig", steht unter seinem Bilde. Das Persönliche schwindet hin. Dafür ist seine Wirksamkeit fruchtbar und dauernd geblieben.

Ein Stamm von Musikern war unter ihm herangebildet, der sich durch die Lösung höherer intellektueller Aufgaben aus der Zünftigkeit und Dürftigkeit seiner Existenz zu geachteterer gesellschaftlicher Stellung hinaufarbeitete. Und nicht zu unterschätzen ist der Einfluß, den seine Belehrung und seine Vorführungen auf Geschmack und Neigung seiner Schüler und jener opferwilligen Kunstfreunde ausübten, die der Musik über die schwersten Zeiten hinausgeholfen hatten. Durch ihr wachsendes Verständnis und die daraus hervorgehende Selbstbetätigung konnte jene Wechselwirkung eintreten, auf der allein die verheißungsvolle Weiterentwickelung jeder Kunst beruht!

---

[66]) Beilage 7, mit dem lateinischen Distichon des Nürnberger Dichters Hieronymus Ammon.

4. Herbsts Nachfolger bis zum Abgange
Georg Philipp Telemanns 1721.

I.

Im Verlaufe dieser Darstellung konnte nur kurz die Einführung des monodischen Gesangs gestreift werden, die als die wichtigste Neuerung des siebzehnten Jahrhunderts anzusehen ist. Als ein naturgemäßes Resultat der harmonischen Satzweise, bei der eine Stimme die Melodie führt, während sich die übrigen begleitend unterordnen, trat der kunstvolle Einzelgesang in zwei neuen Kunstformen zuerst hervor, die sich um die Wende des sechzehnten Jahrhunderts in Italien herausbildeten: der Oper und dem Oratorium.

In den ersten Anfängen unterschieden sich beide Gattungen nur durch die Verschiedenartigkeit der Handlung. Hier waren es biblische Texte, untermischt mit Moralitäten und bestimmt im Betsaale aufgeführt zu werden — dort mythologische Szenen, die in den Häusern der Vornehmen, in den Theatern der Fürsten zur Darstellung gelangten. Neu war hier wie dort der Einzel- und Dialoggesang der auftretenden Personen, an den sich Chöre anschlossen, die einleitende Instrumental-Sinfonie und die zwischen den Szenen gespielten Instrumental-Ritornelle. Den florentinischen und römischen Hellenisten, die mit dem *Dramma per musica* das antike Drama wieder zu beleben glaubten, kam es vornehmlich auf den klaren, deutlichen, durch die Töne hervorgehobenen Textvortrag, also auf einen rezitierenden Gesang an, dessen Monotonie zuerst durch den großen Neuerer Claudio Monteverde[1]) durchbrochen wurde. Er, der an dem kunstsinnigen Hofe zu Mantua neben dem Domkapellmeister Viadana Jahre lang wirkte, gesellte dem rezitierenden Gesange den wich-

---

[1]) Vogel, E.: Claudio Monteverde, V. f. M. W., 1887.

tigen Gegensatz in arios bewegten Teilen hinzu. Die kraftvoll hervortretenden Stimmungen illustrierte er durch eine
entsprechende instrumentale Begleitung: für die Einzelgesänge
wurden die weniger deckenden Saiteninstrumente, für die Chöre
die kräftigwirkenden Blasinstrumente gewählt. So waren schon
seine Opern Orfeo von 1607, Arianna von 1608 von großer
dramatischer Wirkung.

Der italienische *bel canto* glänzte damals zuerst in der
Ausbildung weiblicher Vertreterinnen für das musikalische Drama;
Monteverdes Gattin Claudia Cattanea war eine begabte Sängerin,
durch hohes Talent zeichnete sich auch Virginia Andreini „la
Florinda“ aus, die erste Vertreterin der Arianna, und die
Töchter des Sängers und Komponisten Caccini, Settimia und
Francesca, waren nicht allein tüchtige Sängerinnen, sondern
auch Lauten-, Chitaronetto- und Clavicembalospielerinnen, die
letztere komponierte auch Kantaten und Opern. Zu dem Reiz,
den der wechselnde Klang der Männer- und Frauenstimmen
wie das verschiedenartige Instrumentenspiel ausübte, trat von
Anfang an bei der Oper eine glänzende Ausstattung, die prächtige
Naturbilder nachzauberte, denen sie durch eine kunstvolle Ma-
schinerie Leben und Bewegung zu geben suchte. So eignete sich
das gesungene Drama insbesondere für pomphafte Hoffeste und
zu dieser Veranlassung zog es auch in Deutschland ein, wo bei
der 1627 zu Torgau abgehaltenen Vermählung des Landgrafen
Georg II. von Hessen mit der Prinzessin Sophie Louise von
Sachsen die Dafne, nach Rinuccinis Text von Opitz übersetzt,
mit der Musik von Heinrich Schütz aufgeführt wurde. Die
großen Zentren Wien und München, später auch Hannover ver-
pflanzten das *dramma per musica* mit seinem ganzen Apparat
an italienischen Kapellmeistern, Gesangskräften und Instrumentisten nach Deutschland, während die kleinen Höfe dem zu
Braunschweig 1639 gegebenen Beispiel mit der Einführung
einer deutschen Oper folgten.

In der zweiten Hälfte des siebzehnten Jahrhunderts wird
sie an den sächsischen Fürstenhöfen, besonders zu Weißenfels,
Altenburg und Meiningen eingeführt, die süddeutschen Residenzen Ansbach, Bayreuth, Stuttgart und Durlach folgen. Dazwischen bleiben einzelne Städte nicht zurück wie Nürnberg,
das bereits 1643 sein deutsches Singspiel hatte. Leipzig gelangt

erst gegen Ende des Jahrhunders dazu. Am nachhaltigsten erwiesen sich jedoch die Hamburger Bestrebungen, wo seit 1676 ein nach venetianischem Muster erbautes Opernhaus eröffnet war, das die deutsche Oper über sechzig Jahre beherbergte.[2]) Das entbehrungsreiche Los der wandernden Schauspielertruppen haben die wenig widerstandsfähigen in- und ausländischen „Operisten" mit ihrem großen Apparat von Dekorationen und Maschinen wohl kaum geteilt, so daß wir die eigentliche Oper erst nach dieser ersten Phase, mit dem Beginn des achtzehnten Jahrhunderts auf der Frankfurter Wanderbühne sehen.

Die „Pastorellen mit lieblicher Musik und Stimmen nach französischer Manier", die 1651 von den Hofkomödianten des verstorbenen Prinzen von Oranien gegeben wurden,[3]) gehörten zu den Intermedien und Ballos, jenen Ausstattungsstücken, bei denen pantomimische und szenische Darstellungen nur mit Chorgesängen verbunden, waren wie z. B. bei dem zur Vermählung Georg II. von Sachsen 1638 aufgeführten Ballet von Schütz, Orpheus und Eurydice.

Die Entwickelung des Oratoriums schlägt unter dem Einfluß der Jesuiten in Italien eine entgegengesetzte Richtung ein. Hier findet eine Loslösung von der szenischen Darstellung statt, die eine neue Stätte in der geistlichen Choroper, wie sie Agazzari und Kapsberger schufen, gewinnt. Der dramatische Mittelpunkt des Oratoriums jedoch, der durch Einzel- und Dialoggesang zum Ausdruck kommt und von Laudigesängen umgeben ist, wird entweder durch Allegorien oder durch den begleitenden Testo erläutert, den der Historicus sowohl episch rezitierend, wie dramatisch akzentuierend, vorträgt. Betrachtende Strophenlieder (Arien) für den Einzel- wie Chorgesang gliedern sich allmählich an. So tritt das Oratorium als eine mit reicheren Formen ausgeschmückte Art des geistlichen Konzerts in die Kirche ein und muß seiner Ausdehnung halber meist in zwei Teilen, vor und nach der Predigt, aufgeführt werden.

In der deutschen evangelischen Kirche ist der älteste actus musicus 1649 in Stettin von dem Schulmeister Andreas Fromm aufgeführt worden. Es war die „Historie vom reichen

---

[2]) Kretschmar, H.: Das erste Jahrhundert der Deutschen Oper. S. d. J. M. G. 2. 1902.

[3]) Mentzel, S. 74.

Mann und armen Lazarus", die ganz nach italienischen Vor-
bildern gruppiert, einen Chorus profanus unten in der Kirche,
einen Chorus sacer auf der Empore hatte und von Sologesängen
durchzogen war. Als deutsche Zugabe jedoch folgten der Stimmung und Handlung Choräle, die sonst erst in späterer Zeit
von 1675 ab, als ein regelmäßiger Bestandteil des Oratoriums
nachzuweisen sind.[4])

Schützens groß angelegte Passionen und seine „Sieben Worte
am Kreuz" gehören in die Reihe der ersten deutschen Ora-
torien, während Andreas Hammerschmidts dramatisch belebten
„Geistliche Konzerte und Gespräche" wie seine „Geistliche
Sinfonien und Dialoghi" zu jener anderen Gattung geistlicher
Kirchenmusik, der K a n t a t e hinüberleiten. Weniger umfangreich als das Oratorium werden in der Kantate die durch
Bibellesung, Predigt und Gemeindegesang angeregten Bilder und
Stimmungen musikalisch wiederholt und am Schlusse des Gottesdienstes mit dem Vortrag arios gehaltener Schriftstellen, im
Einzel- und Dialoggesang ausgeführter Strophenlieder und Cho-
räle gleichsam ausgetönt. Auch Herbst hat seine letzten Kirchenkonzerte „Cantata" bezeichnet. Die hier beschriebenen Formen
traten in der Frankfurter Kirchenmusik jedoch erst nach seinem
Tode hervor. Ihr Aufkommen fällt mit Strömungen auf reli-
giösem Gebiet zusammen, die ebenfalls jene subjektiv empfin-
dungsmäßige Seite herauskehren, wie sie in der Tonkunst jener
Tage bereits Wurzel geschlagen hatte.

Im Jahre 1666 war an die Barfüßerkirche der Senior
P h i l i p p J a k o b S p e n e r berufen worden, von dem jene bedeutsame Erneuerung der evangelischen Kirche ausging, die mit
dem Namen P i e t i s m u s bezeichnet wurde und sich bald von
Frankfurt aus über ganz Deutschland verbreitete. Wie kam es,
daß gerade der Boden unserer Vaterstadt sich für die Aufnahme solch tiefeingreifender Umwandlungen eignete?

Die Bewohner Frankfurts brauchten nach Beendigung des
Krieges nur ihre Blicke auf die Umgebung zu werfen, um zu
beobachten, wie günstig sie aus der allgemeinen Zerrüttung hervorgegangen waren. Dem alten Handel der Stadt war durch

---

[4]) Schwartz, R.: Das erste deutsche Oratorium, Jahrbuch der Musikbibliothek Peters. 1898.

die im sechzehnten Jahrhundert eingewanderten Niederländer
eine blühende Gewerbetätigkeit an die Seite getreten. Bald
nach dem Frieden waren die materiellen Schäden ausgeglichen,
ein hoher Aufschwung des Wohlstands machte sich geltend.
Mit der Zunahme des äußeren Lebensgenusses verband sich
auch die Freude an Kunst und Wissenschaft. Die Häuser der
Vornehmen füllten sich mit Gemälden und Kunstgegenständen.
Es war die Zeit der Tätigkeit von Frankfurts bedeutendsten
Malern und Kupferstechern im siebzehnten Jahrhundert: der
Merian, Roos und Sandrart.

Von den führenden Adelsgesellschaften des Hauses Limpurg und des Hauses Frauenstein war die erstere noch immer
durch ihre vielen Mitglieder in der Stadtverwaltung herrschend,
zahlreiche Limpurger nahmen jedoch in dem in Rede stehenden
Zeitpunkt eine exklusiv adlige Stellung ein. Johann Maximilian
zum Jungen, der Gelehrte, dessen seltene, kostbare Bibliothek
1689—90 von der Stadt angekauft wurde, gehörte zu den Aus-
nahmen. Dagegen hatte die aus Adligen und Bürgerlichen, aus
Großkaufleuten und Gelehrten zusammengesetzte Gesellschaft
Frauenstein jetzt die eigentlich geistige Führerschaft übernommen.
Es zählte dazu schon Dr. Johann Hartmann Beyer, der 1640
durch das Vermächtnis seiner reichen Bücherschätze zum Mit-
begründer der städtischen Bibliothek geworden war. In der
zweiten Hälfte des siebzehnten Jahrhunderts gehörte die Kauf-
manns-und Juristenfamilie der Fleischbein von Kleeberg, der
Advokat Johann Jakob Schütz und die Familie Braumann zu
den Frauensteinern; am Anfang des achtzehnten Jahrhunderts
zählten die gelehrten und künstlerisch veranlagten Brüder
Uffenbach dazu.

Aus beiden Gesellschaftskreisen heraus bildete sich nach
dem westfälischen Frieden eine einflußreiche dritte. Sie bestand
aus den beim Rat akkreditierten Geschäftsträgern, den „Resi-
denten", der deutschen und außerdeutschen Fürsten. Ihre Ge-
schäfte waren teils konsularische, teils politische; so konnten
sowohl einheimische Handelsherrn wie adlige auswärtige Kavaliere
dazu ernannt werden. Andere Persönlichkeiten fungierten daneben noch in ausgedehnteren diplomatischen Geschäften, wie
der berühmte, seit 1676 hier lebende Orientalist Hiob Ludolf,
der für die Staatsgeschäfte des Kurfürsten von der Pfalz ver-

pflichtet war, aber auch als Geheimrat der sächsischen Herzöge wichtige Dienste leistete.

Bildung und Geschmacksrichtung dieser „hohen Standespersonen", die mit gereiftem Blick für Welt und Leben nach Frankfurt kamen, waren von nicht zu unterschätzendem Einfluß auf die einheimischen Ansprüche. Aus der Geschichte des Frankfurter Theaters ist es bekannt, daß sie wiederholt für die Zulassung der Wandertruppen ihren Geschmack dem Rate gegenüber in die Wagschale warfen.

Auch die Pflege weltlicher und geistlicher Musik erfreute sich ihres Anteils; mancherlei Berichte liegen vor, daß man für sie den Studentenlettner bei der Orgel in der Barfüßerkirche frei hielt.

In diesem von vielseitigen Interessen erfüllten, umfassend gebildeten Kreise bedurfte es offenbar nur der Anregung, um auch an die Grundfragen des Lebens, die sittlichen und religiösen, mit ernstem Sinn und neuer Auffassung heranzutreten. Speners warme, ruhig überzeugende Persönlichkeit, seine auf die Bibel sich stützende Lehre eines im Innern erlebten und geläuterten Christentums, die ohne Dogmenzwang gegeben wurde, hatte bei der verknöcherten Art der damaligen Religionsübung einen leichten Stand. Die Vorurteilslosigkeit seines Denkens, die zwingende Macht einer sittlich hochstehenden Persönlichkeit fesselten seine Zuhörer. So scharten sich in den 1669 gegründeten Collegia pietatis zunächst die höheren Stände um ihn, bald aber folgten Teilnehmer aus allen Kreisen und anders Glaubende.

Die Versammlungen sollten ihre Teilnehmer aus der Nichtigkeit und Vergänglichkeit des irdischen Lebens erheben, sie zugleich aber durch reinere Anschauung und werktätige Liebe dafür vollkommener machen, wie ja auch der kirchliche Zusammenschluß nur erneuert, nicht gesprengt werden sollte. Die reformierenden Ideen, die in jenen Vereinigungen ausgesprochen wurden, waren aus dem Geist des evangelischen Glaubens entsprungen und sind ihm nicht mehr verloren gegangen. Als sie jedoch zuerst Gestalt gewannen und das Konventikelwesen sich immer mehr verbreitete, überwucherten mancherlei Auswüchse den vortrefflichen Kern: Schwärmerei, Wunderglaube, Weltflucht und Weltverachtung wurden in den

pietistischen Kreisen heimisch. In und außerhalb Frankfurts
stellte sich dadurch Unfriede ein, Spaltungen und eine Reaktion
gegen den Pietismus war die Folge. Die extremste Richtung
der „Stillen im Lande" wandte sich sogar gegen die Kirchenmusik, die als eine weltliche Zutat der gläubigen Erhebung
nicht fromme.

Von Spener, der auf der Höhe der Bildung seiner Zeit
stand, ließ sich dagegen nur jedwede Förderung der Kunst in
der Kirche erwarten. Wir sind über den Anteil unterrichtet,
den er bei der Renovation der Barfüßerkirche in den Jahren
1669—1671 an den Tag legte. Dabei war auch die Musikorgel
erneuert worden. Die Kirchenmusik erfreute sich in jenen Jahren
des besten Fortgangs.

Der Senior und die übrige Geistlichkeit empfahlen 1668
die vierte Ausgabe der Praxis pietatis melica,[6]) jenes viel
verbreiteten Gesangbuchs des Kantors Crüger von der Nikolaikirche zu Berlin. Von diesem selbst hatte Wust 1662 das Ver-
lagsrecht erworben und die damalige erste Ausgabe dem Rat
am 15. Mai gewidmet.[7])

In den verschiedenen Crügerschen Gesangbüchern, die von
1640 ab erschienen, war neben den älteren evangelischen Liedern
die wertvollste kirchliche Literatur der Zeit niedergelegt: da
kamen von 1649 ab nach und nach die Paul Gerhardschen Gesänge heraus, 1653 erschien darin das schöne Lied der Kur-
fürstin Louise Henriette von Brandenburg „Jesus meine Zuversicht", 1649 Martin Rinkarts „Nun danket alle Gott", Simon
Dachs „O wie selig seid ihr doch, ihr Frommen", alle mit Melodien von Crüger.[8])

Neben diesen durch tiefe Frömmigkeit und eine echt volks-
tümliche Sprache ausgezeichneten Dichtungen und ihren kraft-
vollen Melodien standen jene andern, die mehr der gelehrt-
höfischen Poesie angehörten, wie sie von den im Norden und
Süden Deutschlands gegründeten Sprach- und Dichtergesellschaften hervorgebracht wurden. Sie haben das Gebiet der
religiösen Lyrik in ausgedehnter Weise gepflegt und darauf
wohl ihr Bestes geleistet; an vielen können wir uns noch hoch

---

[6]) Großherzogliche Hofbibliothek, Darmstadt.
[7]) Dedikationen und Invitationen.
[8]) In der Frankfurter Ausgabe.

erfreuen, wenn auch Überschwänglichkeit und Süßlichkeit mit
unterlaufen, die dem Geschmacke späterer Zeiten nicht Stand
halten konnten. Der gekünstelten Art des poetischen Ausdrucks
entsprachen die alten kernhaften Melodien nicht mehr, und so
geht das Anpassen an neue Formen mit der Liederdichtung
Hand in Hand. Die Frankfurter Ausgabe von 1668 unterscheidet
sich dadurch von den vorausgehenden, daß mehr als die Hälfte
der 354 Melodien, die das Buch enthält, neuen Ursprungs sind.
Sie wurden von dem Elbinger Schulmeister und Kantor an der
Kirche zum heil. Leichnam, P e t e r S o h r , in moderner Weise
umgeformt und weisen keine Spur der alten Kirchentöne mehr
auf. Der Notendruck ist sehr klein und wenig deutlich, ebenso
wie in dem 1674 von Wust verlegten französischen Gesangbuch
Les saintes occupations des âmes fidelles, dessen gesanglicher
Teil jedoch auf ältere französische Kirchenbücher zurückgeht.
Das Eingangskupfer der Praxis pietatis ist mit einem Porträt
Crügers geziert und weist eine Ansicht Frankfurts auf; zwischen
dem Hauptteil und dem von Sohr hinzugefügten Gebetsanhang,
dem „Morgen und Abendopffer", befindet sich ein recht im Geschmacke der Zeit erfundenes Emblema, ein Kupferstich, „Das
auf den Flammen des Altars zerschmelzende Herz" darstellend,
wozu der Frankfurter cand. theol. Waechter ein erläuterndes
Gedicht geliefert hat.

Das Aufnehmen des für die Zeit Bedeutsamsten zeigen
auch die spätern Auflagen der Praxis pietatis, die bis 1700 in
Frankfurt erschien.

Eine Bewegung, die wie der Pietismus das Nachdenken
des Einzelnen anregte und die Empfänglichkeit seines Gemüts-
lebens steigerte, mußte einen dichterischen Aufschwung zur
Folge haben. Die Dichtungen der Pietisten lehnen sich in ihren
Anfängen stark an den obwaltenden literarischen Geschmack
an, sie werden erst nach und nach freier und einfacher im
Ausdruck. Spener schritt darin seinem Kreise voran und veröffentlichte in der Praxis pietatis von 1674 drei Lieder: „Ich
weiß, daß Gott mich ewig liebet", „So bleibt es denn also",
„So ists an dem, daß ich mit Freuden", die von ihm am längsten[9])

---

[9]) Zahn: Die Melodien des evangelischen Kirchengesangs. II, 3058.
I, 1115. III, 5978.

lebendig geblieben sind. Die Melodien dazu rühren von dem
Frankfurter Musiker J o h a n n S c h o b e r her, der auch in der
Ausgabe von 1668 ein Hassdörffersches und ein Vorbergisches
Lied komponiert hatte und später noch die Lieder des Herzogs
Anton Ulrich von Braunschweig mit Melodien versah. Spener
nahm jene drei genannten mit noch sechs geistlichen Liedern
in seine Pia desideria von 1675 auf.

Eine andere Veröffentlichung des gleichen Jahres ging von
seinem ältesten Freunde und Gesinnungsgenossen in Frankfurt,
dem Advokaten J o h a n n J a k o b S c h ü t z aus, der sich zu
Speners Leidwesen bald darauf dem Separatismus anschloß. Es
war das „Christliche Merkbüchlein" mit dem Anhang von fünf
Liedern, darunter das sehr verbreitete, gleichsam für die pietistische Bewegung typische „S e i L o b u n d E h r d e m h ö c h s t e n
G u t", das mit Melodie zuerst im Darmstädter Gesangbuch von
1698 erschien. Unter dem Namen des Herausgebers war auch
das fünfte Lied „O komm geliebte Todesstund" lange bekannt;
gedichtet ist es jedoch von der Herzogin Sophie Elisabeth von
Sachsen-Zeitz, geb. Prinzessin von Holstein-Sonderburg.

Die Fürstin besuchte von Homburg aus, wie viele Damen
der umliegenden Residenzen, die Spenerschen Erbauungsstunden
in Frankfurt und gehörte zu seinen wärmsten Anhängerinnen.
Sie ist zu dem Kreis fürstlicher Dichterinnen zu rechnen, die
in Zeiten äußerer und innerer Not ihre glaubensstarken, von
wahrem Gefühl durchdrungenen Lieder dichteten, die daher echt
und überzeugend wirken : es sei hier nur an die geistlichen
Gesänge der Markgräfin Elisabeth von Brandenburg-Kulmbach,
an die der Gräfinnen von Schwarzburg und der Herzogin Mag-
dalena Sibylle von Württemberg erinnert — nicht zu vergessen
der aus gleichem Drange entsprungenen Kompositionen vieler
geistlichen Lieder der Herzogin von Mecklenburg-Güstrow. Das
erwähnte Lied der Herzogin von Sachsen erschien 1704 mit
Melodie im Freylinghausenschen Gesangbuch.

Unter der Einwirkung des Spenerschen Geistes war auch
die größere Sammlung des reformierten Theologen und späteren
Pfarrers zu Bremen, J o a c h i m N e a n d e r, entstanden, der zur
Zeit des Aufkommens der Collegia pietatis zu ihren Mitgliedern gehörte, da er sich damals als Erzieher in den Familien
de Neufville und d'Orville in Frankfurt befand. Er war Dichter

und Komponist zugleich und gab seinen 1680 zu Bremen erschienenen Bundesliedern siebenunddreißig ausdrucksvolle Melodien, zu denen auch die des verbreitetsten „Lobet den Herrn,
den mächtigen König der Ehren", gehört. Johann Sebastian
Bach stand schon durch seine streng lutherische Erziehung auf
orthodoxem Boden und mied auch später die Verbindung mit den
Pietisten, obgleich seine tief innerliche Natur manches Wertvolle aus diesem Kreise in sich aufnahm. So hat er die schönen
Melodien der zuletzt genannten Lieder im Jahre 1734 benützt:
„Lobet den Herrn" zu der Ratswechselkantate, die am zwölften
Trinitatissonntage in der Thomaskirche aufgeführt wurde [10]), und
das Schützische „Sei Lob und Ehr'" zu einer Kantate, die sich
in den Ausgaben der Bach-Gesellschaft, XXIV, Nr. 117, befindet.

II.

Der erwählte Magister Daniel Lommer scheint sich für die
neue Stelle als Musikdirektor erst definitiv entschieden zu haben,
als man ihm Herbsts volles Gehalt von fl. 190 und zwölf Achtel
Korn gewährte, ebenso die fl. 50 vom Almosenkasten, „wenn er
sich der Informierung dreyer Knaben unterzöge", die jedoch
in Ermangelung der „völligen Zahl" nicht gegeben werden
sollten. Ist die Verminderung der Musikschüler schon eine
Neuerung, so enthält das Schreiben vom 8. März 1666 [11]) noch
eine zweite in der Weisung des Rats, mit den Scholarchen dergestalt zu schließen, daß auch Sonntags bei der Nach-
mittagspredigt musiciret werde.

Die kleine Zahl von Sängerknaben und die Vermehrung
der musikalischen Aufführungen hängt mit dem veränderten
Zeitgeschmack und mit der Anstellung besoldeter Gesangskräfte
zusammen. Von 1667 ab kommt in den städtischen Büchern
der Diskantist und Violinist Schober mit fl. 120 vor, beim Abgange Erhardis wird ein besonderer Bassist und Leichenkantor
Christian Bornheimer mit fl. 54 eingestellt, der in der
Kirche zu singen und den Choral- und Figuralgesang der Schüler

---

[10]) Originalstimmen auf der Thomasschule. Spitta: Bach II., S. 286
bis 287.
[11]) Siehe oben S. 173.

bei den Kutschen- und Gassenleichen zu überwachen hatte,
ebenso wird jetzt der Altist und Organist Ferdinand Lamsonius mit fl. 100 in Dienst genommen. Von 1673—1679
fungiert ein zweiter Diskantist Joh. Christian Coterhold. Dem
alternden, dreifach beschäftigten Lommer wurde sein Dienst
wesentlich dadurch erleichtert, daß Bornheimer, Lamsonius und
der Organist Böddecker abwechselnd die Information der die
Kapellsänger ergänzenden Musikknaben leiten und dafür auch
ihre besondere Entschädigung erhalten. Diese Einnahmen, wie
eine Bevorzugung bei Verteilung der Hochzeitsakzidentien führen
zu einem sich über mehrere Jahre erstreckenden Streit zwischen
dem Violdigambisten Daniel Kühnell und Böddecker.

Kühnell hat schon 1666 beim Rat um Verbesserung seines
Gehalts supplizieret mit der Erwähnung, daß er viele Musikalien
und Instrumente mit großen Kosten habe herbringen lassen.
Man sagt ihm von nun ab fl. 100 zu — er hatte nur fünf und
siebzig — schlägt ihm jedoch ein zweites Gesuch ab, in dem er
um die „Permission" bittet, „sich in Italia in der Komposition
perfeckter zu machen" und bei „weiterer continuierender Bestallung" bereit ist, zwei Knaben zum Kapelldienst gratis zu informieren. Andere Schwierigkeiten mögen dazu gekommen sein, so
daß ihm im Frühjahr 1669 der Boden Frankfurts besonders
unter den Füßen brennt und er heimlich nach Italien entweicht.

In einem Schreiben vom 16. Mai aus Rom erklärt er seinem
Bruder Augustus Kühnell, dem Hofinstrumentisten des Herzogs
Moritz von Sachsen, sein Vorgehen und bevollmächtigt diesen,
seine Sachen in Empfang zu nehmen. Augustus macht wirklich die große Reise und stellt in einem vortrefflich abgefaßten
Brief dem Rat vor, daß sein Bruder ehrlich und treulich gedient, aber „durch unterschiedliche Neider in melancholiam ge-
raten sei" und bittet um ehrlichen Abschied.[12]

Das Gesuch wird durch ein vom 3. Juli 1669 datiertes,
zu Moritzburg a. d. Elster ausgefertigtes Kabinetschreiben seines
fürstlichen Herrn unterstützt, das die Sache zu gutem Ende
führte, die mit dem lakonischen Vermerk: „soll ihm willfahret
werden" im Bürgermeisterbuch abgetan ist. Daniel Kühnell ist
wahrscheinlich mit dem 1687 in Darmstadt angestellten Viol-

---

[12] Supplikationen 1669.

digambisten gleichen Zunamens identisch, da die beiden sonst noch bekannten Kühnells sich damals in andern Diensten befanden.[13])

Für den ausgeschiedenen Violdigambisten tritt nach einiger Zeit Hans Hektor Beck wieder ein, dessen Exil am 28. Juli 1670 aufgehoben wird. Er hatte mit geschickter Wendung den Rat von der Anfechtung überzeugt, die er in seinem jetzigen Aufenthalt Köln durch die Weigerung, zur katholischen Religion zu treten, erlitten habe.

Die Persönlichkeit, die Lommer nicht nur während seiner letzten, in Krankheit verbrachten Lebensjahre, sondern von Anfang an bei der Direktion der Musik unterstützte, war der schon genannte, zu Kindelbrück in Sachsen geborene Johann Schober, der 1671 in die Bürgerschaft aufgenommen wird. Es geschah dies wohl infolge seiner Dienste und einer Dedikation, die er beim Rat eingereicht hatte. Nach dem erhaltenen Begleitschreiben war es die Einweihungsmusik für die neueröffnete Barfüßerkirche: „ein musikalisches Stück für 4 Chor uffgesetzt"[14]). Die Komposition, wie eine zweite zur Einweihung der Katharinenkirche nach der Renovation im Jahre 1682 gelieferte, ist verloren. Ein gleiches Schicksal hat die zunächst eingelaufenen Musikstücke von 1675 betroffen: das des baden-durlachschen Kapellmeisters **Johann Christoph Strattner** und des gräflich Löwensteinschen Kapellmeisters **Johann Paul Faber**.[15]) Die vorhandenen Briefe ergehen sich in Lobeserhebungen über die frankfurtische Musik. Strattner, der in Abwesenheit seines Fürsten nach Frankfurt gereist war, will mit Einsendung mehrerer Musikalien an die Hand gehen und teilt — unter dem Gesichtspunkt einer etwaigen Berufung seinen Bildungsgang mit. Danach war er zu Golß am Ungarischen See geboren, hatte die ersten Studien bei seinem Vetter Capricornus, der Kantor an der Dreifaltigkeitskirche in Preßburg gewesen war, begonnen und sie dann bei anderen geschickten Meistern und bei dem inzwischen Kapellmeister in Stuttgart gewordenen Verwandten fortgesetzt.

---

[13]) Siehe Nagel.
[14]) Dedikationen und Invitationen.
[15]) Dedikationen und Invitationen.

Ähnlich berichtet der seit 1662 in Wertheim angestellte
Faber, der in Nürnberg geboren und vom Rat dort ausgebildet
worden sei, im Klavier und in der Komposition sodann noch
von andern auswärtigen Meistern profitiert habe. Die Dienste
beim Grafen seien ihm nun besonders erschwert, da „durch
die fränkischen Kriegstroubeln, die sechs Wochen lang das
Frankenland verheerten, alle intrada der geistlichen Chorstifte
rückständig geblieben, so daß anhero sämtliche Kirch und
Schulkollegien ihre versprochene und zugesagte Salaria nicht
empfangen". Mit Überreichung seiner musikalischen „labores"
bittet er, ihn mit einer „Promotion" zu bedenken.

Durch zwei erhaltene Einsendungen von andern Musikern
können wir uns jedoch einigermaßen über die der Frankfurter
Kapelle zugedachten Aufgaben und über die Kompositionstechnik
jener Zeit informieren. Der Hochgräflich Schwarzburg- und
Hohensteinsche Kapellmeister Wolf Ernst Roth[16]) hat sich
auch persönlich nach der Frankfurter Musik umgesehen und
dem Rat einen Brief mit einem Kirchenstück übergeben lassen.
Sein Laudate pueri nomen Domini[17]) für C. A. T. B. und
Viol. und Orgelbaß ist auf zwölf Hochfolioseiten zu zehn Systemen
geschrieben und geht aus A-moll. In der durchaus polyphonen
Behandlung der Singstimmen sind, wie bei den ältern Meistern
des siebzehnten Jahrhunderts, Herbst, Altenburg und anderen,
möglichst die verminderten und übermäßigen Intervallschritte
vermieden; dafür kommen häufige Sextakkordparallelen vor,
und die Modulation wird vorwiegend durch die dorische Sexte
gewonnen. Die Instrumentalstimmen setzen imitatorisch ein,
sind aber nur ausfüllend gedacht, während der Orgelpart kunstvoller gestaltet ist; der fugierte breit ausgesponnene Schluß
auf dem „in saeculum saeculorum amen", gibt dem Ganzen ein
feierliches Austönen.

Umfangreicher ist die am 10. Juli 1679 überreichte Komposition des pastor exclusus Johann Georg Keirleber: In
festum ascensionis. Er wurde ebenfalls durch den Krieg
aus seiner Heimat Nürtingen vertrieben und hatte eine Stelle

---

[16]) Nach Eitner, Bd. 8, S. 332, wird Roth 1657 unter den Musikern der
Dresdener Hofkapelle genannt, und es erschienen von ihm „Musikalische
Freudengedichte" (Paduanen, Alemanden etc.).
[17]) Dedikationen und Indikationen.

bei Wust als „Corrector supernumerarius" gefunden, auch das Vorsängeramt zu den Barfüßern war ihm übertragen worden. Aus diesen bescheidenen Stellungen strebte er danach, mit seinen Gaben hervorzutreten: er war in der Komposition vielerfahren und verstand das Spiel sämtlicher Instrumente. In dem Begleitschreiben heißt es „daß das beykommende elfstimmige Stück, so erschienen Sonntags musicieret . . . aber nicht ganz getroffen worden", während doch das von ihm komponierte Osterstück „mit der ganzen Gemeind gutem Beifall passiret" sei.

Sein Kirchenkonzert (15 Seiten zu 12 Systemen, Hochfolio, geschrieben) geht aus C-dur für C. A. T. B. und ist mit 2 Violinen, 2 Cornetten, 2 Trombonen, Viola di Gamba, Fagott, Dulcian und Bass-Violon besetzt. Durch die reichere Verwendung der Instrumente erhält das Konzert eine gewisse glänzende Feierlichkeit; die Singstimmen treten auch hier, wie bei der Rothschen Komposition nicht homophon heraus. Eine kurze Instrumentalsinfonie leitet ein, ein Ritornell von 24 Takten trennt das Kirchenstück in zwei Teile. Nach einem Ruhepunkt auf dem Quartsextakkord setzen nun die Stimmen wiederum imitatorisch ein und erzielen bei dem Ascendit in coelum, durch die Anwendung des $^3/_2$ Takts, ein Aufwärtsschreiten, einen hübschen, tonmalerischen Effekt. Die tonale Behandlung ist freier als bei Roth, Septimen- und Nonensprünge kommen vor und am Schluß baut sich eine regelrechte Fuge bei dem „Vivos et mortuos, amen" auf.

Keirleber verschaffte sich durch diese Leistung Anerkennung und Einfluß; er erhielt, als 1679 der Kantor Bornheimer starb, und die Funktionen in drei Teile geteilt wurden, vorübergehend den Musikunterricht in der Klasse, während Purgold den Schulgesang in der Kirche zu überwachen hatte und Valentin Mann zum Leichenkantor angenommen wurde. Bei dem Ableben des Musikdirektors Lommer am 23. Januar 1682 übergab er dem Schöffen Bender von Bienenthal Vorschläge zur Verbesserung der Kirchenmusik, die dieser in seinen umfangreichen Aufsätzen über städische Einrichtungen aufgenommen hat.[18] Sie werfen Licht auf mancherlei Zustände und wir geben sie daher hier mit den notwendigen Erläuterungen.

---

[18] Manuskript auf dem Stadtarchiv, Sammlung von Leonhardi, p. 323.

Music in den Kirchen.

1) Gute Subjecta sowohl vocalis als instrumentalis musicae beyzuschaffen und die untauglichen zu renoviern.

2) Jederzeit einen guten Bassisten, so keine schwache, sondern eine starke Stimme hat, zu wählen, damit dadurch der Musik ihre Gravität gegeben werde.

3) Sich allzeit wenigstens auf zwei gute Violisten gefasst zu halten.

4) Sollte man bei jetziger vacierender Kapellmeisterstell ihm und Schobern wechselsweise die sonn- und feyertägliche Direktion der Musik übergeben, etc.

   Die Direktion wurde nur an Schober gegeben.

5) Dahin sehn, daß die musikalische Stück, so öffters einem W. E. und Hochweisen Rat gegen Recompens dediciret werden, nicht in des Kapellmeisters Haus, sondern in loco publico verwahrt, darüber ein ordentlich register aufgerichtet und also bey der Hand bleiben mögen.

   Letzteres wurde wohl damals nicht gemacht, dagegen begann auf Keirlebers Vorschlag hin die Aufbewahrung der Musikalien auf dem Kastenamt, der wir ihre Erhaltung verdanken.

6) Nachdem nunmehr dem Ferdinand die Orgel in der Barfüßerkirch zu schlagen gegeben und dadurch eine schöne Altstimme abgangen, wiederumb nach einem guten Altisten zu trachten.

   Ferdinand Lamsonius wurde im Mai 1681, nach dem Tode Böddeckers, Musikorganist zu den Barfüßern. Groß-Organist war dort seit 1671 Andreas Göllinger, dessen Vater Israël, der Orgelbauer Göllinger, seit Mentzers Abgang die Orgel zu St. Katharinen, zeitweilig zu St. Peter spielte. An der Sachsenhäuser Kirche stellte man 1676 nach Mayers Tod den Johann Seibig aus Gelnhausen an, der daraufhin wie alle Organisten Bürger wird. In seiner Eingabe vom 8. August erwähnt er, zu Erfurt bei dem Stadtorganisten Bach (dem Großonkel Sebastians) studiert zu haben.

7) Damit man auch gute Subjecta musicis und gleichsam ein Seminarium pflantzen möge, als soll man dem Kapellmeister und in Mangel dessen dem tüchtigsten Musico 6 oder 8 Knaben aus dem Almosenkasten oder Armenhaus umb ein Billiges in sein Haus und Kost geben, dieselben sowohl vocaliter als instrumentaliter nach eines jeden Inclination und Naturell zu informieren, dieselben zu allhiesiger Stadt Diensten widmen und binden und sie mit Schreiber oder

andern Nebenbestallungen, wenn sie sich in der Frembde noch weiter perfectionniret, vorsehn lassen; außer dem wird pure unmöglich seyn, gute Discantisten zu haben oder auch deren beständig, so lange die Stimme wehret, zu genießen.

Dieser Vorschlag wurde für zwei oder drei Knaben von nun ab regelmäßig ausgeführt.

8) Sollte man dem Cantore auf der Schuhl einen Zutritt zur Kirchenmusik, wie fast sonst aller Orthen gebräuchlich, geben.

Dies schon von Erhardi erstrebte Ziel, das an anderen Orten vielfach bestand, wurde in Frankfurt niemals eingeführt.

9) Und dieweil bekannt, daß die salaria musicorum fast überall schmahl und klein sein, solle man allen Bräutigammen, so es begehren, bei der Copulation eine Music, doch jedem nach Standts-Gebühr, umb ein gewisses Geld vergönnen, und könnten von solchem Geld ein Theil den Armen, der andere etwa den Musicis gegeben werden.

10) Nachdem Musici öffters bey den Hochzeiten musiciern, einander aus Neid ausschließen und etzliche wenige allein die accidentia genießen vnd den andern abschnitten, als solle man dahin trachten, wie zumahlen auch unter denselben Fried, Ruhe und Einigkeit zu stiften, bey der Aufwartung jedem nach seiner Kunst und Geschicklichkeit, so viel als möglich, aequabiliter sein Stück Brod gegönnt werden möge, damit nicht einer bei dem andern darben und Hunger leiden müsse.

Die herrschenden Streitigkeiten wurden auch durch diesen Paragraph nicht gebannt.

11) Möchte noch diese Erinnerung dazu kommen, daß man die Funktion und Verrichtung bei der Music in jeder Kirche soviel möglich separat halten und nicht einem in mehreren Kirchen zugleich auftrage, die weil sonderlich solches im Winter viel Inconventien causiret, und stünde dahin, wenn das zur Musik allbereit gewidmete Geld zur Erhaltung so vieler musicorum nicht erklecklich sein sollte, ob nicht von der Gemeinde umb Neujahrs Zeit oder sonsten zu Behuf der Music ein Collect von den auditoribus gleich wie zu Straßburg und andern Orten mehr, da gar keine salaria musices sind, angestellet werden möge, allermaßen solches allbereit

zu St. Peter bei Herrn Pfarrer Emmel sel. Zeiten der-
gestalt gehalten worden. *Hier wird die Schwierigkeit berührt, die Musik mit denselben Kräften
in den verschiedenen Kirchen und zum Teil unmittelbar anschließend zu
versehen. Ferner ergibt sich aus diesem wie aus dem neunten Paragraphen, daß die Steuer zur Musik jetzt weniger umfangreich und freiwillig geleistet wurde.*
Der Rat mag es aus verschiedenen Gründen für besser
gefunden haben, nicht den stellvertretenden Direktor Schober,
der sich zwar gemeldet hatte, sondern einen Auswärtigen zu
wählen. Schober wurde für die Interimszeit mit einem ansehn-
lichen Geldgeschenk bedacht. Durch alsbaldige Unterhandlung
mit dem Kapellmeister Strattner umging man wohl weitere Gesuche. Eines ist erhalten [19]) und birgt die günstige Empfehlung
des Markgrafen von Brandenburg-Onolzbach für seinen Kapellmeister Christoph Friedrich Anschütz.

Ehe wir uns der unter Strattners Leitung stehenden Epoche
zuwenden, muß der Musik in einer anderen Frankfurter Kirche
und der privaten Musikpflege jener Tage gedacht werden.

III.

Im Nordosten der Stadt befand sich in Verbindung mit
dem dort gelegenen größesten Friedhofe eine im vierzehnten
Jahrhundert gegründete, dem heil. Petrus geweihte Betkapelle,
die noch vor dem Ausgang des Mittelalters zur Kuratkirche
des Bartholomäusstifts erhoben und mit vielen Dotationen des
reichen Patriziats bedacht worden war. Als letzte der dem
lutherischen Bekenntnis dauernd übergebenen Kirchen erhielt
sie 1532 ihren ersten Prädikanten in Matthias Limberger; der
erste Vorsänger wurde hier 1555 mit dem Gehalt von fl. 3
angestellt. Die abgesonderte Lage in der Neustadt, dem Viertel
der Gärtner und Weinhecker, führte in der Reformationszeit
bald zur Errichtung einer deutschen Schule. Mit dem Amte
des Schulhalters, der die ihm überwiesenen Kinder auch für den
Choralgesang in der Kirche und bei den Beerdigungen im Quartier
vorzubereiten hatte, war meistens auch das des Vorsängers
verbunden. Der Sprengel der Peterskirche war nicht klein; zu

---

[19]) Schulakten III. Fol. 383.

ihm gehörten die noch außerhalb der älteren Stadtumwallung liegenden Gebiete bis zur Galgengasse hin. Lange hören wir nichts von der Musik zu St. Peter, während sie außer in der Hauptkirche auch zu St. Katharinen, dem ehemaligen Gotteshaus der dortigen Nonnen, eifrige Pflege fand.

Als erste Nachricht darüber ist die Notiz in den städtischen Büchern anzusehen,[20]) nach der es gleich nach dem Friedensschluß am 9. November 1648 heißt, daß die Musici und Nachbarn zu St. Peter eine Sammlung veranstaltet hätten, um an Stelle des alten Positiffs ein neues Orgelwerk anzuschaffen. Das Ergebnis waren fl. 261, die von den Kastenherrn als zu einem kleinen Orgelwerk genügend angesehen wurden. Der hier gebrauchte Ausdruck Musici dürfte nicht in dem für angestellte Sänger und Spieler gebräuchlichen Sinne zu verstehen sein, die es zu St. Peter nicht gab, er könnte sich jedoch auf freiwillig die Musik dort pflegende Schüler und Sprengelglieder bezogen haben.

Als im Jahre 1661 der derzeitige Kirchen- und Schuldiener Anton Koch stirbt, melden sich für den Posten eine Reihe musikerfahrene Personen. Darunter ist der cand. theol. Johann Georg Schwartz,[21]) ein Schüler Herbsts, der „vormals in der Barfüßerkirch dem exercitio musico fleißig beigewohnt habe." Die Wahl fiel jedoch auf Johann Hartmann Hunger,[22]) den Enkel Kochs, aus dessen Schreiben klar wird, daß seine musikverständigen Vorfahren über sechzig Jahre den Kirchen- und Schuldienst dort versahen.

Die Blütezeit der Kirchenmusik begann jedoch erst, als am 15. April 1675 die kunstliebende Familie Braumann ein Legat von fl. 300 bei der Rechneikasse hinterlegte und als von dessen Zinsen Musikalien angeschafft und Mitglieder der städtischen Kapelle, Solosänger und Instrumentisten herangezogen werden konnten. Um diese Zeit etwa wird Nikolaus Purgold dort zum Organisten bestellt, der in einem Gesuch an den Rat von 1679[23]) anführt, daß er drei Jahre „beim hiesigen Chor majori Präfeckt gewesen" und weitere sechs Jahr freiwillig bei

---

[20]) R. P. u. B. B.
[21]) Supplikation.
[22]) Supplikation.
[23]) Siehe oben.

der Musik gedient habe, auch bereits drei Jahre die Orgel zu
St. Peter schlage. Er vergißt nicht auf die Dienste zurückzu-
kommen, die er acht Jahre lang im Hause des Schöffen Benkher
geleistet habe; wahrscheinlich bestanden sie in Musikinformation.
Der geschulte Musiker und Organist hat ohne Zweifel bestim-
mend auf die Musik der Peterskirche eingewirkt.

Die dort zusammengekommene Musikalien-Bibliothek gliedert sich in drei Teile. Zu dem ersten, ältesten sind die
Musikalien des sechzehnten Jahrhunderts zu rechnen, die aller
Wahrscheinlichkeit nach aus der Barfüßerkirche herüberge-
kommen sind, nämlich die: Madrigali e dialoghi a otte voci,
per cantare e concertare con ogni sorte d'instrumenti von
F r a n c e s c o   S t i v o r i , Venedig 1598,[24]) La Fiammetta, Canzoni a sette voci con uno echo a otte, von P h i l i p p d e M o n t e ,
Venedig 1599, schließlich die Steinschen Ausgaben der Via-
danaschen Konzerte von 1620. Eine neue Gruppe eröffnen
Tonschöpfungen über lateinische Gesänge, die von deutschen
Meistern der ersten Hälfte des Jahrhunderts komponiert wurden;
wir führen von den Vorhandenen an: Da pacem Domine zu 10 St.
von A n d r e a s   B e r g e r , Augsburg 1635, die Hymnodia sacra
zu 2 St. mit B. C. von K a s p a r M o v i u s , Rostock 1639, ein
Geschenk, das im Jahre 1679 der Geistliche Herr Sebastian
Ritter der Jüngere an die Peterskirche gelangen ließ. Auch
H e i n r i c h   G r i m m s Vestibulum hortuli harmonici sacri von
1643 zu 3 St. mit Continuo gehören hierher.

Der Hauptwert der Sammlung beruht jedoch in den Werken
der eine neue Richtung einschlagenden deutschen Komponisten,
wie sie zunächst in Hammerschmidts M u s i k a l i s c h e n A n -
d a c h t e n in 3 Teilen von 1639, 1641 und 1642 vorliegen. Hier
wird der Vortrag des Bibeltextes durch abwechslungsreiche
harmonische Führung, durch rhythmischen und chromatischen
Wechsel ein ungemein belebter. Die Stimmen setzen nacheinander, sei es im Dialog, sei es in größerer Anzahl oder tutti ein,
wodurch ein leidenschaftlich - dramatischer Ausdruck erreicht
wird. Die lyrischen Stellen sind teils in freier Nachahmung
komponiert, teils liedmäßig gehalten und nur vom Continuo begleitet. Hammerschmidts Kompositionsweise tritt als bedeutsames

---

[24]) Hier und folgend Israël-Katalog S. 82, 58, 12, 60, 42.

Bindeglied zwischen Schütz, den Meister vom Anfang, Bach und Händel, die Meister vom Ausgang des Jahrhunderts. Er wirkte nachhaltig auf seine Zeit, so daß auf dem eingeschlagenen Wege die große dramatische Kantate „Es erhub sich ein Streit" von Sebastian Bachs Onkel, dem als Motettenkomponisten bedeutenden Johann Christoph Bach, entstehen konnte. Zunächst verschönten diese Werke nur auserlesene kirchliche Feste, allmählich jedoch bürgerte es sich ein, sie regelmäßig an Sonntagen aufzuführen. In Hammerschmidts Konzerten waren noch die alten Kirchenlieder in harmonisch umgebildeten Formen überwiegend. Nun aber treten neue, im Zeitgeschmacke gehaltene und danach komponierte geistliche Lieder auf, die inmitten der sich an das Sonntagsevangelium anschließenden Kantate ihren Platz finden und nun vom Sängerchore, nicht mehr von der Gemeinde, mitgesungen werden können.

Tonschöpfungen wie die „Neuverfaßte Chor-Music" zu 5—10 Stimmen von 1668[25]) von Johann Rudolf Ahle, dem Vorgänger Bachs im Organistenposten an der Blasiuskirche zu Mühlhausen, und die „Seelenfreude" für eine Stimme mit Orgel von 1672 von dem schon erwähnten Constantin Christian Dedekind und dessen „Musikalische Jahrgänge" zu zwei Diskanten und Orgel von 1673[26]) gehören dieser Gattung an. Dedekind, der unter dem Namen Concord Mitglied des von Rist gegründeten Elbischen Schwanenordens war, hat die meisten der unterlegten Lieder selbst gedichtet und sie durch die verschiedenartigste Stimmengruppierung mannigfaltig gestaltet.

Ganz besonderer Berücksichtigung müssen sich die Kantaten des Darmstädter Hofkapellmeisters Wolfgang Karl Briegel in Frankfurt erfreut haben, da die Peterskirche zehn seiner Sammlungen, die Barfüßerkirche zwei davon besitzt.[27]) Der dritte und letzte Teil seiner „Evangelischen Gespräch" (zu 6—8 Stimmen vocaliter und instrumentaliter von 1681) ist dem Frankfurter Rat, „dem großen Liebhaber und Patron der edlen Music, der in seinen Kirchen eine wohlbestellte Capell durch gute Subjecta erhalte", gewidmet. Gerade in diesen Kompositionen ist eine starke Anlehnung an Hammerschmidt zu

---

[25]) Israël-Katalog S. 8.
[26]) Ebenda S. 29.
[27]) Ebenda S. 19—22.

verspüren, in Anwendung des Dialogs wie der begleitenden
Instrumentalmusik, aber Briegel, dem wir noch mehrfach begegnen werden, verstand es auch, nur durch die Singstimmen
eine volle harmonische Wirkung zu erzielen, so in dem „Evangelischen Blumengarten" von 1666 zu 4 Stimmen und G. B. „auf
leichte madrigalische Art gesetzt".

Zyklische Kompositionen über freie Dichtungen sind noch
in der „Heiligen Jesus- und Sonntagsfreud", erster und vierter
Teil von 1681, des Augsburger Komponisten Scheiffelhut[28])
erhalten, die für zwei Diskante oder Tenöre, 2 Violinen, Violone
und Continuo von diesem, besonders die Neuerungen auf dem
Gebiete der Instrumentalmusik eigenartig erfassenden Tonsetzer
eingerichtet sind.

Einfacher in den Anforderungen an die Ausführung sind
die „Evangelischen Seelengedanken" des Göppinger Kantors
Daniel Speer.[29]) Zum Abschlusse dieses Überblicks sei hier
noch das eine neue Stufe darstellende Werk von Battista
Bassani, dem Lehrer Corellis, erwähnt: Motetti a voce sola,
Canto, Alto und Basso abwechselnd mit Violinbegleitung und für
B. C. von 1690.[30])

Wenn nun auch um die Wende des Jahrhunderts die Anschaffungen von Druckwerken für die Peterskirche aussetzen,
so war dadurch die Kirchenmusik nicht beeinträchtigt; ihre
Blüte dauerte hier wie in den übrigen Kirchen Frankfurts bis
in die zweite Hälfte des achtzehnten Jahrhunderts. Die auf
Kosten der Stadt und des Almosenkastens angeschafften handschriftlichen Musikalien wurden jetzt in der einen wie in der
andern Kirche benützt.[31])

Der einzige noch erhaltene, aus der Verehrung für die Ton-
kunst entsprungene bildnerische Schmuck gehört dieser spätern
Zeit an und stammt aus der Peterskirche. Bei Erneuerung ihrer
Orgel im Jahre 1772 wurde von dem Bildhauer Johann Daniel
Schnorr ein kunstvolles Gehäuse in Lindenholz geschnitzt, dessen
Mittelstück das Stadtwappen zeigt, rechts und links von sitzen-
den Engeln umgeben, von denen einer die Viola da Gamba spielt,

---

[28]) Ebenda S. 73.
[29]) Ebenda S. 77.
[30]) Ebenda S. 10.
[31]) S. Anhang IV, 2 u. 3.

der andere die Laute schlägt. Sie werden geschmackvoll durch zwei an den Seiten aufgestellte, die Geige und die Flöte spielende Putten ergänzt. Das ausdrucksvolle Werk befindet sich im Historischen Museum.

IV.

Außer der Kirchenmusik lenkte in jenen Jahren noch eine andere musikalische Vereinigung die Aufmerksamkeit auswärtiger Komponisten auf Frankfurt: Das ältere und vornehmere Collegium musicum des Hauses Frauenstein. Der sichere Beweis für den Zusammenschluß einzelner Mitglieder zum Zwecke der Musikpflege wird durch die Vorreden dreier Musikdrucke der Jahre 1672, 1675 und 1678 erbracht.

Die ältesten deutschen Musikkollegien sind, wie die Mehrzahl der Schülerchöre, eine Errungenschaft der humanistischen Bewegung. Sie wurden in Frankfurt a. d. Oder, in Mühlhausen i. Th. und in Nürnberg gegründet. Das dort 1588 entstandene Kollegium, dessen Protokollbuch sich im Britischen Museum befindet[32]), hatte zwölf Mitglieder, darunter waren vier Musiker. Mit dem äußeren Niedergange Nürnbergs im Dreißigjährigen Kriege schwand das Interesse an der Gesellschaft, die 1626 in Sebastian Scheurls Haus ihre letzte Sitzung abhielt. Die Form, in der dies geschah, war ein „Kränzchen", das bei seinen Mitgliedern Reihe umging, eine Einrichtung, die auch das 1616 zu Prag gegründete Musikkollegium aufweist[33]). Literarisch und musikalisch geschulte Personen bildeten überall den Mittelpunkt. Wie der Gründer des „Hirten- und Blumenordens an der Pegnitz", Philipp Harsdörffer, noch in den letzten Zusammenkünften des Nürnberger Kollegiums anwesend war, traten in Hamburg die dem Ristschen und Zesenschen Kreise Nahestehenden 1660 unter dem Organisten Philipp Weckmann zur Gründung eines sogleich über ein Musikkränzchen hinausgehenden Konzertunternehmens zusammen, für das die besten italienischen und deutschen Werke verschrieben wurden.[34])

---

[32]) Nagel: Die Nürnberger Musikgesellschaft. M. f. M. 1897.

[33]) Rychnowsky, E.: Ein deutsches Musikkollegium in Prag. Z. d. J. M. G. 1905, I.

[34]) Seiffert, M.: Matthias Weckmann und das Collegium musicum in Hamburg. S. d. J. M. G. 1900, I.

Die frühesten Andeutungen über ein Musikkränzchen in
Frankfurt wurden schon erwähnt; sie traten in den Vorworten
von Myllers Canzonetten, von Oberndorffers Suiten ans Tages-
licht[35]). Ausgedehnter erscheint der Kreis von Musikfreunden
in der Myliusschen Widmung und Vorrede. Auf den Vorteil
von Herbsts Leitung für die private Musikpflege ist hingewiesen worden, seine mit dem Frauensteinschen Kreise nahen
Beziehungen haben sich ergeben.[36]) Da nun das Frankfurter
Musikkollegium 1672 bereits bekannt war und gerühmt wird,
muß eine mehrjährige Tätigkeit vorausgegangen sein, so daß es
nicht allzu fernliegend wäre, Herbst noch damit in Verbindung zu
bringen. Es fehlen jedoch aus der Gesellschaft jedwede Urkunden; aus denen anderer Musikkollegien sind uns wichtige
Festsetzungen über Ort und Zeitdauer der Zusammenkünfte,
Zahl und Aufnahme der Mitglieder, Trinken und Essen, Verhältnis zu den teilnehmenden Musikern übermittelt. Wahrscheinlich schloß sich die Beschäftigung mit der Musik zwanglos an die
Bankette und Gelage an, die von der Gesellschaft in ihrem
uralten Besitz am Römer, später von 1694 ab in der neuen
Erwerbung, dem „Braunfels", oder im „Großen Kaufhaus" unter
der „Neuen Kräme" abgehalten wurden. Die älteste für das
Frankfurter Kolleg komponierte Widmung ging von dem schon
erwähnten hessen-darmstädtischen Kapellmeister Briegel aus.
Der Druck ist nur einmal, fragmentarisch — mit der Tenor-
und ersten Violinstimme —, auf der Hofbibliothek zu Darmstadt
erhalten; der Titel lautet:

Musikalisches
Tafel-Confect /
Bestehend
in
Lustigen Gesprächen
und
Concerten
von
1, 2, 3 und 4 Sing Stimmen /
Neben dem
Basso Continuo.

[35]) S. o. S. 107. [36]) S. o. S. 166.

Denen Liebhabern der Music
zu sonderbahrer Ergetzlichkeit
auffgesetzt
von
Wolfgang Carl Briegeln / Fürstl. Hess.
Capellmeister in Darmstadt
etc., etc.

Nach dem Vorwort widmet er die Gesänge „den sämmt-
lichen Wol-Vornehmen und Kunst-berühmten Mitgliedern des hochlöblichen Collegii musici zu Frankfurt, seinen allerseits großgünstig geehrten Herrn
und Freunden". Er führt an, daß diese Musik von der bisher
gepflogenen Gewohnheit abgehe, indem sie nicht wie üblich am
Anfang, sondern am Ende einer fröhlichen Mahlzeit „bei Auff-
tragung des Confects" auszuführen sei. Der Inhalt ist folgender:

1) Der Hofleute Gesang à 6, C. A. T. B. 2 Viol.
2) Jägerlied à 5, A. T. B. 2 Viol.
3) EpicurerLied à 5, A. T. B. 2 Viol.
4) Es ist sehr gut und fein à 6, C. A. T. B. 2 Viol.
5) Es ist nichts besseres à 5, A. T. B. 2 Viol.
6) Muß sie's denn eben seyn à 5, A. T. B. 2 Viol.
7) Präcedenz-Streit à 3, 2 T. u. B.

Betrachten wir uns das Tafelkonfekt näher, so besteht es
zum Teil aus launigen Scherzliedern wie No. 1, 5, 6 und 7, zum
Teil aus kräftigen, lebensfrohen Trinkliedern wie dem Jagd-
und Epicurerlied, wobei jedoch auch ein ernster Ton mitklingt.
Zum Beispiel dient dies letztere Lied mit seiner kurzen, grave
gehaltenen einleitenden Sinfonia, auf die ernste Worte folgen:
„Es ist ein kurz und mühselig Ding um unser Leben", um dann
in den bewegten Allegrosatz „Wolher, Wolher so laßt uns wohl
leben . . . . . laßt uns Kränze tragen von jungen Rosen" um-
zuschlagen. Diese Stimmung tönt noch in dem ebenfalls auf
biblische Worte komponierten folgenden Lied weiter: „Darum
ist nichts besseres, als daß der Mensch fröhlich sei bei seiner
Arbeit, denn das ist sein Teil".

Trotz ihres gegensätzlichen Inhalts sollten diese Lieder
sich zyklisch aneinander reihen, während im Quodlibet das un-
vermittelte, bunte Gemisch von Texten, das stückweise Ver-

wenden der Melodien beliebt war. Dazu dienten hier offenbar
gesprochene Worte zwischen den Gesängen, wie sie bei dem
neckischen Lied eines wankelmütigen Liebhabers „Muß sie's
denn eben sein" mit dem Schlusse: „Ich bin diesmal aus Flandern, ich will zu einer andern" und dem folgenden Präcedenz-
streit zwischen Schneider, Weber und Müller gedruckt sind:
„Nur zu, ich auch, so gehn wir miteinander". Auch nach dem
Jagdlied wird die Bemerkung eingeschaltet: „Es sind rohe
Leute".

Als Probe stehe hier das erste Lied, dem eine kurze Sonate
vorausgeht:

Der Hofleute Gesang.

Ut, re, mi, fa, sol, la, der Hofmann pflegt zu singen,
Wenn ihn das frohe Glück will Himmel hoch erschwingen.
La, sol, fa, mi, re, ut, Auweh, auweh, das kommt zuletzt,
Wenn ihn verkehrtes Glück aufs Niedrige versetzt.

Darum stehe, wer da will, hoch auff des Berges Spitzen,
Mir ist es allgenug im Schattichten zu sitzen,
In Ruhe des Gemüths, entfernt von falschem Schein
Bedient zwar Jedermann, kann doch mein Eygen sein!

Wie Adam Krieger, der sich zu seinen „Neuen Arien" von
1667 die Texte selbst dichtete, hat dies hier vielleicht auch der
gewandte Briegel getan.

Soweit sich bei den geringen musikalischen Überresten in
die Komposition hineinschauen läßt, waren die Lieder kanon-
artig gesetzt. Die Melodieführung scheint sich nach den Violin-
stimmen den heitern Texten witzig umherschwirrend angepaßt
zu haben. Der Taktwechsel tritt häufig ein.

Um diese der Unterhaltung an fröhlicher Tafelrunde dienen-
den Lieder zur Geltung zu bringen, bedurfte es eines ebenso
eingehenden Studiums wie für die andern, dem Gebiet der Instrumentalmusik angehörenden Dedikationen. Es sind Kammer-
suiten, die in damaliger Zeit das recht eigentliche Gebiet der
Musikkollegien bilden.

An den in Frankfurt im siebzehnten Jahrhundert erschienenen Kompositionen dieser Gattung läßt sich ihre Entwickelung
wenigstens in großen Zügen andeuten. Da haben wir die unter
Stein herausgekommenen ältern Tanzsuiten mit Variationen wie

die mehrfach erwähnten von Fritsch, Moller und Oberndorffer. In dem wichtigen, ausländische Musik vermittelnden Lautenbuch von Mylius von 1620, fanden sich bereits nicht tanzmäßige Teile, die Präambeln, Fugen und Phantasien eingeschoben. Dann gewinnt um die Mitte des Jahrhunderts die Tanzsuite eine andere Gestalt, indem nun die Pavane und Galliarde, die bis dahin den Anfang bildeten, hinter den Couranten, Volten, Sarabanden, Allemanden, Passemezzi und Branslen zurücktreten. Die Formen werden vom Ausland genommen; die scharfe Charakterisierung der Tanzstücke, die im eigentlichen Sinn dies nicht mehr sind, sondern sich in Konzertstücke verwandelt haben, geht von deutschen Meistern aus. Sie bauen die eingeschobenen Teile zunächst in thematisch kunstvoller Weise aus, sie gestalten das freier bewegte einsätzige Präludium zur Sinfonie und Sonate um, während im Mittelpunkt der Suite die Aria als liedmäßige Form erscheint.

Die so gestaltete Suite nimmt nun auch häufig den Namen des Einleitungssatzes der Sonate an und beginnt sich nach Konstruktion und Instrumentalbesetzung als Sonate da camera und Sonate da chiesa zu unterscheiden. Zu den Kirchenstücken zählen die 24 Sonaten Philipp Friedrich Buchners, die 1660 bei Ammon und Serlin erschienen und dem Rat gewidmet wurden; sie sind für Violinen, Viola da gamba, Laute oder Viola da braccio und Fagott gesetzt. Johann Hektor Becks Continuatio exercitii musici dagegen, aus Allemanden, Gavotten und Couranten bestehend und zur Ausführung für zwei Diskante, zwei braccie und zwei Bässe bestimmt, waren Kammersonaten (1666 bei Wust herausgekommen). Das gleiche gilt für die Musikalische Maienlust von Johann Fischer mit ihren „Sonaten, Allemanden etc. in französischer Manier", die bei Gabriel Ehinger in Frankfurt 1681 in Kupfer gestochen waren.

Einen Mittel- und Ausgangspunkt in der Suitenkomposition bilden die in Venedig komponierten und veröffentlichten Kammersonaten Johann Rosenmüllers von 1667, bei denen die Sinfonie bereits zu einem Satz künstlerischer Gestaltung geworden ist, der mittlere Teil zur Wiederholung gelangt und die Zwischenglieder der Sonate in neuen eigenartigen Kontrast gestellt werden.

In dieser Art der Behandlung liegen auch die Suiten des Komponisten H i e r o n y m u s K r a d e n t h a l e r von 1675 und 1676 vor, in ihnen wird zum ersten Male zur Ausführung des Continuo das Cembalo vorgeschrieben; der Titel lautet:[37])

Deliciarum
Musicalium
Erster Teil
à 4 Viol.
Von Sonatinen, Arien, Sarabanden
und Giguen
allen Musicfreunden zur Delectation
verfertigt von:
H i e r o n y m u s K r a d e n t h a l e r , M u s i c o
und Organist in Regenspurg.
(Nürnberg bei Wolf Eberhard Felsecker.)[38])

In einer vom 1. Oktober 1674 zu Regensburg datierten Vorrede widmet Kradenthaler[39]) „dem W o l E d l e n und G e-s t r e n g e n H e r r n P h i l i p p W i l h e l m F l e i s c h b e i n , Mitglied des Hochlöbl. älteren und vornehmeren musikalischen Collegij dem geneigten Freund und Förderer aller Musen — dem großen Liebhaber und Beförderer aller Musik, seine Deliciae musicales" etc. Der weitere Passus, daß er die Stücke „aus sonderbarer Liebs Neigung und Affection seinen Scholarn zu fernerer Lust und Freude verfertiget", könnte darauf deuten, daß sich Kradenthaler zeitweilig in Frankfurt aufgehalten habe, wie auch der andere auf Kenntnis obwaltender Verhältnisse schließen läßt, indem es heißt: „sind zwar von hero viele und unterschiedliche musikalische Sachen von wackern und trefflichen Meistern an allen Orten genugsam heraus, denen diese meine Deliciae Musicales lange nicht gleichen werden, und ist nicht dahin gemeint, denen Virtuosen etwas vorzuschreiben, sondern welchen es beliebig zur Delectation zu gebrauchen". Im darauf folgenden Jahr erschien:

---

[37]) Siehe Nef, C.: Zur Geschichte der deutschen Suite. Beihefte der J. M. G. 1902. S. 17, 23 u. folg.

[38]) Nach den Originalen der Züricher Musik-Gesellschaft.

[39]) Er war Organist zu St. Oßwald und Vormundsassessor daselbst.

Deliciarum
Musicalium
Anderer Theil
à 4 Viol.
Von Sonatinen, Arien, Sarabanden.

Hierbei ist, wie im ersten Teil, eine längere Vorrede mit
Lobgedichten in der Cembalostimme abgedruckt, aus der hervorgeht, daß Herr Philipp Wilhelm Fleischbein von Kleeberg „ein
genugsames Contentement" von dem ersten Teil der Kompositionen empfangen habe und gegen den Komponisten „in unterschiedlichen Begebenheiten willfährig und geneigt" gewesen sei.
So gelange nun der andere Teil an das Hochlöbliche Musikalische Collegium in seiner Gesamtheit.

In den neun Suiten des ersten, den zwölf des zweiten Teils
sind die gebräuchlichsten Dur- und Molltonarten verwendet. Die
Nummern bestehen im ersten Teil vorzugsweise aus Sonatinen,
Arien, Sarabanden und Giguen, in der dritten Suite (aus G moll)
ist ein Balleto, in der ersten (aus G dur) ein Ballo dazwischen
gesetzt, während die neunte (aus B dur) eine andere Folge von
Tänzen aufweist: Bransle, Gay, Amener, Gavotte, Courante und
Sarabande.

Die zwölf Stücke des zweiten Teils werden alle durch eine
Sonatina eingeleitet. Die Gruppierung der kleinen Stücke ist
hier eine etwas veränderte, das gesangsmäßige Stück, die „Aria",
steht immer im ₵ Takt und besteht bei Kradenthaler aus zwei
Teilen.

Die Persönlichkeit, an die sich der Komponist mit seiner
Widmung wandte, war als Sprosse der alten, aus Aschaffen-
burg in Frankfurt eingewanderten Familie der Fleischbein von
Kleeberg 1643 geboren und ein Bruder des früh verstorbenen
Johann Fleischbein, des Schülers von Herbst.[40]) Philipp Wilhelm
war Jurist, kam im Jahr 1691 in den Rat und wurde sieben
Jahre darauf zum Schöffen erwählt. Seine Familie, wie die
seiner Frau, Maria Salome Waitz, gehörte seit lange dem Frauen-
steinischen Kreise an. Als „Freund der Musen" und begabter
Dilettant wird er bis zu seinem frühe, schon 1704 erfolgten Tode

---

[40]) S. o. Seite 166.

der musikalischen Vereinigung Treue bewahrt haben. Sind uns
auch keine weiteren Dedikationen für diese bekannt, so stand
den an leichteren Aufgaben herangebildeten Musikfreunden bald
eine reiche, fesselnde Literatur zur Verfügung. Durch die
Männer von Beruf, durch den Handel kam das Neue nach Frankfurt und man nahm es gerne auf.

Da war 1682 zu Venedig eine Sammlung Rosenmüllerscher
Sonaten erschienen, deren Sätze nicht mehr als Tanz-, sondern als selbständig gewordene Musikstücke auftraten, die allein
durch die Tempo-Bezeichnungen: Grave, Adagio, Allegro,
Vivace, Largo, Presto charakterisiert wurden. Hierbei mußte
von Seiten des Komponisten eine ganz von Innen heraus
gegebene, noch tiefere Gestaltung, eine noch schärfere Durchbildung der einzelnen Sätze beobachtet werden. Die Aufgabe
wurde von vielen Meistern aufgenommen und gelöst; [41]) es sei
hier nur der Schüler Rosenmüllers, der vielseitige J o h a n n
P h i l i p p   K r i e g e r   mit Suiten für Violine und Viola di Gamba
von 1693 genannt und D i e t r i c h   B u x t e h u d e, der berühmte
Lübecker Organist und Lehrer Bachs im Jahre 1705, mit seinen
Suiten für die gleichen Instrumente von 1696.

Gleichzeitig drangen italienische und französische Einflüsse
und Umformungen auch in Deutschland durch. Corellis virtuose
Kunst auf der Violine, vereint mit ausgezeichnetem Kompositions-
talent schuf das eigentliche Violinkonzert, meist in dreistimmiger
Fassung und vier Sätzen: Adagio, Fuga, Vivace, Grave. Immer
mehr werden, seinem Beispiel folgend, die einzelnen Instrumente
konzertierend eingeführt.

Seiner ernsten, pathetischen Kunst steht die Erfindung
Lullys, die französische Tanzsuite gegenüber, die eine Folge der
wirklich im Gebrauch stehenden Tänze darstellte und einen vor-
wiegend heiteren Charakter trug. Sie umfaßte die Chaconne,
Ballet, Bourée, Menuet, Passacaille, Gavotte, Rondeau. Ihr
Einleitungssatz war die „Französische Ouvertüre", mit dem an
den ersten Satz der Sinfonie gemahnenden Grave, dem fugierten
Mittel- und dem wieder zur Anfangsstimmung zurückkehrenden
Schlußsatz. Dieser wirkungsvollen Musik begegnen wir alsbald
auch in Deutschland; zu den kleineren Meistern die sie pflegten,

---

[41]) Siehe Nef.

gehört der schon genannte Scheiffelhut, der nicht allein
den „Musikalischen Frühlingsanfang", Sonaten in Kraden-
thalerscher Art von 1685, sondern in den „Zoadicí Musici"
von 1698 auch Partiten, Tafelmusik in französischer Manier
veröffentlichte. Am bedeutsamsten aber wirkte die italienische
und französische Technik auf die Instrumentalkompositionen
jener Meister vom Anfang des achtzehnten Jahrhunderts, die
ihr auch die größten Gedanken zuführen konnten, auf Bach,
Händel, wie auch auf den produktivsten Meister der Zeit,
Telemann.

Mit der Erinnerung an jene Schöpfungen des höheren
„Genres", wie sie in der zweiten Hälfte des siebzehnten Jahrhunderts so vielfach in den Niederlanden gemalt wurden, tritt
uns das Bild der musizierenden Mitglieder der hochlöblichen
Gesellschaft Frauenstein vor Augen. Wir sehen würdige Männer
zum Konzert vereinigt, in schwarzer, vornehmer Tracht mit dem
Spitzenkragen und dem breiten Kremphut im Nacken. Jeder
scheint nach Haltung und Temperament zu dem Instrument zu
passen, das ihm der Künstler in die Hand gibt. Ein Teil der
Gesellschaft ist als Sänger mit den Stimmbüchern beschäftigt.
Aber nicht nur das Äußere der künstlerischen Tätigkeit, auch
der Inhalt der Tonschöpfungen findet damals sein Analogon in
der Bildkunst: die Jagd-, Reiter- und Trinklieder in den viel-
gemalten Genrezenen dieser Art, das Instrumentenspiel in der
Landschaftsmalerei jener Tage. Die Stimmung, mit der der
Künstler Wald und Wasser, Berg und Tal, Nacht und Morgen
umwoben hat, kann in ihren feinen Linien ebenso nachempfunden werden, wie die harmonischen Klänge des ver-
schiedenartig schattierten Instrumentalstücks. Und wenn wir
uns jetzt zur Kirchenmusik zurückwenden, hört die Ähnlichkeit nicht auf. Neben das figurenreiche polyphone Gruppenbild
ist das stark koloristisch wirkende religiöse Gemälde mit nur
wenigen Personen in vollster Handlung getreten — daneben
sehen wir Einzelbilder, deren thränenfeuchte Augen hilfesuchend
nach oben blicken: hier das erhobene Haupt eines gehar-
nischten Streiters voll glaubensmutiger Entschlossenheit, dort
ernst sinnende Züge, aus denen eine zum Frieden gekommene
Seele spricht.

V.

Der markgräflich baden-hochbergische Kapellmeister Strattner verließ in Durlach einen Hof, an dem die Kammer- wie die Kirchenmusik blühte, ja selbst die deutsche Oper für kurze Zeit Eingang fand. Dennoch sehnte er sich, wie viele Musiker, deren Äusserungen darüber vorliegen, nach dem ruhigeren, gefestigteren Leben der Reichsstadt. Er kam im besten Mannesalter nach Frankfurt, denn von Stuttgart aus hatte er noch an verschiedenen Orten gedient.

Der Rat knüpfte an seine Talente besondere Erwartungen, was sich genugsam in der bedeutenden Gehaltserhöhung (sie betrug fl. 350 außer 10 Achteln Korn) ausdrückte. Die Tätigkeit des Kapellmeisters war eben auch eine umfangreichere geworden, denn obgleich Schober die Musik zu St. Katharinen dirigierte, der Leichenkantor Valentin Mann den Gesang bei den prunkhaften Gassen- und Kutschenleichen zu überwachen hatte und Purgold zu St. Peter fungierte, bedurfte es einer sorgsamen Einteilung des in den verschiedenen Kirchen mit den gleichen Kräften Aufzuführenden. Der Musikdirektor wird dabei so verfahren sein, wie wir es von anderen Orten, besonders genau aber von Leipzig wissen, wo allsonntäglich vier Kirchen mit Musik zu versorgen waren und die Sänger und Spieler geteilt oder abwechselnd in der Thomas- und Nikolaikirche, den darauffolgenden Sonntag in den beiden anderen Kirchen musizierten, so daß alle vierzehn Tage etwa eine neue Kantate aufgeführt werden konnte. Nach der Aufstellung von 1820 finden sich aus dieser Zeit nur wenige neuangeschaffte Druckwerke in der Barfüßerkirche.[42]

Auch die Dedikationen scheinen mehr und mehr aus der Mode gekommen zu sein, nur zu Beginn der Tätigkeit Stratt-

---

[42] Es sind:

1) Ανα φαμματιχος (sic!) Philomela Angelica, Venedig 1688, nicht vorhanden.
2) Bassani, G. B.: Motetti a voce sola   Israël-Katalog S. 10.
3) Bernabei, Ercole, Sacrae Modulationes   „   „   S. 12.
4) Briegel, Evangelischer Blumengarten I, II   „   „   S. 20.
5)   „   Evangelisches Hosianna   „   „   S. 20.
6)   „   Evangelische Trostquelle   „   „   S. 21.
7) Monferrato, N.: Salmi a due voci 1676   „   „   S. 58.
8) Zagatti, F.: Entusiasmi armonici 1690   nicht vorhanden.

ners wird dem Rat eine „Geystliche Haus- und Kirchenmusik
von Johann David Mayer des Raths, auch Bartherr und
Pfleger der Egidienstiftung zu Schwäbisch-Hall" übersandt, die
mit einem in Abschrift erhaltenen, sehr zuvorkommenden Schreiben des Rats beantwortet wird.[43])

Offenbar hatte jedoch damals die Sitte Platz gegriffen, daß
die Komponisten ihre neuen Werke handschriftlich an die
Kapellmeister sandten, auf deren Gutachten hin sie zur Anschaffung gelangten. Neue Tonschöpfungen zu verbreiten war dies
außerdem jetzt der rascheste Weg, denn der Notendruck hatte
sich außerordentlich verschlechtert und genügte auch in der
Zeit der aufkommenden Partituren nicht mehr der Kupferstich
aber war teuer und kostspielig, daher nur Wenigen erreichbar.
Ein Konvolut mit zum Teil defekten Kirchenmusiken der Stadtbibliothek (Anhang IV, 2) deutet darauf, daß Strattner und sein
nächster Nachfolger auf diese Weise den Bestand vermehrt
haben. Ich gebe hier die mir am wichtigsten scheinenden Titel
des Vorhandenen wieder:

Krieger, Joh. Philipp, Kapellmeister des Markgrafen von Baireuth und
    später des Herzogs von Sachsen-Weissenfels, Suiten- und Klavier-
    komponist, kam auf seinen Reisen zwischen 1672 und 1677 auch nach
    Frankfurt und knüpfte dort Beziehungen an.[44])
    1) Singet dem Herrn ein neues Lied für S. A. T. B., 2 Viol.
        3 Violen und Orgel, A-dur.
    2) Das ist meine Freude (mit Partitur), A. T. B., 2 Viol., Viola,
        D-dur.
Kress, Johann Albrecht, 1674 Vicekapellmeister zu Stuttgart.
    1) Ich ruf zu dir, Herr Jesu Christ, S. T., 2 Viol., 2 Violen,
        Fagott und Orgel, D-moll.
    2) Das ist meine Freude, A. T. B., 2 Viol., Viola, D-dur.
Welter, Samuel, 1675 Organist zu Schwäbisch-Hall.
    1) Was betrübst du dich meine Seele, ? S. A. T. B., 2 Viol.,
        2 Violen, 2 Cornette, Orgel, E-dur.
    2) Jesus giebt sich in den Tod, A. T. B., 2 Viol., Violon und
        Orgel, B-dur.

---

[43]) Dedikationen und Invitationen. Die Kompositionen sind nicht erhalten. Mayer wurde 1691 Ratsherr in Ulm und ließ dann sein ganzes Werk
unter dem Titel „Geystliche Seelenfreud oder Davidische Hauskapell" nur für
eine Diskant- und Baßstimme in Stuttgart erscheinen.
[44]) Biographische Angaben sind hier und bei den folgenden nach den
genannten Werken von Winterfeld, Zahn und Eitner gegeben.

Künstel, Georg (?)
  1) Lobet ihr Knechte den Herrn, S. A. T. B., 2 Viol., Viola,
    Fagott und Orgel, A-moll.
Bleyer, Georg, 1660 Hofmusiker und Kammerschreiber in Rudolstadt.
  1) Ich danke dir mein Gott, S. A. T. B., 5 Instr., A-moll.
Käffer, S. P., 1680 Organist zu Nürnberg.
  Dom. I, p. Tr.: Siehe das ist der Mann (Partitur und Stimmen),
    S. A. T. B., Viol. 1, Viol. 2, Viola, Fagott, A-moll.
Bliatzky, Enoch (?) Gezeichnet 1698.
  1) Erwähle doch vor Gott, Solo-Arie für Tenor, 2 Viol., Viola
    und Orgel, D-moll.
Garthoff, David, Oboist an der Weissenfels-Querfurter Hofkapelle bis 1708.
  1) Mein Herz ist bereit, Dialog für Sopran und Bass, 2 Violinen
    und Continuo, A-dur.
  2) Gott, betrübt ist meine Seele, S. B., 2 Viol., E-dur.
Witte, C. F., Hoforganist zu Gotha, 1713 dort Kapellmeister.
  Dom. 4, p. Ep.: Herr, wenn Trübsal da ist, S. A. T. B., 2 Viol.,
    2 Viol., Orgel, A-dur.

In dieser Sammlung befindet sich auch ein mit G. C. St.,
den Namensbuchstaben Strattners gezeichnetes Kirchenstück für
den neunten Trinitatissonntag „Herr, der du uns hast anvertraut",
das nach dem Vergleich mit den Strattnerschen Eingaben auf
dem Stadtarchiv diesem zugeschrieben werden muß. Die Besetzung ist für S. A. T. B. 2 Violinen, 2 Violen, Baß-Violon.
Es ist ein Klagelied, das sich von der Grundtonart C-moll nach
den verwandten Moll- und Durtonarten bewegt. Nach der Anordnung — der Baß beginnt die einleitenden Worte:

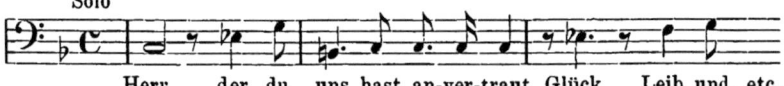

worauf die drei andern Stimmen einsetzen „Wir müssen endlich
Rechenschaft von allen Gütern geben" — ist das Ganze als
ein Dialog zwischen den oberen Stimmen und dem Baß aufzufassen. Eine kurze, ariose Stelle ist dem Diskant besonders
zugeteilt bei den Worten „Hilf uns, o Gott des Lebens" und
hier, wie bei dem Hinweis auf das Gericht, den die Stimmen
zusammen singen, wird der Ausdruck impulsiver, belebter. Im
übrigen ist die Stimmung vorherrschend düster, die Modulation
wenig ausgedehnt. Der beschließende $^3/_2$ Takt vereinigt alle
Stimmen zu dem choralartigen, harmonisch gut wirkenden Satz

„Wer so hält Haus, dem wird noch hier". Das Stück ist durchweg von guter kontrapunktischer Stimmführung, aber verstandesmäßig kombiniert ohne tieferen seelischen Ausdruck. Vermutlich gehört es den Jahren 1692 oder 1693 an.

Rhythmisch und harmonisch interessanter gestaltet sich eine andere als Dialogus bezeichnete Tonschöpfung von Briegel: „Herr, höre mein Gebet" für C. A. T. B. 2 Viol., Viola, Fagott, in concerto et in ripieno. Der einstimmige Chor zerfällt in zwei Teile; Sopran, Alt und Tenor bilden den ersten fragenden klagenden Teil, die Bässe den zweiten antwortenden und tröstenden. Das Übergewicht des ersten Teils an Tonfülle wird durch das begleitende Orchester mit Orgel ausgeglichen, so daß Violinen, Fagott und Orgel den Comes begleiten, während Dux nur von der Viola di gamba und Orgel unterstützt wird. Nach dem achttaktigen Orchestervorspiel setzt der Hauptchor in D-dur ein; er fleht um Gnade, wobei der unterlegte Text teilweise hübsch übermalt ist:

Furcht und Zit - tern ist mich an - kom - men, etc.

Der Baß tritt auch hier als Tröster auf, besonders in der hübsch illustrierten Stelle „Laß dir an meiner Gnade genügen"; am Schluß ist das Gloria „Lob Ehr und Herrlichkeit" in den Singstimmen wie in der Violinbegleitung wirkungsvoll gesteigert. Die Harmonien bewegen sich in den der Grundtonart A-dur nächst verwandten Tonarten, auch G-dur und H-dur werden öfter berührt — dabei jedoch nicht wie in Strattners Komposition die unschönen Quinten und Querstände vermieden — chromatische Fortschreitungen finden sich hier vielfach.

Was diese beiden Kompositionen vermissen lassen, die Durchführung einheitlicher, groß ausgedachter und warm empfundener musikalischer Gedanken, möchte auch die Analyse der übrigen ergeben. Alle illustrieren den biblischen Text in homophon gehaltenen Ariosos, die vorzugsweise dem Baß zufallen, dazwischen stehen kurze Einzelarien der andern Stimmen mit Koloratur, die durch Dialoge oder mehrstimmige Chorarien unterbrochen werden — die Musik fügt sich in den Rahmen der frommschwärmerischen Begeisterung oder der ergebungsvollen Erbauung, wie sie in den pietistischen Kreisen gepflegt wurde, ein.

Das polyphone Element ist in diesen Stücken nicht aufgegeben, aber es tritt merklich zurück und erscheint nicht wie eine organisch mit dem Ganzen verwachsene, sondern wie eine notwendig überkommene Zugabe. Die Zeit war jedoch nicht mehr fern, in der gerade diese Teile der Komposition, umgebildet, einen neuen bisher nicht gekannten Aufschwung nehmen sollten.

Bei Herbst und andern Tonsetzern des siebzehnten Jahrhunderts lernten wir die kontrapunktisch imitierende Arbeit kennen, das Wiederholen der kleinen Motive in den Haupt- und Nebenstimmen, das Anwenden sequenzartiger Formen, die Engführung und Vergrößerung aneinander gereiht, ohne hervortretende Verselbständigung der Stimmen. Nun aber, gleichzeitig mit der Herausbildung der modernen Harmonie, tritt jene aus der Orgel- und Violinkunst entlehnte thematische Arbeit überall hervor. Das Gegenüberstellen scharf kontrastierender Themen ist nun die Hauptsache; ihre Motive werden ausgedehnter und charakteristischer, so daß sie sich weiter zu neuen Themen mit neuen Gegensätzen fortspinnen und in den Durchführungen an Hand der verschiedensten harmonischen und dynamischen Mittel zu neuem Ganzen verschmelzen lassen. Diese Kunst durchdringt am Ausgang des siebzehnten Jahrhundert sowohl den polyphonen Fugenstil, wie den homophon und polyphonen Sonatenstil und wird zur Höhe gebracht in Bachs und Händels Meisterwerken.

Nach einer Seite hin aber läßt sich an den erwähnten Frankfurter Manuskripten ein wesentlicher Fortschritt beobachten. Es tritt nicht nur, wie wir bereits an den Suitenkompositionen feststellten, der volle Gebrauch der modernen Dur- und Molltonarten hervor, die Bezifferung weist uns auch an vielen Stellen, neben den althergebrachten Formeln und Zahlen für Eintritt und Auflösung der Dissonanzen, den Septimenakkord und seine Umkehrungen in moderner Bezeichnung auf. Damit liefern auch diese Musikalien den Beweis, wie sich die Praxis mit der Verwandtschaft der akkordischen Bildungen, mit der Harmonielehre im modernen Sinne längst beschäftigte, ehe ihr 1722 durch Jean Philippe Rameau in seinem „Traité de l'harmonie réduite à ses principes" der Abschluß gegeben wurde.

Strattner hat in Frankfurt noch ein anderes Werk . im
neuen Stile, Vier Novissima, Oden für eine Singstimme von
von Andreas Gryphius,[45]) bei Joh. Phil. Andreae erscheinen lassen;
sein Name wurde jedoch am meisten bekannt durch die im
gleichen Verlage herausgekommene veränderte Ausgabe der
Neanderschen Bundeslieder vom Jahre 1692. Die Sammlung
war um acht, bisher unbekannte Lieder Neanders erweitert, die
nach der Vorrede Strattners „ihm von vertrauten Händen com-
municirt" worden seien — auch hätten die Lieder der früheren
Ausgabe nicht ganz ebenmäßige, Andacht erweckende Melodien
gehabt, so daß ihre Umwandlung gewünscht worden wäre. Seine
Widmung „an zwölf Jungfrauen, die in gegenwärtige Bundes-
und Himmelslieder verliebte", deuten uns auf seine Stellung inmitten der pietistischen Kreise, wo das modern arienhafte und
weichliche sympathischer anmutete als Neanders schön ge-
schwungene kräftige Melodien. Strattner hat sich trotzdem an
diese stark angelehnt, jedoch seine zerflatternden in viele kleine
Melismen aufgelösten Tongänge haben sich in der Benützung
weniger behauptet als die ältern. Drei sind davon auszunehmen,
die ihm mit sichtlichem Geschick und nicht ohne warme Empfindung gelungen sind: „Himmel, Erde, Luft und Meer", „Auf, auf,
mein Geist, erhebe dich", beide nachgedruckt im Darmstädter
Gesangbuch von 1698, und das Abendlied „Der Tag ist hin,
mein Jesu bei mir bleibe", das in den Ausgaben des Freylinghausenschen Gesangbuchs von 1704—1714 und noch in Schichts
großem Choralbuche von 1819 erscheint.

Während Strattners Direktionszeit war die Kapelle nacheinander, aus folgenden Personen zusammengesetzt:[46])

1. Joh. Heinrich Christan, Altist und Violinist.
2. Peter Carpt, Altist.
3. Joh. Schober, Tenorist.
4. Matthäus Molitor, Tenorist.
5. Johannes Jonas, Tenorist.
6. Johannes Seibig, Tenorist und Organist zum Hospital und
   den drei Königen.
7. Joh. Nikolaus Purgold, Bassist.

---

[45]) Wohl der vierte Teil seiner Oden von 1653, den auch Briegel unter
dem Titel „Geistliche Oden" etc. 1670 herausgab.
[46]) Acta Ecclesiastica Tom. VII. Fol. 80 des Pred. Ministeriums.

8. Joh. Heinrich Mann, Bassist und Leichenkantor.
9. Philipp Heinrich Adelshoffer, erster Violinist und Cornettist.
10. Jakob Friedrich Weines, erster Violinist und Cornettist.
11. Joh. Nikolaus Kullmann, Violinist.
12. Joh. Heinrich Kissner, Violinist.
13. Hartmann Schuster, Violinist.
14. Joh. Heinrich Plattenschläger, Katharinen-Türmer, Cornettist.
15. Adam Boller, Pfarrtürmer, Trombonist.
16. Peter Mengel, Nikolaustürmer, Trombonist.
17. Johannes Müller. Fagottist und Wasser-Aichbeamter.
18. Hans Adam Crapp, Violinist.
19. Johann Adolf Boller, Cornettist.
20. Peter Mengel jun., Trombonist.
21. Philipp Acker, Fagottist und Rechneidiener.
22. Conrad Johann Becker, Violdigambist.
23. Andreas Göllinger, Groß-Organist ⎫ zu den Barfüßern.
24. Ferdinand Lamsonius, Klein-Organist ⎭
25. Nikolaus Boller, Organist zu St. Katharinen.
26. Johannes Jungnickel, Organist zu St. Peter.[47])

Der hier an zweitletzter Stelle genannte Nikolaus Boller, hatte nach dem 1687 erfolgten Tode des Orgelbauers und Organisten Israel Andreas Göllinger den Posten erhalten. Die Todesurkunde Göllingers vom 5. Juli im Totenbuche 9 des Standesamts enthält folgende, für seinen Charakter bezeichnende Nachrufe:

Das war ein Mann, der dreiundfünfzig Jahr[48])
Mit seiner Hand ganz angenehm gespielt,
Doch mit dem Mund nie wahren Frieden hielt,
Die wahre Harmonie vergaß er also gar.

Und :

Steht beides, Hand und Mund in reiner Harmonie,
So sündigt man an Gott und seinem Nächsten nie,
Hier spielte zwar sehr wohl des Allgeliebten Hand,
Hingegen war sein Mund zum Mißlaut stets gewandt.

---

[47]) Wahrscheinlich ein Sohn des Darmstädter Hoforganisten gleichen Namens, der nach dem Meßkatalog von 1676 bei Wust „Fugen in Pedal und Manual durch alle Tonos zu tractieren" herausgab.

[48]) Göllinger kam wahrscheinlich 1649 nach Frankfurt und wurde 1653 Bürger; so muß sich diese Zeitangabe auf seinen früheren Wohnort Straßburg mit erstrecken.

Zwischen einem Teil dieser Musiker und dem Kapellmeister entstanden nun im Jahre 1688 Streitigkeiten, da der letztere von ihrem Verdienste bei festlichen Gelegenheiten eine Abgabe verlangte. Sie hatten sich offenbar nicht bloß zum Aufspielen von Tanzmusik, sondern ebenso zum Konzertieren, zur Wiedergabe von „Klingstücken nach Motetten Art", wie man auch die Suiten nannte, vereinigt und zwar ohne den Kapellmeister. Ihre Eingabe vom 5. Juni[49]) besagt dies deutlich und erinnert daran, daß der Kapellmeister sich stets nur auf besondere Einladung hin und „wenn etwa Jemand von der gebietenden Obrigkeit oder ein Ratsherr bei einer Hochzeit gewesen, sich mit der Geigen oder sonst habe hören lassen", ferner daß ihre Einnahmen durch Krankheiten, Kriegsläuffe oder Absterben fürstlich hoher Häupter sehr ungewiß seien:

1) **Franz Ferdinand Lamson**, Beisass   fl. 150
      Item aus dem Kasten   fl. 50   fl. 200

2) **Ferdinand Plattenschläger**, Beisass   fl. 108   fl. 108
      Item Hauszins, Holz, Licht

3) **Johann Seybig**, Bürger   fl. 52
      Item aus dem Kasten   fl. 30
      Item zu Neujahr   fl. 30
      Item aus dem Hospital   fl. 21   fl. 133

4) **Johann Nikolaus Purgold**, Bürger   fl. 54
      Item von der Schul   fl. 39
      Item zu St. Peter   fl. 24   fl. 117

5) **Johann Schober**, Bürger, welcher zu
      den Barfüßern, St. Katharinen und die
      Schul bedient,
      10 Achtel Korn   fl. 120   fl. 120

6) **Andreas Göllinger**, welcher zu Zeiten
      dem Ferdinand, so ein Beisass und fl. 200
      Bestallung hat, den Dienst versehen muß   fl. 100   fl. 100

7) **Friedrich Jakob Weines**, Bürger   fl. 75
      Item zu St. Katharinen   fl. 16
      Item zu St. Peter   fl. 7   fl. 98

               Übertrag   fl. 876

---

[49]) Schulakten III. Fol. 253.

	Übertrag	fl. 876
8) Johann Adam Krapf, Bürger	fl. 50	
Item St. Katharinen	fl. 16	fl. 66
9) Hartmann Schuster, Bürgersohn	fl. 50	
Item zu St. Peter	fl. 7	fl. 57
10) Joh. Conrad Becker, Bürger	fl. 62	fl. 62
11) Joh. Adolf Boller, der ältere Bürger	fl. 35	
Item St. Katharinen	fl. 16	fl. 51
12) Nikolaus Boller, der jüngere Bürger	fl. 40	fl. 40
		fl. 1152

Die zuletzt genannten acht Instrumentisten, die nur fl. 36 mehr als die ersten vier einnahmen, waren durch die Strattnersche Bestimmung am meisten geschädigt, und der Rat erteilte daher den Bescheid, daß alles im alten Zustande bleiben solle. Wir sehen aus dieser Aufstellung, wie nicht allein die Gehälter vermindert, sondern ganz besonders auch die wohltätige Naturallieferung für die Musiker zurückgegangen war.

Auf das Gebiet des Konkurrenzkampfs führen uns ferner andere Streitigkeiten, die aus der Beteiligung städtischer Instrumentisten bei den übrigen, damals in der Stadt bestehenden guten Kapellen erwuchsen, deren Einzelheiten jedoch interesselos sind.[50] Alle aber eifern zusammen im November 1690 gegen „der Juden Musikanten" und die Obrigkeit wird um ernstliches Einsehen gebeten „da sowohl hiesige als frembde Juden viel Leute eingeführet hätten".[51] Die Folge ist ein Gebot des Rats, das den Juden „bei Verlust der Stättigkeit" das häufige Musizieren außer in der Gasse, gänzlich verbietet und ihnen die Fremden auszuweisen vorschreibt, jedoch mit dem Vermerk für die hiesigen Musikanten, „keine Excesse zu begehen". Dieselbe Verordnung muß im November 1703 nochmals wiederholt werden. Politische Ereignisse spielten hier mit herein, denn damals war der spanische Erbfolgekrieg ausgebrochen; zu Strattners Zeit sah es jedoch in Südwestdeutschland infolge des pfälzischen Invasionskriegs Ludwigs XIV. noch schlimmer aus. Durch die zeitweilig bis in die Nähe Frankfurts getragenen Verwüstungen

---

[50] Ugwb. C. 59, S.
[51] R. P. u. B. B.

und Unruhen waren die mit Festen und Lebensfreude zusammenhängenden Einnahmen der Musikanten gegen die in den guten Jahren nach dem dreißigjährigen Krieg erzielten stark zurückgegangen.

Dagegen hatten sich die äußeren Verhältnisse des nun über hundert Jahre bestehenden Schülerchors gerade damals gehoben. Der regelmäßige Besuch der beiden Chöre war in verschärfter Weise den Schülern anbefohlen, besonders in dem Appendix zu den Schulgesetzen von 1654, der im Jahre 1676 herausgekommen war und in Paragraph XX sogar den Lehrern Schober, Lamson und Purgold bei Verlust ihres Dienstes oder Einziehung der Besoldung gebot, ihre Stunden regelmäßig zu erteilen; dem ersteren täglich von 1—2 Uhr „auf der Class", den beiden andern zu Hause privatim.

Nach zwei erhaltenen Verzeichnissen,[52]) die undatiert wahrscheinlich dem Jahre 1684 angehören, bestand der Große Chor damals aus fünfzehn, der Kleine Chor aus sechsunddreißig Schülern. In ersterem waren dreizehn, in letzterem acht auswärtige, der Mehrzahl nach aus Oberhessen stammende Schüler. Der 1684 an das Gymnasium von Cölln a. d. Spree berufene Rektor Grabow gab sich große Mühe, den Mißständen zu steuern, die durch das viel verlangte Singen bei den Beerdigungen wie auf den Gassen hervorgerufen wurden. Von ihm rührt eine Aufstellung der vierteljährlichen, recht bedeutenden Einnahmen, wahrscheinlich von 1685, her:

Vom großen Chor	fl. 165, 12 alb.[53])	
und an Handgeld gehabt	fl. 65, — alb.	fl. 230, 12 alb.
Der kleine Chor hinterlegt	fl. 136, 26 alb.	
und an Handgeld bekommen	fl. 97, — alb.	fl. 233, 26 alb.
An Meß- und Neujahrsgeldern	fl. —, — alb.	
von beiden Chören	fl. 70, — alb.	fl. 70, — alb.
Der Leichenchor hat gebracht	fl. 220, 21 alb.	fl. 220, 21 alb.
		fl. 754, 29 [54])

Wie E. Mentzel[55]) wohl richtig vermutet, stand Strattner,

---

[52]) Schulakten III. Fol. 243.
[53]) 1 Albus gleich 2 xr. oder 8 Heller.
[54]) Schulakten III. Fol. 250.
[55]) A. d. B. 19, S. 520.

der 1689 eine zweite Ehe mit der Bürgerswitwe Elisabeth
Bischoff eingegangen war, vor der Aufnahme in die Bürgerschaft und der Anstellung auf Lebenszeit, als sich 1691 häßliche
Gerüchte über sein sittliches Verhalten verbreiteten, deren Bestätigung alle diese Hoffnungen zu nichte machte. Nach den
sittenstrengen Anschauungen jener Zeiten fand der Ehebruch
eines in öffentlicher Stellung stehenden Mannes scharfe Ahndung.
Strattner wurde seines Amts entsetzt und aus Frankfurt ver-
bannt, weder seine Dedikationen und Eingaben, noch die Bitten
seiner Frau konnten die Zurücknahme des Verbots herbeiführen.
Da er bis 1695 in der Nähe Frankfurts lebte, wurde ihm
später als einzige Erleichterung gestattet, einen vorübergehenden kurzen Aufenthalt nehmen zu dürfen. Dann bot sich ihm
eine Veränderung seiner prekären Lage durch die Berufung
zu der Vizekapellmeisterstelle in Weimar, die der Herzog
Wilhelm Ernst eigens geschaffen hatte, um seinen kranken,
dienstunfähigen Kapellmeister Drese nicht entlassen zu müssen.
Für die selbständige Leitung der guten Kapelle, mit der
Strattner alle vier Wochen ein Stück eigener Komposition aufzuführen hatte, wobei ihm, ob er dirigierte oder nicht, die
Tenorpartie zufiel, war die Besoldung von fl. 200 klein, besonders im Vergleich zu den Frankfurter Verhältnissen. Aber er
hat hier noch bis zu seinem Tode im Jahre 1705 gewirkt.
Dreses Sohn Johann Wilhelm, ein unbedeutender Musiker, trat
dann in seine Stelle, neben dem die Kapelle einen ganz hervorragenden Zuwachs erhielt, da Johann Sebastian Bach 1708 als
Hoforganist und Kammermusiker nach Weimar berufen wurde.

VI.

Nachdem die Tätigkeit eines fremden tüchtigen Kapellmeisters auf solche Weise ein jähes Ende gefunden hatte, waren
Scholarchen und Rat sehr zurückhaltend, den Posten wiederum
mit einer auswärtigen Kraft zu besetzen. Ruhig ließ man einst-
weilen den Altisten und Violinisten Johann Heinrich Christan aus Homburg v. d. Höhe die Direktion der Kapelle
übernehmen. Seine Eingabe vom 6. Mai 1692[56]) enthält zunächst

---

[55]) Supplikationen, R. P. u. B. B.

die Bitte, ihm „gegen die Widerspänstigen — in corpore musico — hülfreiche Hand zu bieten" und die weitere, ihm bei den vermehrten Funktionen den Gehalt entsprechend zu erhöhen. Man ließ ihn zu den Lommerschen Bedingungen aufsteigen; die Mißhelligkeiten mit seinen Orchesterkollegen legten sich, nur das ererbte gallige Blut des Andreas Göllinger führte hin und wieder einen Zwist herbei.

Eine Veränderung brachte der Anfang Dezember 1697 erfolgte Tod des verdienstvollen Schober, für den Philipp Jakob Mehl, Bürger, Notar und späterer Schatzungsschreiber, als Leiter der Kirchenmusik zu St. Katharinen angenommen wurde. Welche besonderen Eigenschaften ihn dazu befähigten oder ob er etwa im Schulchor die nötige Vorbildung empfangen, wird nirgends erwähnt. Als Neuerung begegnen wir in dieser Zeit den regelmäßigen Einträgen für Kleidung und Unterhalt der Kapellknaben, die nun in des Kapellmeisters Haus aufgenommen sind. Es wurden für jeden fl. 20 vierteljährlich eingestellt; für die musikalische Ausbildung, die Lamson leitet, die sowohl nach der vokalen wie instrumentalen Seite hin stattfand, werden fl. 12 ebenfalls vierteljährlich bezahlt. Das Abschreiben der Noten lag hauptsächlich in den Händen dieser beiden Schüler; zu ihren Pflichten gehörte bei den Aufführungen das Herbeiholen und Bewahren von Musikalien und Instrumenten, die Besorgung der Beleuchtung in der dunkleren Zeit des Jahres.

Durch die Berufung Speners nach Dresden im Jahre 1686 und die Wahl des Seniors Arcularius war die orthodoxe Richtung ans Ruder gelangt; der Pietismus wirkte in Frankfurt von nun ab nur noch in der Stille weiter. Es ist ein gutes Zeugnis für beide Parteien, daß bei diesem Übergang schroffe Gegensätze sich nicht herausbildeten. Auf dem Gebiet der Kirchenmusik fand daher jetzt keinerlei Wechsel statt, die Wahl der Kantaten und Lieder scheint sich wenig geändert zu haben, erst mit dem neuen Jahrhundert vermischt sich die gefühlvollbetrachtende pietistische Richtung mit der von der anderen Seite gepflegten realistisch-rationalistischen. Die Kapelle blieb in dem Bestand, wie wir sie zu Strattners Zeit kennen lernten; sie muß sich fortwährend, auch nach außen hin, eines guten Rufs erfreut haben, denn im Jahre 1703 kommt Johann

Ernst Bach, der Sohn des Arnstadter Stadtmusikanten und
Sebastian Bachs Neffe, nach Vollendung seiner Hamburger
Studienzeit für einige Monate hierher, um sich weiter auszu-
bilden.[57])

Für das in Privatkreisen gesteigerte Interesse an der
Musik wird uns jetzt durch das nach vornehmen Lebensgewohn-
heiten geführte Ausgabenbuch des Schöffen Kaib[58]) Einblick
gewährt. Da ist nicht allein der Tanzmeister mit einer monatlichen Gage von fl. 15 „für die drei Kinder zu informiren" aufgeführt, unter den drei Praeceptores des Sohnes Hektor findet
sich auch der Organist Jungnickel mit dem Monatsgehalt von
fl. 1,30. Die Töchter informiert Herr Christan für fl. 3 monatlich.
Eine Hausorgel wurde 1695 für fl. 100 angeschafft; daß auch
ein Klavier vorhanden war, berühren die Einträge früherer Jahre,
wo Saiten gekauft werden und der Organist Jungnickel für das
Stimmen des Instruments fl. 1,36 erhält. Wurde nun von ihm
hierbei die Stimmung in der gleichschwebenden neuen,
oder in der ungleichschwebenden alten Temperatur ausgeführt?

Die Bewegung für die erstere war durch die Andreas
Werckmeisterschen Schriften angeregt: 1687 war seine Inter-
vallen- und Tonartenlehre der „Musicae mathematicae hodegus
curiosus" erschienen, 1691 folgte die Musikalische Temperatur, in der die gleiche Verteilung des ditonischen Kommas
auf die zwölf Töne der Oktave als notwendig erklärt und Regeln
für die Ausführung gegeben waren. Nicht ohne Beziehung damit gelangte 1694 Descartes' schon 1618 geschriebene Intervallenlehre das „Compendium musicae", das 1645 auch in Frankfurt gedruckt worden war, bei Friedrich Knoch zu einer neuen
Auflage. Dazu kam der fortwährende Aufschwung der Klavier-
technik und Klavierkomposition, und damit die Berührung ent-
legener Tonarten, die auf den nach der ungleich schwebenden
Temperatur gestimmten Instrumenten nicht ausgeführt werden
konnten Schon Pachelbel stieg in den Klaviersuiten von 1683
auf siebzehn Tonarten; durch seine vielen Schüler in Erfurt und

---

[57]) Spitta: Bach I, S. 161.
[58]) Stadtarchiv.

Nürnberg[59]) wurde diesen Erweiterungen der Boden gewonnen.
Um bei den Klavierkomponisten zu bleiben, deren Werke wohl
zunächst von dem süddeutschen Verlagsort Nürnberg aus die
Frankfurter Kreise erreichten, sei außer Joh. Philipp Krieger und
Joh. Krieger noch Joh. Kaspar Fischer, der Kapellmeister des Markgrafen von Baden in den Jahren 1669—1707, genannt, der sich
ganz an die französische Technik und Klavierkomposition anlehnte, zwischen Bach und Pachelbel aber deshalb steht, weil
er in seinem Fugen- und Präludienwerk für Orgel, der „Ariadne
Musica" von 1702, bereits den Weg durch neunzehn Tonarten
zeigte. Wie bekannt hat Bachs „Wohltemperiertes Klavier" von
1722 mit den vierundzwanzig Tonarten allen diesen Versuchen
den Abschluß gebracht. Der vielen umständlichen, für die Be-
werkstelligung der temperierten Stimmung gegebenen Regeln
bedurfte dieser Meister nicht; wie sein Schüler Kirnberger berichtet, stimmte er sich Flügel wie Clavichord selbst und zwar
mit äußerster Gewandtheit im Laufe einer Viertelstunde und
verfuhr dabei, nur seinem untrüglichen Ohr folgend, so wie es
heute geschieht, indem er der Erhöhung der Terzen ein Abwärts-
schreiten der Quinten gegenüberstellte und die Intervalle zusammen einstimmte.

Feierliche Anlässe allgemeiner Bedeutung, bei denen die
Musik herangezogen wurde, sind es am Ausgang des siebzehnten
und Anfang des achtzehnten Jahrhunderts nur wenige, von
denen wir zu berichten haben. Die Geburt eines kaiserlichen
Erbprinzen am 13. November 1700,[60]) wird nach althergebrachter
Sitte vom Niklasturm gefeiert; das Ehrengedächtnis für Kaiser
Leopold I. fand am 19. Mai 1705[61]) statt. Dafür wurde eine
Kirchenmusik geschrieben, deren Text und Gesänge auf der
Stadtbibliothek vorhanden sind.

Nach jahrzehntelanger Pause wird im Jahre 1700 endlich
einmal wieder einer prächtigen Musik mit Trompeten und Pauken

---

[59]) Dort war auch der 1712 in Wöhrd gestorbene Organist Joh. Jakob
de Neufville sein Schüler, ein Sohn des Nürnberger Handelsmannes Georg
Jakob de Neufville und mit dem in Frankfurt angesiedelten Hauptzweig der
Familie verwandt. Weitzmann: Geschichte der Klaviermusik S. 196 und
Beiträge zur Geschichte des Hauses de Neufville S. 67.

[60]) B. B.

[61]) Ebenda.

in der Bartholomäuskirche gedacht, die anläßlich der Einführung des Propstes Grafen von Schönborn stattfand.[62]) Wahrscheinlich beteiligte sich die städtische Kapelle hierbei, wie sie es später im achtzehnten Jahrhundert bei besonderen Anlässen in der Domkirche stets zu tun pflegte.

Das gleiche Jahr brachte den Frankfurtern die Anschauung einer neuen Kunstgattung: der französischen Nationaloper.

Der Vorherrschaft Frankreichs auf politischem Gebiete entsprach immer mehr auch die auf dem Gebiete der Kunst, die sich dort jahrzehntelang ruhig entwickelt hatte. In Umarbeitungen und Übersetzungen waren Corneillesche Dramen und Molièresche Komödien durch den Magister Velthen in Frankfurt in den achtziger Jahren gespielt worden, nun lernte man durch die Straßburg-Metzische Operngesellschaft unter Cherrier und Billieu die Oper in französischer Sprache kennen. Reizvoll und melodiös durch die von Lully geschaffenen musikalischen Formen, pathetisch durch die der Götter- und Heroenwelt entnommenen Texte, wurde in ihr hauptsächlich der rezitativische Sprechgesang geübt, den die Musik nur interpretieren sollte. Damit näherte sich die Oper der Franzosen mehr den Anfängen der italienischen Festoper als der mit ihr gleichzeitig auftretenden italienischen Gesangsoper, wo die Kehlenfertigkeit der Sänger in erster Linie Berücksichtigung fand und ihren Ausschmückungen volle Freiheit gelassen wurde. Die Aufführungen der aus achtzig Personen bestehenden französischen Truppe fanden zum ersten Male in Frankfurt bei abendlicher Beleuchtung statt, die den pomphaften Glanz aller äußeren Kunstmittel noch erhöhte; dadurch wurde ein großes Publikum angelockt. Isis und Armide, Bellerophon von Lully, die besten Schäferspiele seines Gegners Cambert, Pomone und Les peines et les plaisirs de l'amour sollen damals gegeben worden sein.[63])

Zu dieser prunkvollen Kunst fehlten auch die geeigneten Zuschauer nicht. Das französische à la mode Wesen war nicht nur unter den fürstlichen Personen und ihrem Gefolge zu finden, die damals die Vergnügungen der Herbstmesse mitmachten; es hatte auch unter Frankfurts Bürgern Freunde gefunden. Nach den zahlreichen Porträten aus jenen Zeiten nahm das Äußere sich

---

[62]) Lersner II. 2, S. 172.
[63]) Mentzel: S. 131, 132.

so vorteilhaft in den herabwallenden langen Locken, in den sammt- und seidengestickten Kleidern aus. Im Herzen war man freilich gut deutsch geblieben, jedoch die reizvolle Sprache, der bestrickende Schliff des französischen Wesens fand von Jahr zu Jahr mehr Anhänger. Wahre Prunkfeste des Rokoko müssen die Kaisertage, an Weihnachten 1711 gewesen sein, wo sich zur Krönung Karls VI. alles versammelte, was auf Vornehmheit und Luxus in Deutschland Anspruch zu machen hatte. Das Theater spielte dabei die Hauptrolle; es waren die Glanzzeiten der Haack-Elensonschen Truppe.

In den Krönungsdiarien sind zwar nur die kaiserlichen Hofmusikanten genannt, die bei dem solennen Akt tätig waren, aber die gedruckten Fourierzettel [64]) geben Auskunft, daß noch für andere musikalische Veranstaltungen Kräfte eingetroffen waren. Der Kurfürst von Trier brachte seinen Kapellmeister Lichtenauer, den Konzertmeister Kreyl, einen Lautenisten und fünf Musikanten aus Lothringen mit, der Kurfürst von der Pfalz seine ganze aus dreiundfünfzig Kammermusikern, fünfzehn Bedienten und vier Calcanten bestehende Hofkapelle. In der Barfüßerkirche fand nach der Krönung eine solenne Musik und Tedeum für die evangelische Fürstlichkeiten statt, wobei der Orgellettner für diese reserviert und von den Schülern bewacht wurde. Die Kapelle stand dabei unter provisorischer Leitung, denn Christan war Anfang Dezember gestorben.

Wie im dichten Gebüsch das leise Rauschen des Waldbachs seine Anwesenheit verrät, wie er dann nach längerem Verborgensein sonnenbeglänzt und frei durch die Wiesen dahinrauscht, so erscheint uns auch die Tätigkeit der Frankfurter Kapelle am Ausgang des siebzehnten Jahrhunderts. Nach außen weniger hervortretend wie in der vorausgegangenen Zeit sammelt sie ihre Kräfte und geht dann unter neuer, energischer Führung einem zeitgemäßen bedeutenden Aufschwung entgegen.

VII.

Für den erledigten Posten des Kapellmeisters im damaligen Frankfurt hätte kaum eine geeignetere Persönlichkeit gefunden werden können, als der geschickte, anpassungsfähige herzoglich

---

[64]) Stadtarchiv.

eisenachische Sekretarius und Kapellmeister G e o r g P h i l i p p
T e l e m a n n, dessen musikalischer Ruf bereits ein weitver-
breiteter war. Die Verhandlungen mit ihm gelangten bereits
am 9. Februar 1712 zum Abschluß; der Dienstbrief wurde am
21. März unterzeichnet, der den Wortlaut der früheren wiederholt
und dem neuen Leiter das Strattnersche Gehalt mit Kornanteil
zuweist.

Die Grundlinien von Telemanns hiesiger Tätigkeit sind in
Israëls Konzertchronik von 1876 auf Grund der autobiogra-
phischen Berichte gezogen worden, die Telemann am 14. Juli
1718 niedergeschrieben und zuerst in der Matthesonschen Ge-
neralbaßschule von 1731, dann nochmals in der „Ehrenpforte"
des gleichen Autors von 1740 niedergelegt hat. Es muß davon
hier manches wiederholt, auf Grund neuerer Forschungen aber
auch manches nachgetragen werden.

Ein unwiderstehlicher Hang trieb den für die Jurisprudenz
bestimmten Magdeburger Pfarrerssohn, der bereits eine tüchtige
wissenschaftliche und musikalische Ausbildung gewonnen hatte,
dazu, 1701 in Leipzig die Musik als Lebensberuf zu erwählen.
Er schlug sich dort zu den Neuerern und da durch die Gut-
mütigkeit des Thomaskantors Kuhnau ein Psalm von seiner
Komposition in der Thomaskirche aufgeführt worden war, der
Beifall gefunden hatte, verstand er so nachhaltig durchzudringen,
daß man ihn mit der regelmäßigen Komposition von Kirchenstücken betraute.[65]) Dabei komponierte er Opern und gewann
immer mehr Anhang, so daß es ihm nicht schwer wurde ein
Collegium musicum zu gründen, das alsbald dem Thomaschor
Abbruch tat, da nun bei ihm, statt dort, die besser begabten Studenten mitwirkten. Kuhnau, der geschätzte Lehrer und Komponist
fühlte sich noch mehr gekränkt, als Telemann Organist und
Musikdirektor an der Neuen Kirche wurde, allerdings mit der
Einschränkung, daß er dabei keine Opern komponieren dürfe.
Nach wenigen Jahren jedoch nahm der Vielbewegliche eine Stelle
als Musikdirektor des Grafen von Promnitz zu Sorau an, wo
die neuere französische Musik in eifriger Pflege stand und er
selbst in diesen Jahren „200 Ouvertüren in französischer Manier
komponiert habe".

---

[65]) Münnich, R.: Kuhnaus Leben. S. d. J. M. G. 3. 1902.

Die darauffolgende Phase seiner Künstlerlaufbahn, die vier-
jährige Direktionszeit am sachsen-eisenachischen Hofe, stellt in
seinem vielbewegten Leben die der inneren Ausreifung und
Sammlung dar, von der sein Bericht sagt, „daß er nicht allein
in verschiedenen zur Musik gehörigen Sachen zu einer wahren
Solidität gekommen, sondern auch im Christentum ein ganz
anderer Mensch geworden sei." Hier, an der Stätte, wo der
bedeutende Onkel Sebastians, Johann Christoph Bach, als Organist gewirkt hatte, wo Ambrosius Bach, der Vater Sebastians,
Kammermusiker und Organist gewesen war, mußte sich auch
ein auserlesenes Material, besonders in kirchlichen Werken, auf-
gehäuft haben. Auch fiel in diese Zeit die Bekanntschaft mit
dem im benachbarten Weimar angestellten, vier Jahre jüngeren
Johann Sebastian, bei dessen zweitem Kinde, K a r l P h i l i p p
E m a n u e l, Telemann Patenstelle vertrat. Die Tiefe der Kenntnisse, die trotz der Jugendlichkeit alle musikalischen Gebiete
beherrschende Begabung und die schon zu Tage getretenen
meisterlichen Kompositionen mögen dem selbst hoch begabten,
scharfsichtigen und urteilsfähigen Telemann wohl imponiert
haben. Die beiden so grundverschiedenen Männer sind sich
später nicht mehr begegnet, wenn auch ihr Leben sich noch
in merkwürdiger Weise umeinanderspann.

Der Hang zum Neuen, Wechselvollen und die Vorzüge der
Reichsstadt veranlaßten Telemann, sich um die Frankfurter Stelle
zu bewerben; er blieb jedoch eisenachischer Kapellmeister „von
Haus aus" und hatte den Hof weiterhin mit Kompositionen zu
versehen.

Es war naheliegend, daß der mit der Kammermusik so
wohl vertraute Kapellmeister alsbald in Beziehung zu den Mitgliedern des Hauses Frauenstein trat und, zu ihrem Collegium
musicum zugezogen, hier ein rührig eingreifender Berater wurde.
Auf diese Weise kam man dazu ihn noch näher zu binden und
ihm, als für die den Frauensteinern unterstellte Beyersche
Stiftung eine geschäftlich geschulte Persönlichkeit fehlte, mit
dieser Verwaltungsstelle zu betrauen.[66]) Ein Gehalt von fl. 50,
Holzgeld im Betrage von fl. 40 und freie Wohnung waren ihm
dafür ausgesetzt. In dem palastartigen weit verzweigten Braun-

---

[66]) Israël: Concert-Chronik, S. 11.

fels, wo früher die Kaiser Wohnung genommen hatten, fanden
jetzt nicht allein die Musik — sondern auch die Tabakskollegien
statt; für die Regie der letzteren nahm Telemann nochmals
fl. 100 ein. Althergebrachte Sitten erheischten Repräsentations-
und Bewirtungspflichten in dieser Stellung; so hatte er bei den
„ganzen und halben Geboten es dem Herrn Burggrafen und
jedem der Herrn Gesellen persönlich umbzusagen", wie auch bei
„etwa zu haltenden Geboten oder Mahlzeiten der ganzen Gesellschaft uffzuwarten und das Benöthigte zu besorgen". Er
war „Ceremonienmeister und Keller". Das „uffwarten" kann ich
seiner sonstigen Stellung nach nicht, wie es Israël getan hat,
in dem heute allein gebrauchten Sinn von „servieren" auffassen;
ich muß es in dem auch auf ideelle Werte übertragenen Sinne
damaliger Zeit verstehen.

Die gute Aufnahme, deren sich Telemann alsbald in Frankfurt zu erfreuen hatte, kam auch zum Ausdruck, als er am
24. Juli 1714 mit seinem Töchterchen in die Bürgerschaft eintrat,
wobei ihm der ältere Herr Bürgermeister die Gebühren erließ.[67])
Vier Wochen darauf verheiratete er sich zum zweiten Male mit
Maria Katharina, der ältesten Tochter des Ratskornschreibers
Textor, der jedoch keineswegs, wie früher angenommen wurde,
mit der Textor-Goetheschen Familie verwandt, sondern nur
namensverwandt und befreundet war.[68]) Man hatte bei der
Vergünstigung für Telemann nicht umsonst darauf gerechnet,
daß er sie auf seine Weise wettmachen könnte: bereits am
22. November des gleichen Jahres widmete er dem Rat „eine
geistliche Poesie mit unterschiedlichen biblischen Sprüch' durchs
ganze Jahr zu musiziren", wofür ihm vom Rechneiamt 24 Thlr.
gereicht wurden.[69])

Telemann war seit 1711 mit der Komposition von neuen
Kirchenkantaten beschäftigt, die einen wesentlich andern poetischen Aufbau zeigen, als wir ihn zur Zeit der Pietisten kennen
lernten. Von Martin Opitz' Wirksamkeit und seinem Buch „Von
der deutschen Poeterei" an waren, wie wir öfter zu beobachten
hatten, nicht allein die Dichter, sondern ganz besonders die
Musiker darauf bedacht, die neuen Regeln anzuwenden und

---

[67]) B. B.
[68]) Düntzer, H.: Goethes Stammbäume, S. 25.
[69]) B. B.

mit ihrer Komposition in Einklang zu bringen; sie nahmen an
den Bestrebungen der Sprach- und Dichtergesellschaften den
regsten Anteil. Bei der Erneuerung der Kantatendichtung ist
nun der ganz direkte musikalische Einfluß nachzuweisen, denn
Caspar Ziegler, der Schwager von Heinrich Schütz, war es,
der in seiner Schrift von 1658 die Form des italienischen
Madrigals, mit ihren ungereimten, zwanglos aneinander ge-
reihten Zeilen von beliebiger Ausdehnung, als die günstigste
Textunterlage für die musikalische Komposition erklärte. Das
Aufkommen der italienischen und deutschen Oper konnte diesen
Gedanken nur unterstützen. Ihr entlehnte die Kantate die drei-
teilige Einzelarie mit Wiederholung, die an Stelle der Strophen-
arie trat und das jeder Empfindung zwanglos folgende Rezitativ,
das meistens in ein Arioso überging. War für die beiden zuletzt
genannten Formen das jambische Versmaß im Gebrauch, so
wurden Arien und Tuttis auch in Trochäen und Daktylen gedichtet, dazwischen auch der Alexandriner aufgenommen. So
war eine in ihrer Vielseitigkeit der Komposition günstige poe-
tische Grundlage geschaffen. Der sich ihrer zuerst und am
ausgiebigsten bedienende Theologe Erdmann Neumeister konnte
an dem weißenfelsischen Hofe, mit seiner gut geleiteten Oper,
die Anwendung freier Dichtungen für die Musik gründlichst
studieren. Schon seine beiden ersten Kantatenjahrgänge waren
erfolgreich, noch mehr die folgenden, der dritte und vierte,
die von 1711—1714 für den eisenachischen Hof gedichtet
und von Telemann wie von Bach komponiert wurden.[70]) In
diesen Dichtungen war ein kräftiges Fundament mit der Einfügung von Bibel- und Choralstellen hinzugekommen; so gestaltet
blieb die Kantate nun für mehrere Jahrzehnte herrschend. Neumeisters Poesien mehrten sich, schon 1718 war in Eisenach ein
weiterer Teil als „Neue geistliche Gedichte" erschienen.[71]) Nach
den aus Telemanns Direktionszeit vorhandenen datierten Text-

---

[70]) Der dritte Jahrgang kam 1711 zu Gotha unter dem Titel: „Geistliches Singen und Spielen" heraus; 1716 wurden von Tilgner die einzeln
erschienenen Kantaten gesammelt und zu Leipzig als „Fünffache Kirchenandachten" herausgegeben.
[71]) In den Jahren 1726 und 1752, als Neumeister inzwischen Pastor
an der Jakobikirche und Scholarch zu Hamburg geworden war, ging dieser
Teil in die „Vermehrten Fünffachen Kirchenandachten" über.

büchern[72]) begann die Aufführung der Neumeisterschen Kantaten erst 1716. Sie wurden nur bei den Amtspredigten zu den Barfüßern und St. Katharinen und in ersterer Kirche auch bei den nachmittäglichen Gottesdiensten gesungen. Die Titel lauten:

1) Texte zur Musik, 1716—1717. (Widmung an den Rat, vierter Jahrgang Neumeisters.)
2) Herrn Erdmann Neumeisters Geistliches Singen und Spielen, 1718—1719. (Dritter Jahrgang.)
3) Herrn Erdmann Neumeisters Harmonisches Zion, 1719—1720. (Neue Dichtungen Neumeisters von Telemann mit älteren vermischt.)
4) Herrn Gottfried Simonis (?) Neues Lied, 1720—1721.

Da auf jedes hohe Fest drei Kantaten kamen und als kirchliche Feiertage damals noch Neujahr, drei Könige, zwei Marien- und der Johannistag galten, umfaßte jeder Jahrgang 64 Kantaten.

Als im Sommer 1721 Telemann dem Rufe nach Hamburg folgte, suchte er beim Rat um Aufrechterhaltung des Bürgerrechts für sich und seine Familie nach. Man ging darauf ein, verpflichtete ihn jedoch zur Lieferung von Kirchengesängen für alle drei Jahre und erließ ihm dafür das übliche jährliche Schatzungsquantum von 25 Thlr.[73]) Bis zum Jahre 1761, sechs Jahre vor seinem Tode, ist Telemann dieser Verpflichtung nachgekommen und daraus ergibt sich die Unmenge seiner Kirchenmusiken in Frankfurt; mit den dort komponierten sind es achtzehn Jahrgänge. Nur der erste nach seinem Weggang, von 1722, ist zum Teil datiert, die übrigen tragen meistens bloß die Bezeichnung des Sonntags, die Angabe der Stimmen und Instrumente und den Namen des Komponisten, entweder in der originalen oder der umstellten Schreibweise Melante. Nur bei einigen Kantaten liegt die Partitur im Kupferstich vor, alles übrige ist geschrieben. Selbst unter den späteren Musikalien treffen wir neben der Kopistenhand noch Telemanns Handschrift. Um eine genaue Einreihung des später Eingelaufenen

---

[72]) Stadtbibliothek.
[73]) B. B.

zu treffen, können die vielen unter den verschiedensten Titeln vorhandenen Textbücher[74]) nicht ausreichen, da auch hier die Datierung teils fehlt, teils mit der Ablieferung der Kantaten nicht übereinstimmt. Stilistische und textliche Veränderungen, wie das Aufkommen der Choralkantate in den dreißiger und vierziger Jahren, das Untermischen des Textes mit italienischen Stellen in noch späterer Zeit, können als Wegweiser dienen.

Da Telemann in der Niederschrift seiner Erinnerungen gesagt hat, daß er „allemal die Kirchen Music am meisten wertgeschätzet, am meisten in andern Authoribus ihretwegen geforschet und das meiste darin ausgearbeitet habe", ist es hier am Platze, Einsicht zu nehmen in die Art seiner Kantatenkomposition. Sie findet sich in besonders charakteristischer Weise in einer für den ersten Weihnachtstag bestimmten Tonschöpfung, die in Partitur und Stimmen vorliegt und nach dem vorhandenen Textbuch dem Jahrgang 1722—1723 angehört.

Die Besetzung ist für: Cantus, Altus, Tenor und Bassus, 2 Oboen, 2 Clarinen (in D), Tympanon (D, A), 2 Violinen, Viola, Baßviolon, Orgel. Dem leichtflüssigen Thema:

Ge - lo - bet sei der Herr der Gott Is - ra - el.

setzt Telemann folgenden Kontrapunkt entgegen, den er bald über, bald unter dem Thema melodiewirkend eintreten läßt:

Aus diesen beiden Themen ist das einleitende, fünfzig Takte lange Orchestervorspiel gebildet. Die Singstimmen weisen Bruchstücke des ersten Themas in den weiteren Gedanken auf:

Der Gott   Is - ra - el,   der Herr,   der Herr, der Herr.

Ihre Begleitung fällt in hervorragender Weise der Orgel zu. Den zweiten Teil des Anfangschors bildet das Fugenthema:

---

[74]) Stadtbibliothek.

Und hat uns auf-ge-rich-tet ein Horn des Heils im Hau-

se . sei-nes Die - ners Da - vid.

Mit dreifachem Kontrapunkt versehen moduliert es von D-dur nach A-dur, Fis-moll, H-dur und G-dur, um sich dann wieder in D-dur aufzulösen. Der folgende Teil, eine sehr schöne Alt-Arie „Zu unser aller Trost und Heil" ist in instrumentaler Behandlung ganz bachisch. Die Violinen bringen das einen eignen innigen Ausdruck atmende Thema zuerst unisono; es wird dann von der Singstimme aufgenommen und frei ausgestaltet:

Telemann zeigt sich hier von der besten Seite seiner melodischen Erfindung; weniger kann dies von der folgenden Baß-Arie über den madrigalisch frei gedichteten Teil „Willkommen" gesagt werden. Motive des Anfangs erscheinen wieder, ohne sich zu einem eigenartigen Ganzen zu verbinden. Auch das Instrumental-Largo, das die Arie in zwei Teile trennt, bringt keine neuen Gedanken und leitet zu einem stark mit Koloraturen durchzogenen Arioso über die jambischen Verse hin: „Ich sehne mich mit Hoffen und Verlangen". Der einfach harmonisch gesetzte Choral „Herr Christ, du ein'ger Gottes Sohn" mit voller Instrumentalbegleitung schließt die Kantate.

Durchsicht und Analyse anderer Telemannscher Kirchenstücke ergab das gleiche Resultat: einen durch kontrapunktische Mittel und ausgedehnte harmonische Führung interessant gestalteten Eingangschor, eine, auch zwei, melodisch wirksam erfundene Arien, die durch ein vorausgehendes Instrumentalstück eingeleitet werden, der einfach vierstimmige Choral steht fast überall am Schluß. Außer der obengenannten Besetzung ist hauptsächlich das Violoncello herangezogen, Corni da caccia und flûte traversière treten hinzu. Nicht selten ist ein im Baßschlüssel notiertes Instrument eingeführt, das Telemann immer Calcedon oder Chalcedon benennt. Eitner führt es nach andern Telemannschen Werken als „Calchedon ou Basson" auf. (Bd. 9, S. 375.) Vermutlich deckt sich dieser einst übliche Name mit dem ebenfalls gebrauchten Calascion, Colachon, Calachon, womit ein zur Continuobegleitung verwandtes, lautenartiges Instrument süditalienischen Ursprungs bezeichnet wurde.

Längeres Verweilen bei der Telemannschen Musik enthüllt viele Wiederholungen und dünne Stellen, aber auch immer wieder seine nicht aussetzende Gewandtheit in der Gestaltung, die Sangbarkeit seiner Chorsätze, die Anmut und Leichtigkeit der Soli — es ist eine dekorativ äußerst günstig wirkende Kunst, wie sie die Barockzeit auch auf anderen Gebieten zur Blüte brachte.

Freilich — wenn wir die Kantatenkompositionen Bachs dagegen halten, so erscheint uns Telemann nur als der geschickte, mit Geschmack und Empfindung begabte Virtuose, gegenüber dem mit tiefem Ernst unablässig ringenden Künstler, der, aus dem Innersten schöpfend, immer wieder seinen Stoff zu neuer Gestaltung zwingt. Dabei ist nicht zuerst an die neuerdings im Konzertsaale zur Aufführung gelangten Schöpfungen seiner reifsten Zeit zu denken, sondern an die Kantaten aus der Weimarer Periode über Texte von Neumeister und Frank, des Bach sehr sympathischen, an Innigkeit und Wärme Neumeister überlegenen Dichters. Spitta hat uns diese Werke verstehen gelehrt. Da ragen in der Weihnachtskantate von 1715 „Uns ist ein Kind geboren" die beiden großen Themen wie mächtige Pfeiler am Eingang; sie werden wie das große chiaconnenartige Thema der Sexagesimäkantate „Gleich wie der Regen und Schnee vom Himmel fällt" in der Weise des italienischen Konzerts motivisch ausgesponnen, als Vorläufer seiner späteren,

gleichartigen Instrumentalkompositionen. Oder aber er vollzieht
in der Adventskantate von 1714 „Nun komm der Heiden Heiland" im Eingangschor eine Verschmelzung der französischen
Ouvertüre mit dem Choralsatz, indem er Instrumental- und
Vokalstimmen präludiumartig eintreten läßt und ein melodien-
reiches Zwischenstück einschiebt, dem dann die Chorfuge folgt.
Neu ist, daß in der Kantate auf den vierten Trinitatissonntag,
der den Schluß bildende Choral „Ich ruf zu dir, Herr Jesu
Christ" bereits in den Anfangsteil kunstvoll verwebt wird. Mit
dieser fast unerschöpflichen Formgestaltung geht die tiefsinnige
Ausdeutung der Texte Hand in Hand. Da führt uns die Kantate
„Ich hatte viel Bekümmernis" in die tiefste Schwermut eines
zagenden Herzens und klingt zum Schlusse in der jubelnden
Tenorarie „Erfreue dich, Seele, erfreue dich, Herze" in Versöh-
nung und Hoffnung aus, während die Franksche Osterkantate
von 1715 „Der Himmel lacht, die Erde jubiliert" von der früh-
lingsfreudigen Stimmung in ernste, der Auferstehung geltende
Glaubensworte austönt, immer und überall unterstützt durch
die feinfühligste Instrumentalbegleitung, durch kraftvoll zündende
Rezitative und Ariosos.

　　Jedoch trotz diesem glänzenden Aufwärtsschreiten Bachischer
Kunst, trotz des Verständnisses, das ihm in reichem Maße von Amts-
genossen, Schülern, kunstbegabten Fürsten und Gönnern dargebracht wurde, konnten seine Werke nicht so auf die Allge-
meinheit wirken, wie die des gewandten, leichtverständlichen
Freundes. Und so gestaltete sich auch sein Lebensweg. Während
Telemann in Frankfurt immer mehr gehoben und bekannt
wurde, mußte Bach es erleben, daß, als der Kapellmeister Drese
1716 starb, zunächst eine Vereinigung der sächsisch-ernestinischen
Kapellmeisterstelle geplant wurde, für die Telemann berufen
werden sollte, dann aber, daß Dreses Sohn ihm vorgezogen
wurde. So schied er, seines Wertes bewußt, von Weimar und
nahm die Kapellmeisterstelle in Cöthen an, von wo aus er nach
fünf Jahren — als Telemann ausgeschlagen hatte — sich für
das freigewordene Thomaskantorat meldete.

　　Daß aber Bach Telemann in seiner Art neidlos schätzte,
daß er ihm in äußerlichen gefälligen Dingen seiner Kunst sogar
nachstrebte, zumal der Leipziger Rat dem galanten Geschmack
huldigte und für die Äußerungen seines Genius in vielen Fällen

verständnislos blieb, beweisen seine späteren, zwischen 1723
und 1727 mit Anklängen von Telemanns Schreibweise komponierten Kantaten. Das hinderte ihn nicht in der dramatischen
Kammerkantate von 1731 „Der Streit zwischen Phöbus und
Pan" in fein satyrischer Weise die herrschende Geschmacksrichtung zu beleuchten.[75])

VIII.

Die Ablehnung, die der Vortrag des Leidens Christi im
Jahre 1600 in Frankfurt empfangen hatte, scheint über hundert
Jahre in Kraft geblieben zu sein, denn wenn wir auch unter
Herbsts reichhaltigen Psalmen und Motettengesängen genugsames
Material für die Osterzeit vorliegen sehen, so findet sich doch
eine Passion nicht darunter, wie sie in Mittel- und Norddeutsch-
land alljährlich in choral- und motettenartiger Weise vorgetragen
wurden. Allmählich bürgerten sich auch bei den Passionen die
Handlungen nach der poetischen wie musikalischen Seite hin
ein, die wir bei der Kantate beobachteten; die übliche Beteiligung der Gemeinde wurde bei den kunstvollen Strophenreimen,
bei den mit Instrumenten begleiteten Chorälen immer mehr
zurückgeschoben und schließlich eine ganz passive, die sich auf
das Hören und Nachlesen im Textbuch beschränkte. Mit dem
Beginne des neuen Jahrhunderts erstanden nach dem Vorbild
Neumeisterscher Kantaten umgedichtete Passionstexte, wie „Der
blutige und sterbende Jesus" von Ch. F. Hunold, Postels „Johannis
Passion", die Händel komponierte, oder die „Tränen unter dem
Kreuze Christi" von Johann Ulrich König. Gleich diesen, mit
starken Anklängen an das italienische Oratorium gedichteten
Passionen, war auch die des Hamburger Ratsherrn B a r t h o l d
H e i n r i c h   B r o c k e s   „D e r   f ü r   d i e   S ü n d e n   d e r   W e l t
g e m a r t e r t e   u n d   s t e r b e n d e   J e s u s" gedichtet. Sie wurde
noch im Jahre ihres Erscheinens 1712 von Keiser, von Tele-
mann und Händel 1716 in Musik gesetzt. Die erste Aufführung zu Frankfurt bewerkstelligte Telemann am zweiten
und dritten April 1716; sie fand unter Mitwirkung des Darmstädter Orchesters statt und bildete nicht allein ein Ereignis

---

[75]) Spitta: Bach II, S. 244, S. 475.

für das Frankfurter Musikleben, sie rief auch aus weiterem Umkreis die Musikverständigen herbei. Wir lesen darüber im Bürgermeisterbuch vom 31. März 1716:

„Als der ältere Herr Bürgermeister referiret . . ., welcher Gestalt der hiesige Capellmeister Telemann einen solennen actum musicum vom Leiden und Sterben unsers Heilands dem löbl. Armenhaus, so das Geld für die desfalls verkaufende Tractätger ziehen werde, zu nicht geringem Nutzen auszuführen willens, zu welchem actu verschiedene derer berühmbtesten auswärtigen musicorum anhero zu kommen sich entschlossen . . .

Da das Armenhauß nicht genug Platz bietet und der Landgraf von Hessen-Darmstadt zur Aufführung erscheinen wird, so wird beschlossen, dazu die Barfüßer-Kirche einzuräumen und für den Landgrafen einen mit schwarzem Sammt behängten Lehnsessel aufzustellen."

Außer dem Landgrafen waren auch die Fürsten von Nassau-Idstein von Usingen und von Löwenstein dazu hierhergekommen die „berühmten Musiker" ließen sich jedoch leider nicht mehr feststellen. Das Oratorium fand so großen Beifall, daß es im darauffolgenden Jahre „auf allgemeinen lebhaften Wunsch" wiederum aufgeführt wurde.

Telemann hat dem Textbuch der Brockesschen Passion [76]) eine Widmung in Alexandrinern an die vom Rat zum Armenhaus deputierten Herrn vorangestellt, in der er in schwülstiger Weise auseinandersetzt, „daß hier dies Werk von Jesu Leiden, voll Angst, voll Striemen, Blut und Beulen — durch die Harmonie — zu der sein Kiel mit Thränen sich benetzet", vorgeführt werden solle. Und so entwickelt sich denn in dem Textbuch [77]) die umgedichtete Leidensgeschichte vor unsern Augen, abstoßend im höchsten Grade durch die rationalistisch-naturalistische Ausdrucksweise, durch das Hervorkehren der äußeren Effekte. Wie der Historicus des italienischen Oratoriums tritt hier der Evangelist auf, der die Vorgänge im Rezitativ vorträgt; in vierundzwanzig Arien, vier Ariosos, acht Soliloquien, zwei Duetten und einem Terzett werden eingeführt: Christus, Maria, die die Betrachtung verkörpernde Tochter Zion,

[76]) Stadtbibliothek.
[77]) Stadtbibliothek.

drei gläubige Seelen, drei Mägde, Petrus, Johannes, Jakobus,
Judas, Caiphas, Pilatus und der Hauptmann; Chöre bilden die
Jünger, die Juden und die Kriegsknechte. Der Choral der
christlichen Kirche tritt dazwischen fünfmal ein: nach dem
Abendmahl, nach Petri Verrat, nach der Kreuzigung, Grablegung
und zum Schlusse. Die Musik ist in Frankfurt nicht mehr
vorhanden.

A. von Winterfeld [78]) hat zuerst nachgewiesen, daß große
Teile dieses umfangreichen Oratoriums nicht von Telemann sind.
Er schreibt Chöre, Arien, Rezitative der vier Jahre früher
komponierten Keiserschen und der im gleichen Jahre 1716
entstandenen Händelschen Passion desselben Textes zu. Die
leidenschaftlich gesteigerten Soliloquien, die eingefügten Instrumentalstücke führt er auf Telemann zurück. Chrysander [79])
dagegen weist nach, daß Telemann die Händelsche Passion
noch nicht benützt haben kann, da sie in den gleichen Monaten
wie die seinige in Angriff genommen wurde.

Ein mir vorliegendes Hamburger Textbuch [80]) vom Jahre
1722 scheint nun in dieser Frage etwas Licht verbreiten zu
können. Es stimmt inhaltlich mit dem Frankfurter vollkommen
überein, auf dem Titel heißt es jedoch . . . . . „und im Collegio
musico den 22., 26., 28. und 30. März 1722 v o n d e r h a r m o -
n i s c h e n E r f i n d u n g v i e r v e r s c h i e d e n e r Komponisten
a u f g e f ü h r t d u r c h T e l e m a n n.“ Da nun 1718 der im Hamburger Musikleben eine führende Rolle einnehmende Mattheson
ebenfalls den Brockesschen Text komponiert hatte, überarbeitete
wohl Telemann sein Oratorium nochmals, ließ dabei auch von
seiner und Keisers Komposition Manches schwinden, um die
beiden andern Komponisten zum Worte kommen zu lassen. Bei
einem so produktiven und vielseitigen Künstler ist dabei nur an
eine Ehrung, die er den Mitstrebenden bieten wollte, zu denken.

Sein ganz eigenes damaliges Passionsoratorium war „das
S e l i g e E r w ä g e n in acht Betrachtungen“, das er 1719 noch
in Frankfurt gedichtet und komponiert hatte; über die Aufführung liegen keine Nachrichten vor.

Daß Telemann das Oratorium von 1716 in einen Saal

---

[78]) Der Evangelische Kirchengesang III, S. 128.
[79]) Händel I, 438.
[80]) Stadtbibliothek Hamburg.

verlegte und nur der Zufall es in die Kirche brachte, zeigt uns,
wie klar er fühlte, daß diese Musik ihres musikalischen Schwer-
punkts halber in den Konzertsaal gehöre und nicht in die
Kirche passe. Im Laufe des achtzehnten Jahrhunderts werden
denn auch die Passionsmusiken in Frankfurt immer in Sälen
gesungen; ihre Aufführung in den Kirchen im neunzehnten Jahrhundert erfolgte erst, als es keine andere Kirchenmusik mehr
gab und für die größeren Chöre der Gesangvereine wiederum
die Platzfrage entscheidend wurde.

In Leipzig, wo in der Osterzeit von altersher liturgische
und chorische Passionen abgesungen worden waren, lag die Sache
anders. Dort hatte Kuhnau 1721, also fünf Jahre nach der
Frankfurter Aufführung, die erste konzertmäßige Passion einstudiert, auf die hin der Ratsschluß erfolgt war, sie alljährlich
abwechselnd in der Thomas- und Nikolaikirche zu wiederholen.
So kam es, daß Bach zu Anfang 1723, noch in Cöthen, eine
Passion für Leipzig vorbereitete und den Text nach dem Evan-
gelisten Johannes selbst zusammenstellte.[81] Er griff ebenfalls zu
der verbreiteten Brockesschen Dichtung und diesem Umstand
ist es zuzuschreiben, daß Teile des Textbuches dieses ersten
Frankfurter Oratoriums heute noch lebendig sind, während das
Ganze, das nur aus seiner Zeit verstanden werden kann, auch
mit dieser vergehen mußte.

Chöre der gläubigen Seelen und Arien der Tochter Zion
hat Bach verändert in die herrlichen Nummern seines zweit-
größten Passionswerks aufgenommen. In dessen erstem Teil
geschieht es in der Alt-Arie „Von den Stricken meiner Sünden",
im zweiten in den Baßsolis mit Chor „Eilt, ihr angefochtnen
Seelen" und „Mein teurer Heiland laß dich fragen", dem Tenor-
arioso „Mein Herz, in dem die ganze Welt", der Sopranarie
„Zerfließe, mein Herz, in Fluten der Zähren", sowie in dem
Schlußchor „Ruht wohl, ihr heiligen Gebeine". Bei einer nach
mehreren Jahren stattgefundenen Überarbeitung der Passion
fügte Bach noch das Baß-Arioso „Betrachte meine Seel" und
die sich daran schließende Tenorarie „Erwäge" aus Arien und
Soliloquien des Brockesschen Textes hinzu.[82]

[81] Spitta: Bach, S. 348, 75.
[82] Spitta: Zur Musik. Bachiana, S. 102. 1894..

Er hat viel Abstoßendes gemildert, zum Teil aber auch
nicht glücklich umgebildet. Die Forschung stimmt darin überein,
daß eben jene frei gedichteten, zusammengeschweißten Bestand-
teile, verbunden mit dem nur wenig ausgiebigen Johannestext,
das große Werk beeinträchtigen, da trotz der gedankenreichsten
musikalischen Ausdeutung, trotz der Wärme und Steigerung des
dramatischen Ausducks, die der Meister dabei entfaltete, es
uns menschlich nicht so nahe kommen kann, wie die noch
vollendetere, auch durch die einheitliche Textdichtung Picanders
gehobene Matthäuspassion.

Für die beiden gewaltigen Werke war jedoch die Zeit
noch nicht reif. Wo der galante und theatralische Geschmack
herrschte, konnte ein ernstes Eindringen, wie sie es verlangen,
nicht aufkommen, und so bürgerten sie sich erst ganz allmählich
in Leipzig ein. Daraus entsprangen herbe Enttäuschungen für
den großen Geist, der sie geschaffen. Nach der Aufführung
seiner Matthäuspassion 1729 sehen wir ihn sogar mit kleinlicher
Beurteilung und Zurücksetzung kämpfen, während Telemanns
Unternehmungen früher in Frankfurt gehoben und getragen
waren von der öffentlichen Meinung und jedwede Unterstützung
fanden: doch ihr Glanz gehörte nur dem Augenblick.

IX.

Die Sitte, die einst den gekrönten Poeten und Hofdichtern
die Aufgabe zuwies, leitende Gedanken zu Huldigungs-, Fest-
und Trauerakten in Worte zu kleiden, hat sich bis heute in
den Prolog-, Festspiel- und Festliederdichtungen fortgepflanzt,
während die auf musikalischem Gebiete einst ebenso gepflegte
Repräsentations- und Gelegenheitskomposition viel mehr zurück-
tritt, denn es steht uns ja eine über hundertjährige reiche
Literatur zur Verfügung, aus der leicht eine ausdeutende musikalische Beigabe gewählt werden kann.

Von den Dirigenten der Chöre und Kapellen verlangte man
vor zweihundert Jahren, daß sie beständig neues schufen; Bach,
Händel und Telemann haben viele solcher Gelegenheitsmusiken
geschaffen, die häufig noch anderen Zwecken dienten. Von ersterem sei an die Geburtstagsserenata für den Fürsten von Anhalt-
Cöthen von 1717 erinnert, die, durch hohen musikalischen Wert

ausgezeichnet, später in die Pfingstkantate überging, wie in die
Trauermusik auf die Königin von Sachsen von 1725 Teile der
nicht erhaltenen Markuspassion verwebt wurden. Ebenso hat
Händel aus seiner Ode auf den Geburstag der Königin Anna
einzelnes in die „Deborah“ und den „Messias“ aufgenommen.
Der Schlußchor seines Utrechter Te Deum aus dem gleichen
Jahre 1713 ist in das Oratorium „Israel in Ägypten“ über-
gegangen.

Die erste nachweisbare Huldigungskantate aus Telemanns
Frankfurter Zeit wurde am 3. März 1715 in der Barfüßerkirche bei dem Dankfest auf den beendeten spanischen Erbfolgekrieg aufgeführt. Sie liegt nur im Text vor[83]), der von dem
Senior Pritius, dem Nachfolger des 1710 gestorbenen Arcularius,
verfaßt war. Das Bibelwort: „Wie lieblich sind die Füße der
Boten, die den Frieden verkündigen“ leitet ein, an das sich
ganz nach bekanntem Vorbild eine Reihe teils als Arien, teils
als Chorstücke gedachter Strophen in den verschiedensten Vers-
maßen anschließen; in der Mitte steht der Choral: „Allein Gott
in der Höh sei Ehr“. Von einer Aufführung des von Telemann
komponierten Oratoriums zum Reformationsfeste für Soli, Chor
und Orchester[84]) verlautet nichts, ein Textbuch ist nicht vorhanden. Dagegen sind zwei Dankkantaten für den Sieg Karl VI.
bei Semlin und Peterwardein und für den Frieden von Passaro-
witz in Serbien am 6. September 1716 und 14. August 1718[85])
gesungen worden. Teils übertrieben und gespreizt, teils platt
und alltäglich ist uns heute diese Art der ins Kleinliche und
Kleinste verlaufenden Poesie ungenießbar.

Die umfangreichste Dichtung nnd Huldigung hat nun Pritius zu dem Dankfeste auf die Geburt Leopolds, Erzherzogs von
Oesterreich und Prinzen von Asturien, dargebracht, die von Telemann komponiert und am 17. Mai 1716 in der Barfüßerkirche
musiziert wurde.[86]) Ein genauer Einblick in diese Festkompo-
sition Telemanns konnte nach der Partitur[87]) genommen werden. Die Besetzung ist für C. A. T. B., Flöte, 3 Clarinen, 2

---

[83]) Stadtbibliothek und Acta eccl. Tom. VII des Predigerministeriums.
[84]) Msc. 1111, Brüssel, Conservatorium.
[85]) Stadtbibliothek.
[86]) Stadtbibliothek und Acta eccl. des Predigerministeriums VII, 89.
[87]) Großherzogl. Hofbibliothek zu Darmstadt, Msc.

Oboen, 2 Fagotte, Pauken, 2 Violinen, Viola, Violone und Orgel; Haupttonart ist D-dur. Die Einleitung bringt folgenden Gedanken:

der erst unisono, dann nachahmend, figuriert und abgekürzt wiederkehrt, dem der Kontrapunkt 2 teils gegenüber, teils sich mit vermischend zur Seite steht. Aus diesen beiden Gedanken ist nicht nur das etwa vierzig Takte zählende Orchestervorspiel, sondern auch der sich daran schließende Chorsatz aufgebaut. Er ist fünfstimmig; je zwei Stimmen ahmen sich abwechselnd nach:

Auch hier setzen, wie wir es in den Kirchenkantaten beobachteten, beim Fortschreiten des Textes die Instrumente aus und die Orgel begleitet allein. Leicht geschürzt ist der neue Gedanke,

der nun kurz weiter geführt plötzlich in ein portamento und in das choralartige Stück übergeht „Jesu, Brunnquell aller Güte". Ihm folgt die köstliche Fuge:

Nach Beendigung der ersten Durchführung mischen sich die Bläser in den meisterhaft aufgebauten Chor, der immer mehr

einen heiteren Tanzcharakter annimmt. Ein Baßsolo mit obligater
Oboebegleitung „Wahrlich ich sage Euch" bietet in Arienform
einzelne hübsche Ausführungen des Hauptgedankens:

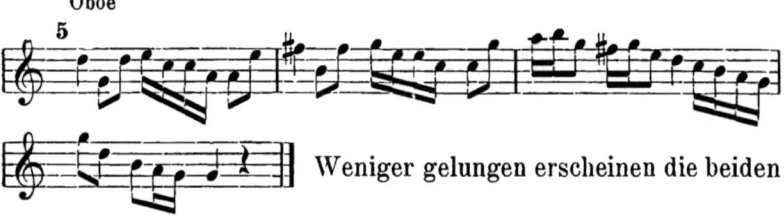

Weniger gelungen erscheinen die beiden
folgenden Nummern, ein Altsolo mit obligater Flöte, eine Arie
für den zweiten Sopran mit virtuos behandelter Begleitung der
Solovioline. Auch in den folgenden erzählenden und der Freude
Ausdruck gebenden Tenor-, Sopran- und Baß-Soli wird das
Interesse nicht vermehrt. Dagegen ist das Schluß-Allegro, eine
kunstvolle Fuge mit steigenden Engführungen im doppelten
Kontrapunkt, wiederum bemerkenswert:

Ebenso flott geschrieben wie der vor der Predigt ausgeführte
Hauptteil ist auch der Epilog; hier ist das Tenorsolo mit
ostinater Orgelbegleitung hübsch:

Hal - le - lu - ja ein Prinz ist da.

Der Schluß ist aus dem Fugenthema (Nr. 4) gebildet.

Telemann hat, wie wir sehen, alle Kunst aufgewandt, um
den enggefaßten epischen Kern, die triviale Dank- und Lob-
dichtung zu einem imposanten kirchlichen Huldigungsakt zu gestalten. Alle Farben musikalischer Formensprache läßt er dabei
spielen, ohne jedoch über den Zweck hinaus ein an und für sich
bedeutsames Kunstwerk zu schaffen. Als sicher aber dürfte an-

genommen werden, daß sich Teile der Festkantate in seinen zahlreichen Hamburger Rats- und Kapitänsmessen wiederfinden. Mit dieser umfangreichen, auch nach der Seite der Einstudierung nicht einfachen Festmusik hatte Telemann seine Tätigkeit für jenen Galatag keineswegs erschöpft. Bei dem am Abend des 17. Mai stattfindenden Freuden-Festin wurde von ihm noch eine Serenata[88]) halb lyrischen, halb dramatischen Inhalts gesungen, deren Musik nicht erhalten ist.

Wie Maler und Bildhauer die mythologischen Göttergestalten mit all ihrem pomphaften Glanz und in allegorisierender Bedeutung von den Wänden und Decken der Barocksäle niederblicken ließen, so führten sie auch Dichter und Musiker ein. In der Serenata treten auf:

Germania

Irene

Mars

die Stadt Frankfurt

Mercurius

Fatum.

Hierzu kommen noch einige Chöre.

Germania und Irene erscheinen zum Beginn mit ihren Chören und begrüßen den Frieden, der nach langem Kampf nun endlich grüne und blühe. Marvors hört sie und erklärt in einer langen kriegerischen Arie, daß er zwar „Teutschland" anjetzt verschonen wolle, nicht aber die andern Länder, denn:

> Wo die Carthaunen recht donnern und knallen,
> Wo die Trompeten und Pauken erschallen,
> Pflegt mir das Herz im Leibe zu wallen.

Doch er zögert nicht, sich der allgemeinen Freude anzuschließen, in die auch die Stadt Frankfurt einstimmt:

> Auf, und erwachet, harmonische Sinnen,
> Erwachet und jaget die Sorgen von hinnen.
> Ergötzt euch mit Scherzen und Lachen und Lust.

Den von Germania zum Ausdruck gebrachten Schmerz über das Fehlen eines Erbprinzen vermag Mercur alsbald mit der unerwarteten glücklichen Nachricht zu zerstreuen. Ein allgemeiner

---

[88]) Stadtbibliothek und Acta eccles. Predigerministerium VII, 90.

Freudengesaug ertönt und steigert sich als noch das Fatum erscheint und für die Zukunft Glück, Ruhm, Frieden, Gedeihen für das kaiserliche Haus und Deutschland prophezeit. Der Text bot Telemann den günstigen Vorwurf, sein Talent auch nach der Seite des heiter Gefälligen und des Komischen zu zeigen; letzterer Art ist die Partie des nach Kämpfen dürstenden, bald beschwichtigten Kriegsgotts, die daher mit mancherlei Tonmalerei ausgestattet gewesen sein mag. Pathetisch klingen in der Kantate nur die Verkündungen Merkurs. Die Dichtung könnte von Johann Friedrich von Uffenbach herrühren; vielleicht hat auch Telemann für vorhandene Kräfte gedichtet und komponiert.

Noch einige Monate später wirkte das freudige Ereignis des österreichischen Kaiserhauses in Frankfurt nach: man ließ das Stückschießen der Artillerie am 10. August zu Ehren des jungen Erzherzogs Leopold abhalten, „bei dem die 6 Hautbois in ihrer saubern Montur den Mannschaften voranschritten, die den zu Ehren der Frankfurter Artillerie aufgesetzten Marsch von dem seiner Erudition wegen berühmten Kapellmeister Telemann bliesen.[89]) Leider hat sich dieses Musikstück in Frankfurt bis jetzt nicht auffinden lassen. Da jedoch bei Telemanns enormer Produktion Wiederholungen unausbleiblich waren und überall mitunterliefen, dürfte man nicht fehlgehen, etwa in dem für Eisenach komponierten Werke „Neue auserlesene Arien, Menueten und Märsche", 168 Sätze ..... oder in der später zu Hamburg herausgekommenen Sammlung: „Musique héroique .... Helden-Musik bestehend aus zwölf Märschen, für 2 Oboen oder Violinen mit B. C. oder Trompete und zwei Waldhörnern"[90]) den Frankfurter Marsch zu finden.

Das kleine, mit der französischen Schalmei ausgerüstete Musikkorps bestand, neben den Pfeifern, seit der Neuorganisation der Frankfurter Truppen nach dem dreißigjährigen Kriege, also damals etwa im vierten Jahrzehnt. Nach der Besetzung der Telemannschen Kompositionen wurden einige Hautboisten bereits unter ihm zur Kirchenmusik herangezogen, was wir später ganz regelmäßig finden. Wir sehen ja auch das Darm-

---

[89]) Israël, S. 21.
[90]) Eitner, 9. S. 375.

städter Orchester helfend eintreten — die Aufgaben waren
eben nicht allein umfassender, sondern auch viel künstlerischer,
besonders für die Sänger und Geiger, geworden.

Die Kapelle bestand damals aus dreiundzwanzig Mitglie-
dern, ein Teil der S. 211—212 genannten war noch in Tätigkeit,
neue aber kamen hinzu. Zunächst scheint bald nach Telemanns
Hierherkommen Philipp Jakob Mehl von der Direktion der
Kirchenmusik zu St. Katharinen abgetreten zu sein und der
Kapellmeister auch die dortigen Musiken geleitet zu haben.
Allmählich wuchs Johann Balthasar König, Bassist und
Violoncellist, in das Amt des Kapellmeisters zu St. Katharinen
oder Vizekapellmeisters hinein, das er 1718 zu versehen begann.
Er war 1703 zu Waltershausen in Thüringen geboren und als
zwölfjähriger Kapellknabe nach Frankfurt gekommen, hatte also
dort seine volle Ausbildung empfangen und erlangte später nach
der kurzen Direktionszeit des Kapellmeisters Bodinus auch das
Hauptamt, das er von 1728—1758 bekleidete. Sein „Harmonischer Liederschatz" von 1738 enthält an zehntausend Lieder
und an zweitausend alte und zeitgenössische Melodien. Dann
war von 1717 ab ein Johann Anton Bach als Violaspieler
und Organist bei der Kapelle angestellt, Sohn des am Ausgang des siebzehnten Jahrhunderts in den städtischen Büchern
vorkommenden Musikers und Beisassen Joh. Balthasar Bach, der
vielleicht zu der weitverzweigten, auch aus Thüringen teilweise
fortgewanderten Musiker- und Organistenfamilie gehörte.[91]

Während in Hamburg bereits 1715 auf Matthesons Betreiben Sängerinnen bei der Kirchenmusik angestellt wurden,
erfolgte dies in Frankfurt erst weit später unter dem 1728
eingesetzten Konsistorium. Die erste gedruckte Instruktion für
Sänger, Sängerinnen und Kapellglieder stammt aus dem Jahre
1752. Zu Telemanns Zeit hielt es oft schwer, die geeigneten Diskantisten zur Ausführung seiner Tonschöpfungen zu
finden. Es geht dies aus beifolgender Eingabe an den Rat
hervor.[92]

---

[91] Der Träger eines andern berühmten Namens wird 1692 in Frankfurt Bürger: es ist der Schulhalter Georg Andreas Pachelbel aus Furtwangen
im Ansbachschen, der im Mai 1713 den Vorsinger- und Leichenbitterdienst
erhält.

[92] Dedikationen und Invitationen.

Hochedelgeborene, Gestrenge, Vest und Hochgelehrte,
Hochgebietende und Hochgeehrteste Herrn.

Ew. Hoch., Gestr. u. Herrlichkeit gebe hiermit in Unter-
tänigkeit zu verstehn, daß Se. Hochfürstliche Durchlaucht
der regierende Herzog zu Sachsen-Gotha gnädigst geruht,
die Charge dero Capellmeisters mir antragen zu lassen,
welche anzunehmen kein Bedenken tragen würde, wenn nicht
der zuversichtlichen Hoffnung lebte, daß Ew. H., G. u. Herrl.
auch am hiesigen Orte mein Bestes befördern könnten und
würden.

Da nun denenselben wissend ist, daß, da bey der Kirchenmusik von Sängern gantz entblößet bin, mich beständig
selbst fatiguiren muß, wobey dann zugleich wegen ermangeln-
der Abwechslung mein Gemüth in stetiger Weise unterhalten
wird, als gehe dieselben gehorsambst an, wegen Ersetzung
dieser unentbehrlichen Personen einige Veranstaltung zu ver-
fügen, dabei zugleich behertzigend, daß es zu Gottes Lobe
und der Republick Ruhm und Vorgängen anrichte, wie auch,
daß schon vor Diesem, die Singe-Stimmen in duplo besetzt
gewesen, zu geschweigen, daß auch damals der Instrumental-
Chor mit mehr Subjecta als gegenwärtig begriffen, in dem
man sogar Lautenist, Zinkenist, Viol-di-Gambist in Diensten
gehabt.

Hiernächst stelle Ew. H., Gestr. u. Herrl. anheim, ob nicht
meine Bestallung in etwas zu erhöhen sey? Ich genieße das
Tractament des sel. Herrn Strattners, aber bey ungleich
größerer Arbeit; dieser hat Zeit seines Hierseyns nur etliche
wenige Stück componirt: wie er denn auch mehr ein Sänger
als Komponist gewesen. Da ich in fünf Jahren schon
den dritten Jahrgang absolvirt, ohne die viele
Communions- und andern Stücke, wodurch denn der
Wachsthum der Musik nicht wenig ist befördert worden;
hiernebenst lasse mich auch nebst der Composition und
im Singen zu verschiedenen Instrumenten gebrauchen, daß also zwischen meinem Vorfahrn und meinem
Bemühen ein wirklicher Unterschied ist. Diesem nach lebe
des festen Vertrauens Ew. H., Gestr. u. Herrl. werden hierauf

hochgeneigt reflectiren und dessen gehorsambstes Ansuchen stattfinden lassen,

welche in aller Submission verharret

unterthänig treu gehorsambster

Georg Philipp Telemann.

Frankfurt, d. 5. Okt. 1717.

Der Erfolg dieses Briefes war eine Gehaltserhöhung von fl. 100, deren eine Hälfte vom Rechneiamt, die andere aber vom Almosenkasten bezahlt wurde, und die Weisung an das Scholar-chat, seine Wünsche zu unterstützen;[89]) daraufhin wurden einige neue Mitglieder angestellt, die wir später kennen lernen werden. Telemann blieb in Frankfurt. Da er nach diesem Schreiben sowohl als Sänger, wie als Instrumentist in seiner Kapelle aushalf, können wir es uns erklären, daß er nicht nur zur Ehrung, sondern auch aus Notwendigkeit, die Direktion der Kapelle am 2. April 1716 dem Bankier Heinrich Remigius Bartels anvertraute.[90]) Diesen erfahrenen Kenner und tüchtig ausgebildeten Musiker ehrte Telemann 1718 in schmeichelhaften Versen.[91])

X.

Außer den Beziehungen zu dem sachsen-eisenachischen Hofe unterhielt Telemann von Frankfurt aus auch einen lebhaften Verkehr mit dem weimarischen. Dort bildete in eben jenen Jahren der junge Herzog Johann Ernst sein bedeutendes musikalisches Talent aus: in der Theorie und Komposition unterrichtete ihn der Stadtorganist Johann Gottfried Walther, die Technik seines Hauptinstruments, der Violine, erlernte er bei seinem Kammerdiener Eilenstein und vervollkommnete sich außerdem durch den Unterricht Bachs. Telemann kannte den Herzog, seine Kompositionen und vor allem seine Neigung für das melodiöse italienische Genre, wie es ein Nachfolger Corellis, Vivaldi, damals in Schwung brachte. Auf dessen Fußstapfen ging er denn auch mit neuen, vom 24. März 1715 datierten Kompositionen: Six sonates à Violon seul, accompagné

---

[89]) B. B.
[90]) Lersner II, 2, S. 55.
[91]) Israël: S. 17.

par le Clavecin à S. A. S. Monseigneur le prince Jean Erneste
. .[92]) Wir entnehmen der Vorrede folgendes:

„La beauté des Concerts que vous avez fait dans un âge si
peu avancé, est admirée Msgnr, de ceux qui les ont vu et m'est
un garant de ce que j'avance. Dumoins Monseigneur je me flatte
que V. A. S. aura pour agréable l'intention que j'ai de reconnaitre
en quelque sorte par ce présent que je lui fais des premiers
pièces que je rends publique, la bienveillance dont elle a jus-
qu'ici daigné m'honorer. Si avec célà Msgnr, mon travail a le
bonheur de vous plaire, je suis assuré des suffrages de tous les
connoisseurs parce qu'aucun deux n'aura l'assurance s'appeller
d'un jugement aussi savant que l'est celui de S. Majesté . . . . .“

Wie ein verständnisvolles Begegnen, ein feines Erinnern
mutet daher die Dedikation der Telemannschen Sonaten bei
näherer Besichtigung an. Was hier mannigfaltig dargeboten
ist, zeigt sein Talent in eben dem günstigen Licht, wie es
schon öfter an kleinen, von umfangreichem Apparat losgelösten
Formen ursprünglicher Erfindung beobachtet wurde und neuerdings auch für seine Liedkomposition von maßgebender Seite
hervorgehoben worden ist.[93]) Obenan möchte die Sonate III
mit ihrem klangschönen, so recht zur Entfaltung eines großen
Tons geeigneten Cantabile (H-moll $^6/_4$) zu setzen sein, dessen
Thema zwischen den beiden Instrumenten so reizvoll hin- und
zurückschwebt:

während in den drei folgenden Sätzen, dem Allegro assai $^3/_4$,
dem Andante C und dem Vivace $^3/_4$ sich die wirksamen Gegensätze eines reich figurierten oder kantilenartigen Spiels weiter
entfalten.

Der junge Fürst kam im Sommer 1715 nach Frankfurt,
wo er mit Telemann wiederum in Verkehr trat und wegen
Veröffentlichung seiner Konzerte Verabredungen traf. Ihre
Herausgabe erlebte er jedoch nicht mehr; er starb bereits am
1. August zu Frankfurt. Telemann versah die Konzerte mit

---

[92]) Großherzogliche Hofbibliothek zu Darmstadt.
[93]) Friedländer, M.: Das deutsche Lied im achtzehnten Jahrhundert,
I. 1. 77—82.

einem vom 1. Februar 1718 datierten Vorwort, in dem eine
zweite Folge in Aussicht gestellt wird und die außerordent-
lichen Gaben des Frühverstorbenen Erwähnung finden.[94]) Die
Vorzüge der Kompositionen bestätigen sich uns auch durch
ihren Zusammenhang mit Bachischen Veröffentlichungen.

Als Violinspieler und Konzertmeister in Weimar, wandte
Bach bei den eigenen Kompositionen für dies Instrument die
Art seiner bei den Orgel- und Cembalokompositionen beobachteten polyphonen Schreibweise an. Seine Sonaten für Violine
allein einten Melodieführung und Begleitung in einem schwierigen doppelgriffigen Spiel. Bei den Italienern dagegen traten
die fugierten Zwischensätze hinter den homophon gehaltenen
gesangsartigen oder figurierten Hauptteilen stark zurück; sie
unterstützten das Solospiel auch durch Begleitinstrumente. Ihre
wirksam flüssigen Tonsätze interessierten Bach und er übersetzte sechzehn Vivaldische Violinkonzerte durch Bearbeitung
gleichsam in seine Sprache, indem er sie zu Klavierkonzerten
umbildete; aus vier anderen entstanden Orgelbearbeitungen und
aus einer Komposition Vivaldis wurde ein Stück für vier Klaviere.

Bisher war nur bekannt, daß der erste Satz des dreizehnten Klavierkonzerts, der auch als Orgelarrangement wiederkehrt, nicht Vivaldi angehört, sondern daß ihm eine Violin-
sonate des Herzogs Johann Ernst zugrunde liegt. Nach vor
kurzem gemachten Funden auf der Großherzoglichen Bibliothek
zu Schwerin und der Königlichen Bibliothek zu Dresden ist das
dritte der Bachschen Klavierarrangements auf ein Oboenkonzert
von Benedetto Marcello zurückzuführen, das vierzehnte auf ein
Telemannsches Violinkonzert (à 5). Dem elften und sechzehnten
Arrangement dagegen liegen das e r s t e und z w e i t e K o n z e r t
Johann Ernsts zugrunde. Es ist äußerst lehrreich den Ausführungen über diese Funde zu folgen, zu sehen, was Bach der
Übertragung auf ein anderes Instrument wegen geändert, was
er durch eigene Zutaten hervorgehoben und erweitert hat.[95])

---

[94]) Six Concerts à un Violon concertant, deux Violons, un Taille, et
Clavecin ou Basse de Viole de feu S. A. S. le Prince Jean Erneste, Duc de
Saxe-Weimar Opera Ima. Par les soins de Mr. G. P. Telemann, 1718. 6.
Stimmhefte. (Großherzogliche Hofbibliothek zu Weimar.)

[95]) Schering, A.: Zur Bachforschung I und II. S. d. J. M. G. Jahrgang IV, 2; Jahrgang V, 4.

Auf den Konzerten des Herzogs findet sich die Angabe
„à Leipzig et Halle, chez M. Kloss et M. Sellius" und so dürfte
auch der Stich vielleicht nicht in Frankfurt gemacht sein, während wir dies, schon der leichteren Überwachung halber für
die Telemannschen Kompositionen aus jener Epoche festhalten
möchten. Es sind außer den zuerst genannten Sonaten:

1) Kleine Kammermusik, bestehend aus 6 Partien
   vor die Violin, Clavecin, Oboe. Frankfurt, Andreae.
   (In zwei Ausgaben erschienen. Königliche Bibliothek
   Berlin.)

2) 6 Trios für Violine, Oboe, Flûte oder Fagott.
   Frankfurt, Selbstverlag. (Conservatorium zu Brüssel,
   Stadtbibliothek Leipzig.)

3) Die kleine Kammermusik, Hautbois ou Violon,
   ou Flûte traversière. (Großherzogliche Hofbibliothek
   Darmstadt.)

Der bis zum Jahre 1740 in Frankfurt lebende Kupferstecher
Matthias Steidlein, der nach Hüsgens Angabe,[96]) besonders für
den Buchhandel beschäftigt war, könnte für die Notenstiche
Telemanns in Betracht kommen. Einem der guten, damals in
in unserer Vaterstadt lebenden, im Porträtfach beschäftigten
Kupferstecher läßt sich jedoch kaum die Urheberschaft an dem
ausdrucksvollen Kopfe mit den sprechenden Augen zuschreiben,
der hier nach dem Originalstich der Lehnemannschen Sammlung
wiedergegeben ist.[97]) Telemann erscheint darauf bedeutend
älter als zu seiner Frankfurter Zeit.

Weit größer, als die Zahl des Veröffentlichten ist die der in
Frankfurt von Telemann komponierten Trios, Quatuors, Sonaten
und Ouvertüren. Das Meiste entstand für die Musiken des
Frauensteinschen Kreises. Anderthalb Jahr nach seinem Hierherkommen hatte sich dort eine wichtige Veränderung vollzogen.
Ein wöchentliches, erweitertes Collegium Musicum wurde
verabredet, das von Michaelis bis Ostern dauerte und Telemanns
Leitung übertragen war. In dem Vorwort zu den „Davidischen Oratorien", die er dem Kollegium in seiner Gesamt-

---

[96]) Artistisches Magazin, S. 313.
[97]) Beilage 8.

heit am 7. Februar 1718 widmet,[98]) spricht er sich dankend über die Anregung aus, die ihm dadurch zum Komponieren gegeben war. Er schließt dem Bericht über diese erste Frankfurter Konzertvereinigung die Namen der Herren Stifter und Gründer an:

> Heinrich Bartels.
> Isaac Behaghel junior.
> Philipp Jakob Behaghel.
> Hermann Jakob Firnhaber jun.
> Gottfried Gullmann, Sr. Grossbritanischen Majestät Resident.
> Johann Matthäus Heyden.
> Hieronymus von der Lahr, J. U. L.
> Henrich van Uchelen.

Aus seinen weiteren Ausführungen ist zu entnehmen, daß durch das beständige Exerzieren das Orchester sich merklich gebessert hatte und seine Darbietungen allseitige Belustigung erweckten. Das Konzert wurde später auf alle vierzehn Tage verlegt. In den folgenden vier Jahren schlossen sich nachfolgende Herren der Vereinigung an:

> 1714: Remy von Barckhausen.
> Jakob Jordis.
> Peter Herff, J. U. D.
> Johann Matthäus von Merian, Kur-Mainzischer Rath (starb 1716.)
> Johann Gerhard Münch.
> Johann Georg Schweitzer.
> Jakob Vigy.
> 1715: Frantz von Barckhausen.
> Johannes Hahn, Med. Doct.
> Benjamin Lehnemann.
> 1716: Peter Friedrich Dorville, M. D.
> Jakob de Neufville.
> David von Rottenhoff, Hochfürstlicher Schwartzb. Cammerjunker.
> 1717: Johann Friedrich von Uffenbach.

---

[98]) Israël S. 13.

1718: Nicolaus Clauss.
Johann Ludwig Harscher.
Johann Georg Leerss.

Die mit großer Begeisterung damals aufgenommenen Davidischen Oratorien des Dresdner Zeremonienmeisters und Hof-
dichters Johann Ulrich König boten Telemann wirksamen
Stoff zur Komposition. Schon der Titel „Der königliche
Prophet David als ein Fürbild unsers Heilandes
Jesu, in fünf verschiedenen Oratorien dargestellt . . . .“
deutet auf jene schon früher beobachtete Vermengung des biblischen Stoffs mit der christlichen Betrachtung hin: neben den
handelnden Personen Saul, David, Jonathan, Michal, Goliath,
den Chören der Israeliten und Philister sind die Choräle der
christlichen Gemeinde und die erbaulichen Betrachtungen der
gottliebenden Seelen eingestreut. Bei Prüfung dieser Texte
zeigte es sich so recht deutlich, wie weit der große Meister
Händel diese Stufe überragte. In seinen in den nächsten
Jahrzehnten entstandenen biblischen Oratorien bedarf es der
allegorisch - kraftlos mitauftretenden Betrachtung nicht mehr;
hier machen die großen Stoffe, die kraftvolle Musik allein Andacht und Betrachtung im Hörer lebendig. Dem nicht eben
tiefen, aber geschickt und singbar verfaßten Text fehlt es nicht
an dramatischer Steigerung, besonders in den beiden ersten
Teilen: „Davids Sieg über Goliath“ [99]) und „Davids Vermählung
und Flucht“ und hier bot sich auch Telemann Gelegenheit für
packende Tonbilder; rein lyrisch ist dagegen der dritte Teil
„Freundschaft gehet über Liebe“, ein Zwiegesang zwischen
David und Jonathan, mit Chören zu Anfang und zum Schluß.

Auf ein ganz anderes Gebiet führen uns die Texte zweier
Kantaten des Jahres 1721,[100]) die ebenfalls im Collegium musicum
aufgeführt wurden; von ihnen ist jedoch, wie von den Davidischen Oratorien nichts Musikalisches hier erhalten geblieben.
Ihr Inhalt gehört der von Brockes in die deutsche Literatur
eingeführten Naturbetrachtung an; die Titel lauten: Das
Wasser im Frühling und Die im Frühling zur Andacht reitzende Vergnügung des Gehörs. Die erste

---

[99]) Stadtbibliothek Hamburg.
[100]) Wie die beiden zuletzt genannten: Stadtbibliothek.

Kantate leitet Telemann durch ein längeres, für die Wirkung
jener neuen Dichtungsart zeugendes Lobgedicht auf Brockes
ein, dessen Muse sich uns auch heute noch auf diesem Gebiete
in günstigem Lichte zeigt. In dem „Wasser im Frühling" treten
Lisander und Elpin auf, die im Anblick der von des Eises
Banden freien Bäche und Brunnen Freude empfinden und in
Arien und Duetten dem Schöpfer Lob und Dank senden; in
letzterer ergehen sich die „Andacht" und die „Betrachtung" in
ausgedehnten Schilderungen der frühlingsprächtigen Natur. Tier-
und Vogelstimmen werden aufgezählt und gewiß fehlten ihnen
nicht die musikalische Ausdeutung; bei Stellen wie die folgende:

> Wie aber / schweigen wir vom Wunderschall
> Der Wälder Königin / der Nachtigall?
> Sie lässet Tag und Nacht / zu ihres Schöpffers Ehren /
> Viel tausend schöne Lieder hören /
> Womit sie Feld und Wald / Lufft / Hertz und Ohren füllt.
>
> Ihr kleiner Hals / woraus ein flötend Glucken quillt /
> Lockt / schmeichelt / girrt / singt feurig / kräuselt / pfeift
> Erst zieht sie lange / dehnt und schleift /
> Dann wirbelt sie den Ton / zerteilet / fügt ihn wieder
> Und ändert Wunderschnell die mannichfaltgen Lieder.

werden wir lebhaft an die Schöpfung von Haydn gemahnt,
deren Text von Thomson Brockes später ins Deutsche übertrug.
Während sich seine eigene Dichtung in ·Detailschilderungen
ergeht, die vereinzeln und zersplittern, werden in der Übersetzung die Kleinlichkeiten durch die Kunst eines bedeutenden
Dichters, eines großen Tonmeisters überwunden.

 Die oberen Schichten der Gesellschaft, die für die Beteiligung der Konzerte im Hause Frauenstein in jenen Jahren
hauptsächlich in Betracht kamen, übten aber auch eine lebhafte
Musikpflege in ihren Häusern aus. Musikalische Zutaten verschönten kleine wie große Familienfeste; neben dem längst
üblichen Konzert bei Hochzeiten kamen Gesänge, Strophenarien
auf, wie sie — in achtmaliger Folge für die Gesundheiten auf
der Münch-Bartelsschen Hochzeit 1713 — nach Telemanns Komposition vorgetragen wurden.[101] Bei solchen Gaben seiner allzu
willfährigen Muse werden wir an Mozarts Ausspruch über ihn
erinnert, „daß er selbst den Speisezettel habe komponieren kön-

---

[101] Israël, S. 20.

nen", oder an die im Bericht von Zelter an Goethe vom 2. Mai
1808 angeführten eigenen Worte Telemanns: „Ein ordentlicher
Komponist müsse selbst den Thorzettel singen können." Auch
besonders gedichtete und komponierte Kantaten kamen in Mode;
unter den Telemannschen Kirchenmusiken fand sich das Fragment eines solchen Textbuches — zum Münch-Bergischen Hoch-
zeitsfeste, vermutlich von 1724 — bestehend in einem Zwiegesang
zwischen Montanus und Valeno.

Die herrschenden Strömungen auf musikalischem wie
literarischen Gebiet verfolgte in diesen Kreisen der schon erwähnte gelehrte Mathematiker und Naturforscher J o h a n n
F r i e d r i c h   v o n   U f f e n b a c h, der auch sonst vielseitig gebildet, musikalisch und poetisch veranlagt war. In seiner G e-
s a m m e l t e n   N e b e n a r b e i t von 1733 hat er eine Verteidigung
der Oper gegen die Angriffe Gottscheds veröffentlicht, ebenso
eine Reihe von Poesien denen ein gewisser Schwung nicht
abzusprechen ist. Sie sind fast alle für die Verbindung mit
der Musik erfunden und bestehen aus Kantaten, Singgedichten,
auch ein Operntext Pisistratus, König von Athen, befindet sich
darunter. Eine Anzahl von Texten sind auf musikalische Vor-
lagen von Händel, Hasse, Graupner und Pepusch erdacht.

Inmitten dieser umfangreichen, nach allen Seiten hin an-
regenden Tätigkeit traf Telemann die Berufung nach Hamburg.
Am 12. Juli 1721 übermittelte er seiner Behörde das von
dem dortigen Rate eingelaufene Schreiben, in dem ihm das
durch den Tod Joachim Gerstenbüttels erledigte Kantorat zu
St. Johannis und die Musikdirektorstelle angetragen wurde. In
seinem Begleitbrief heißt es:[102] „Da nun diesen Ruf, weil er
freiwillig und ohne Ansuchen geschehn, mithin zu künftiger
ersprießlicher Versorgung der Meinigen gereichet, für eine sonderbare Fügung Gottes halte, als finde mich verpflichtet solchem
ohne Wiederstand zu folgen . . . . nachdem vorhero Ew.
Hochedl., Gestr. und Herrl. um Erlassung meiner bisher hier
verwalteten Capellmeister Charge nachgesucht." — Daran schließt
sich die schon früher erwähnte Bitte um Aufrechterhaltung
des Bürgerrechts für sich und die Seinen — er hatte fünf
Söhne und zwei Töchter — was ihm, mit der Entlassung laut

---

[102] Stadtarchiv. Ugb. C. 59. O. o. o.

Ratsschluß vom 21. Juli gewährt wird. Vor seinem Abgang gelangte nachstehende Eingabe des Scholarchats an den Rat:

„Ohnmaßgeblicher Vorschlag[103]) wie die allhiesige Capell in der Barfüßer- und St. Catharinen Kirche könnte bestellt und mit der Salarirung gehalten werden.

1) Zum Direktor Musices zu gemelten Barfüßern wäre zu constituiren Johann Christoph Bodinus mit des ehemaligen Capellmeister Christan Gehalt zu . . . . fl. 250

2) Zum Vicedirektorn daselbst Johann Justinus Graumann mit dem Gehalt von . . . . fl. 150

3) Violino primo Joh. Conrad Gels, Joh. Conrad Becker, Niclastürmer, dem ersteren . . . . fl. 60

    dem anderen . . . . fl. 30

4) Violino secundo Joh. Georg Boller, Pfarrtürmer fl. 30

    Weigand Leininger . . . . fl. 18

5) Alto Viola, Joh. Conrad Becker, Senior . . . fl. 90

    Joh. Anton Bach . . . . fl. 36

6) Violoncello, Joh. Balthasar König . . . . . fl. 50

7) Violino Grosso, Lorentz Albrecht . . . . . fl. 30

8) Alto, Georg Heinrich Rumpf . . . . fl. 50

    Joh. Justinus Graumann (hat oben seine Bestallung.)

9) Tenore, Joh. Seybig . . . . fl. 52

    Joh. Christ. Bodinus (hat oben seine Bestallung.[104])

10) Bass, Joh. Balthasar König (hat seine Bestallung zu St. Cathrin.)

11) Vor den grossen Contra Bass zu spielen Peter Althenn . . . . fl. 20

12) Vor den Joh. Heinrich Steffan, Kapellknaben . fl. 24

13) Organist auf der großen Orgel Andreas Göllinger fl. 180

14) Organist auf der kleinen Orgel M. Schneider fl. 150

    Summa der Musikalischen Unkosten die sämbtl.

        auf löbl. Recheney bezahlt werden . . . fl. 1220

---

[103]) Stadtarchiv. Ugb. C. 59. P. p. p.
[104]) Bodinus, Graumann waren die im Herbst 1717 angestellten Sänger.

St. Catharin Kirch.

1) Capellen Direktor in dieser Kirch, Joh. Balthasar König mit einem Gehalt, so von löblichen Recheney bezahlt wird . . . . fl. 100

2) Organist Joh. Anton Bach, bekombt seine Bestallung à fl. 40 aus löbl. Kasten mit der Exspectantz auff den Göllingerschen Organistendienst, jedoch anstatt fl. 180 nur fl. 130 und die übrigen   fl.   40
fl. 50 verbleiben zur Disposition der Herrn Scholarchen zur Capell.

3) Violino primo, Joh. Conrad Gels aus dem löbl. Kasten . . . . fl.   16
     Joh. Conrad Becker junior bekombt des Bachs Bestallung aus löbl. Kasten . . . . . fl.   16

4) Violino Secundo, Joh. Georg Boller, Pfarrtürmer bekombt seine Bestellung aus löbl. Kasten von . fl.   16
     Weigand Leininger von löbl. Recheney . fl.   16

5) Alto Viola, Joh. Conrad Becker senior und Joh. Gerhard Stumpf, Catharin Thürmer, jeder fl. 16 aus dem löbl. Kasten . . . . fl.   32

6) Viola Peter Mengel bekombt aus dem Kasten . fl.   16
     Summa der Musicalischen sämmtlichen Unkosten zu St. Catharinen, davon jedoch löbl. Kastenamt nur fl. 136, löbl. Recheney aber
fl. 116 bezahlt, in allem . . . . fl. 252

Übrigens bleiben die dem vorigen Kapellmeister Telemann neulich zugelegten fl. 100 zur Aufbesserung der Kapellen löbl. Scholarchat zu weiterer Disposition bevor."

Diese am 11. September im Rat vorgelesene Aufstellung wurde mit dem Bemerken angenommen, daß diejenigen Kapellglieder, die noch nicht Bürger seien, dazu aufgefordert werden sollten.

Mit den achtzehn hier aufgezählten Musikerstellen deckt sich nun die Besetzung des Telemannschen Orchesters nicht; wie schon erwähnt, müssen helfende Kräfte für die Blasinstrumente hinzugekommen sein, und den Büchern des Almosenkastens nach, die jetzt ihre Ausgaben für die Kirchenmusik nicht mehr detail-

liert, sondern in der Gesamtsumme von etwa fl. 500 zusammen-
fassen, muß dies, wie auch die Musikalien von dort aus bezahlt
worden sein. Naturallieferungen kamen für die Musiker wie
vor Zeiten vom Almosenkasten.

Zu der ausgedehnten Tätigkeit die Telemann als Kantor
und Kapellmeister von St. Johannis in Hamburg erwartete, kam
bereits im Jahre 1722 die Übernahme der dortigen deutschen
Oper, die vorher unter Leitung des hochbegabten Reinhard Keiser
ihre Glanzperiode durchgemacht hatte. Trotzdem gelang es
Telemann bis zum Jahre 1729 mit sieben Opern große Erfolge
zu erringen, die, nach der noch erhaltenen Musik, von seinem
großen theatralischen Geschick, von seiner besonderen Begabung
für die komische Charakterisierung Zeugnis ablegen.[105]) Dazu
stand ihm ein vortreffliches, an Ausdehnung und Klangwirkung
damals in Deutschland wohl kaum wieder vorhandenes Orchester
zur Verfügung. Daß er sich später, in den dreißiger Jahren
dazu verstand, seine Kunst zu Werken niedersten Genres, derben
possenhaften Gebilden herzugeben, war für ihn wie für das
seiner Auflösung entgegengehende Institut ein schwerer Mißgriff.

Aus seinem langen Leben tritt noch der achtmonatliche
Aufenthalt in Paris im Jahre 1737 besonders glänzend hervor,
während dem er wohl als der erste deutsche Komponist seine
Quartette von den besten Künstlern spielen hörte und eine
Anzahl Kompositionen bei Le Clerc stechen ließ.

Von den späteren Veröffentlichungen erwähnen wir nur
noch das geschätzte didaktische Werk die „Singe, Spiel- und
Generalbaßübungen von 1735 und 1740 in denen seine Lieder
erhalten sind, das Allgemeine evangelisch musikalische Liederbuch von 1730 und Orgelfugen und Klavierpartiten, die er in
früheren Jahren nicht pflegte.

Nachdem der Sturm und Drang seiner Jugendzeit zuerst in Eisenach in ruhigere Bahnen gelenkt worden war,
schloß er in Frankfurt die ersten zehn Jahre reifer Mannes-
arbeit ab.

Mit seinem Weggehen schließt die letzte und umfangreichste der hier besprochenen Perioden, diejenige, aus der die

---

[105]) Ottzenn, Curt: Telemann als Opernkomponist (mit Musikbeilagen)
1902.

meisten Fäden noch in unser modernes Kunstleben hinein-
reichen. Der Baum, an dem Herbsts Tätigkeit das kräftigste
Wachstum bedeutete, hat neue, weit hinausragende Schößlinge
getrieben.

Die verschiedenen Teile dieses letzten Abschnitts konnten
zeigen, wie sich nach seinem Tode auf allen Gebieten der Übergang vollzog: hier fanden sich, noch an ältere Zeiten gemahnend,
lateinische Gesänge, deren musikalische Fassung das Heraus-
arbeiten des Dur- und Mollsystems bekundete, dort entstanden
Liedersammlungen mit neuen Dichtungen und umgestalteten
Melodien — gerade hier unter dem Einfluß sehr eigenartiger,
religiöser Strömungen — zugleich aber begannen die Konzerte
deutscher Meister immer ausgedehnter und kunstvoller zu werden und als Kirchenkantaten in engster Verbindung zum Gottesdienst zu treten, den sie jetzt wie ein reicher Blütenschmuck
durch den Lauf des Jahres umgeben. Gut geschulte Organisten
spielen in den Frankfurter Kirchen; unter die tüchtigen einheimischen Orchesterspieler mischen sich auswärtige, zu ihrer
Weiterbildung hinzugekommene Kräfte.

Auch die feine Blüte geselliger Kunstübung gedeiht nun
sichtbar im Kreise der Frauensteiner; leichter vermögen die
Kunstfreunde in die modernen Tonarten, in die moderne Kompositionsweise einzudringen. Zur Bekrönung dieser Zeit aber
erscheint Telemann, der erste moderne Musiker in Frankfurt.
Während bei Bach durch seine vielseitige Beschäftigung mit
dem Choral die fortwährende Verbindung mit der alten Kunst
lebte, daher eine Vermischung der Oktavengattungen mit dem
Dur- und Mollsystem vielfach zu finden und in kunstvollsten
Bildungen angewandt ist, begegnen wir bei Telemann kaum
einem Rest der älteren Praxis.

Als der erste bedeutende Musiker seit Herbst baut er
alle vorhandenen Anfänge wirksam aus und bringt, getragen
von einer neuen glanz- und prunkliebenden Zeit in das Frankfurter Musikleben einen großen Zug. Von den vielen Zweigen
vokaler und instrumentaler Kunst, die er hier pflegte und für
die er komponierte, kam die weltliche Kantate und die größte
vokale Kunstform ohne Handlung, das Oratorium, zur ersten
Einführung.

Eine so reiche Tätigkeit mußte auch fruchtbringenden

Samen in die Zukunft ausstreuen. An der Hand von Israëls
Concert-Chronik läßt sich dies verfolgen. Bereits zwei Jahre
nach Telemanns Abgang tritt an Stelle des exklusiven großen
Konzerts ein neues Unternehmen. Jetzt laden „sämptliche
Musici" der allhiesigen Capelle zu ihrem im „Großen Kauffhaus"
stattfindenden „Collegium" Manns- und Frauenspersonen hohen
und niedrigen Stands ein — den Kavaliers und hohen Stands-
personen wird es anheimgestellt, was sie dazu contribuiren
möchten — den Privatpersonen werden Billets zu 15 xr. aus-
gegeben. Am Ausgange der ersten Saison von 1724 findet sich
die weitere wichtige Aufforderung: „so Liebhaber vorhanden,
welche in der Music sich zu exercieren gesinnet wären, solle
es nicht untersagt sein nach Gefallen zu diesem Collegium
musicum beizutreten und sich mit hören zu lassen." Damit
war ein Konzertunternehmen mit zahlenden aktiven und passiven
Mitgliedern eingeführt, zu dem 1727 als zweites das der reisenden Virtuosen tritt. Auswärtige Künstler hatten sich, hier angekommen, bei dem städtischen Kapellmeister zu melden; sie
verbanden sich dann wohl mit ihm und mit einheimischen
Musikern oder bestritten die Darbietungen ihrer Konzertabende
allein, wie es heute noch geschieht. In einer Stadt, in der nur
für wenige Monate im Jahr das Theater seine Pforten öffnete,
mußten die Konzerte als eine wichtige Ergänzung erscheinen
und große Anziehungskraft ausüben. Wer sich mit Musik
beschäftigte, suchte die durchreisenden Virtuosen zu hören und
durch sie mit dem Fortgang der Instrumentalmusik und des
Gesangs, mit den neuesten Erscheinungen der musikalischen
Literatur bekannt zu werden. Dies mag auch Goethes Groß-
vater, der Gasthalter zum Weidenhof, getan haben, dessen
Begabung und Vorliebe für die Musik sich auf seinen Sohn
und den Enkel vererbte, der in seiner Dichtkunst das musikalische Element in so reichem Maße offenbaren sollte.

Zunächst bleibt in den Abonnementskonzerten bis zur Mitte
des Jahrhunderts Telemanns Musik herrschend, seine kleine
und große Passion wie die Davidischen Oratorien werden immer
wieder aufgeführt. Später treten Grauns Passionsoratorium
und sein Tod Jesu in den Vordergrund. In den Virtuosen-
konzerten herrscht zunächst das Solospiel, wie es der kurpfälzische Kammervirtuose Stamitz, seine Schüler die Violinvirtuosen

Cannabich und Cramer ausübten. Neben den Geigen und Blasinstrumenten kommt in der zweiten Hälfte des Jahrhunderts
auch das Klavier zur Geltung.

Am meisten betätigen sich jedoch in diesen Konzerten
italienische Sänger und Sängerinnen, die der italienischen Musik
dabei zur Verbreitung verhalfen. Auch ihre Operntruppen sind
bis über die Mitte des Jahrhunderts hinaus die besten, die sich
hören lassen, die unter dem tüchtigen Direktor und Violinspieler
Maggiore stehende wagt zuerst den Schritt von der Bühne
in den Konzertsaal und führt zur Osterzeit 1764 das Stabat
Mater von Pergolese auf.

Später pflegten die guten deutschen Schauspielergesell-
schaften sowohl die Oper wie das Singspiel; die Marchandsche
bevorzugte in den Jahren 1771—1777 zunächst die feinen französischen Singspiele und die Operette, wie sie von Sedaine,
Gretry, Monsigny und Philidor geschaffen waren, nach deren
Vorbild die deutschen Singspiele von Hiller, Neefe, André und
Benda entstanden, die ebenfalls zur Aufführung gelangten.
Die besten Künstler Marchands, die Ehepaare Großmann und
Hellmuth, gingen dann in die Seylersche Gesellschaft über,
die nach der musikalischen Seite hin unter der Direktion Neefes,
des fördernden Lehrers und warmen Freundes des jungen Beet-
hovens stand und Tüchtiges leistete. Im Orchester wirkten
die Brüder Benda als Geigenvirtuosen; sie gaben mit ihren
Kollegen Konzerte und führten Duos, Trios und ganze Sinfonien
aus. Madame Hellmuth trat dabei durch ihren Gesang rühm-
lichst hervor. Die letzte Truppe, die auf dem alten Theater
im Junghof spielte, die Böhmsche, gab am 2. April 1782,
Sandrina oder die verstellte Gräfin, Mozarts Jugend-
werk *la finta giardiniera*.

Die Eröffnung des städtischen Komödienhauses im Herbst
1782, in dem außer in der Advents- und Osterzeit den ganzen
Winter gespielt wurde, brachte den Konzerten vielfache Konkurrenz. Sie war um so durchschlagender, da die Oper nun
einer hohen Blüte entgegenging. Der vollen Freude über die
neue Einrichtung, die wohl von vielen geteilt wurde, gab
Frau Rat Goethe in ihrem Briefe an Fritz von Stein vom
10. Dezember 1785 Ausdruck, während ihre originelle Erwähnung
des steifen freitägigen, des schlechten montägigen und des

langweiligen Mittwochskonzerts uns ein Zurückgehen der damaligen Abonnementskonzerte annehmen läßt. Einheimische tüchtige Künstler, wie der von Burney in seinem „Tagebuch einer musikalischen Reise" erwähnte Organist Wolf Nikolaus Haueisen, der bei den Konzerten mitwirkte, haben diesen Rückgang, wie das Abnehmen des Interesses an der Kirchenmusik bitter empfunden.

Die erste ständig engagierte, von Großmann geleitete Gesellschaft, die kurkölnische, gab unter großem Beifall am 2. August 1783 die „Entführung aus dem Serail", und Frau Rat Goethe erlebte auch die Aufführungen anderer Opern ihres Lieblingsmeisters: Figaros Hochzeit 1788, den Don Juan 1789, die Zauberflöte 1793, Cosi fan tutte 1796, den Titus 1799, Idomeneo als Konzert 1806. Daneben gelangten die besten Opern zeitgenössischer Meister zur Wiedergabe, so daß die Zeiten des Frankfurter Nationaltheaters von 1792—1810 eine wahre Glanzepoche der Frankfurter Oper bildeten. Im Jahre 1797 wurde ein neues, sehr tüchtiges Orchester engagiert, dessen Leitung der jüngere Cannabich übernahm, und mit den Hilfsmitteln einer ganz veränderten Zeit konnte denn auch das Oratorium neu erstehen. In der Karwoche des Jahres 1801 war die „Schöpfung" zur Aufführung gekommen und in den nächsten Jahren regelmäßig wiederholt worden.

Als dann das Studium der vielfältigen kleineren Werke unserer Klassiker Haydn, Mozart, Beethoven die musikalische Welt genügend erzogen hatte, erwachte der Drang zum tätigen Zusammenschluß, zum Studium ihrer großen Tonschöpfungen. Zunächst reihte das 1808 zur Pflege von Kunst und Wissenschaft gegründete Museum auch musikalische Aufführungen unter seine Darbietungen ein, dann wurde 1812 der Düringsche, 1817 der Cäcilien-Verein zur Ausübung des gemischten Chorgesangs gegründet. Bald war die Zeit reif genug, um den Blick weiter zurück zu lenken zu der Periode, die wir abgeschlossen haben — jedoch nicht zu dem im achtzehnten Jahrhundert am meisten genannten Telemann, dem wir in Frankfurt so viel verdanken — sondern zu den über Italienern und Deutschen fast vergessenen Werken Bachs, Händels und älterer Meister.

Wie alle zeitgemäßen Strömungen traten auch diese stark in den Gesichtskreis dessen, den Dichten und Denken von frühester Jugend an mit der Musik verband. Zeugnis davon giebt unter Goethes Aufzeichnungen besonders der von 1799 — 1832 mit Zelter geführte Briefwechsel. Er berührt nicht nur das was in seiner näheren Umgebung zu Tage tritt; es wird unter dem Ferneren auch der Musikpflege in der Vaterstadt gedacht. Fräulein von Hügel erfreut Goethe dort 1815 durch den Vortrag Händelscher und Bachischer Sonaten, Marianne mit dem Gesang seiner Lieder; er nimmt an dem Aufkommen des ersten wie an dem des zweiten Gesangvereins warmen Anteil. Angeregt durch den Besuch des einundzwanzigjährigen Felix Mendelssohn, spricht er sich im Brief an Zelter vom 3. Juni 1830 folgendermaßen aus: „Mir war seine Gegenwart besonders woltätig, da ich fand: mein Verhältniß zur Musik sey noch immer dasselbe; ich höre sie mit Vergnügen, Antheil und Nachdenken, liebe mir das Geschichtliche; denn wer versteht eine Erscheinung, wenn er sich nicht vom Gang des Herankommens penetrirt? Dazu war denn die Hauptsache, daß Felix auch diesen Stufengang recht löblich einsieht, und glücklicherweise sein gutes Gedächtniß ihm Meisterstücke aller Art nach Belieben vorführt. Von der Bachischen Epoche heran hat er mir wieder Haydn, Mozart und Gluck zum Leben gebracht, von den großen neueren Technikern hinreichende Begriffe gegeben und mich endlich seine eignen Produktionen fühlen und über sie nachdenken machen; ist daher mit meinen besten Segnungen geschieden."

Mendelssohn hatte bereits im Jahre vorher mit der Singakademie in Berlin Bachs fast vergessene Matthäuspassion wieder aufgeführt und seinen Freund Schelble, den Dirigenten des Frankfurter Cäcilien-Vereins, veranlaßt, das Werk ebenfalls einzustudieren, dessen Wiedergabe zwei Monate später als in Berlin, am 2. Mai 1829, im fünfzigsten Konzert des Vereins erfolgte.

Schluss.

Auf vielverschlungenen Pfaden haben wir durch vier Jahrhunderte die musikalische Entwickelung in Frankfurt im Einzelnen verfolgt und es bleibt uns nur noch übrig, sie am
Schlusse in ihrer Gesamtheit zu überschauen. Verheißungsvoll
deuteten zum Beginn der Wanderung uralte Blätter auf einen
weiter zurückführenden Weg, der bis in die dunkeln Zeiten
ältester Kultur in unserer Stadt reicht, die sich nicht im Einzelnen darstellen, sondern nur an äußeren Vorgängen der
deutschen Geschichte beobachten lassen. In engste Wechselbeziehung mit dem städtischen Leben traten dann geistliche
und weltliche Musik in den beiden letzten Jahrhunderten des
Mittelalters. Die Kirche gewährt und versagt den sie redlich
fördernden königstreuen Bürgern den weihevollsten Teil ihres
Ritus, den Gesang: so zeigt sie ihre Macht. Durch Gewohnheit
und Privilegien aber, wie es die goldne Bulle abschließend fest-
gelegt hat, war unserer Stadt eine Sonderstellung gewährt und
auch die Bartholomäuskirche war als Schauplatz der Krönungen
ein höchst wichtiger Mittelpunkt geworden. Erneuerung der
Kirche, Orgelbau, musikalische Niederschriften und Statuten
folgten. Was dabei zu Tage tritt, zeigt die Musikpflege am
Bartholomäusstift kaum im Sinne weiterschreitender Stufen,
sondern beschränkt sich auf den überlieferten gregorianischen
Choral und den Hymnengesang. Die Einführung kunstvoller
polyphoner Bildungen fällt daher fremden Elementen zu. Dagegen blüht der einheimische Orgelbau und das Orgelspiel.

Auf weltlichem Gebiet ist das Ergebnis ein reicheres. Die
Spielleute der sangesfrohen Gegenden am Rhein und Main,
vereinen sich zu Anfang des vierzehnten Jahrhunderts unter
dem Schutze der Meßprivilegien; sie finden von da ab ihren

Mittelpunkt in unserer Stadt. Vom flachen Lande tragen sie die Dichtungen des Sängers herein und rufen die ursprüngliche einfache Beteiligung des Volkes wach. Mit neuen Weisen vermitteln sie zugleich neue Kunst und Tanzformen, lange ehe es dafür Aufzeichnungen gab. Als Gesandte von Fürsten und Städten genießen ihre Vertreter Ansehen und Achtung, die aus alten Zeiten her ihrem Stande sonst noch vielfach versagt bleibt. Nun wird auch kriegerische und friedliche Musik in den Dienst der Stadt gestellt: im vierzehnten Jahrhundert sind es die Pfeifer der Miliz, im fünfzehnten die Turmwächter.

Mit der Reformationszeit gewinnt das städtische Leben einen neuen Charakter. Bei dem Gottesdienst findet die Beteiligung der Gemeinde im Choralgesang statt, weltlicher mehrstimmiger Gesang und öffentliches Spiel werden von den Zünften geübt und gleichzeitig erscheinen die ersten Erzeugnisse des Notendrucks weltlicher und geistlicher Liederbücher, denen sich später die umfangreichen und kostbaren geistlichen Melodienbücher anschließen. Jedoch die zeitgemäße musikalische Weiterentwickelung war damit nur in ihr erstes Stadium getreten, in die Wege der von Italien kommenden Renaissance mußte durch Vermittlung der humanistischen Kreise geschritten werden.

Die schönen Wechselbeziehungen zwischen Künstler und Kunstfreund beginnen mit Jakob Meilands Aufenthalt, mit seinem Verkehr in dem Fichard- und Feyerabendschen Kreise. Die Lateinschule wird jetzt zur Pflegestätte der Musik, da man dort den Schülerchor angliedert, der, außer den ihm zunächst obliegenden kirchlichen Gesängen, auch den deklamatorisch-akzentuierten Gesang des humanistischen Schuldramas ausführt. Eine „Kantorei" bildet sich mit dem hinzutreten des Orgelspiels und der Türmer, sie erlebt unter dem vielseitigen Andreas Myller zu Anfang des siebzehnten Jahrhunderts ihre erste kurze Blüte. Die Tonschöpfungen der venezianischen und römischen Schule, in denen sowohl die veränderte Tonalität wie der darauf aufgebaute harmonische Tonsatz zuerst zur Geltung kommen, finden durch den ausgedehnten Handel Frankfurts einen großen Umsatz. Eine ganze Anzahl der wichtigsten Werke dieser Epoche gelangt in Nikolaus Steins Offizin zum Nachdruck und Neudruck.

Von dem regen Aufschwung, den die deutsche Tonkunst
dem fremdländischen Einflusse verdankte, konnte sich der Rat
durch die zahlreich einlaufenden Dedikationen überzeugen; wie
er es hier an Förderung und Hilfe nicht fehlen ließ, beschloß
er auch seine Kirchenmusik nicht mehr allein auf das größere
oder kleinere Talent des Kantors der Lateinschule zu stützen,
sondern sie davon unabhängig weiter auszubauen. Mit Gründung der Musikdirektorstelle teilen sich von nun ab die Funktionen: dem Kantor bleibt der Schulunterricht, wie der ein-
und mehrstimmige Choralgesang in und außerhalb der Kirche;
dem Direktor das Einstudieren der Kapellknaben, das Überwachen des Orgel- und Generalbaßspiels, des neu eingerichteten
Instrumentalchors bei dem Kirchenkonzert. Daß Herbst, wie
andere gut protestantische Meister, so vielfach Werke von
Komponisten der italienischen Gegenreformation aufführte, darf
uns nicht wundern, da sich in ihnen das Neue, Vorbildliche
äußerte, das die deutschen Tonsetzer nachzuahmen suchten.
Unablässig baut der erste Direktor sein Werk aus und findet
Unterstützung für alle seine Bestrebungen beim Rate, der die
großen Opfer nicht scheut, durch die seine Kirchenmusik eben-
sowohl zu einer weihevollen Zugabe des Gottesdiensts wie zu
einem wichtigen Bildungselement seiner Bürger wird. So konnte
das einmal Aufgerichtete weder unter den ·Händen schwächerer
Nachfolger zergehn noch von den schweren Unbilden der Zeit
unterdrückt werden.

Die Erfüllung dessen, was Herbst erstrebte, bringt nun
die nächste Periode, in der wir die deutsche protestantische
Kirchenmusik vollentwickelt ihrer Höhe zuschreiten sehen. Auch
dafür finden sich auf unserm Gebiet mannigfache Belege; es
sind die Musikalien der Peterskirche, die handschriftlichen Überreste aus den andern Kirchen, an denen sich der Übergang von
Kirchenkonzert zur Kantate und zum Kirchenjahrgange ebenso
offenbart, wie der Abschluß einer auf moderner Grundlage aufgebauten Schreibweise.

Nicht allein die Kirchenmusik, sondern auch die schönen
Ansätze zur weltlichen Musikübung gehen jetzt in eine reiche
Kunstperiode über, die sich an Telemanns Namen knüpft. Er
öffnete jene Bahnen, die Frankfurt, zunächst ohne Oper, zu
einem bedeutsamen Mittelpunkt für die reproduzierenden Künstler

machten, deren die Komponisten immer mehr zur vollen Wiedergabe ihrer Werke bedurften.

Der historische Rückblick auf die Musikgeschichte Frankfurts zeigt uns daher nirgends einen Abschluß, sondern ein
unausgesetztes Ineinandergreifen und Vorwärtsstreben treiben-
der Kräfte. So dürfen wir mit Freude auf den großen vorüber-
rauschenden Strom vergangenen Kulturlebens blicken, auf dem
so viele Wellen in freundlicher Beleuchtung glänzen.

Anhang.

Inventarium librorum et instrumentorum
musicorum
in die Barfüsser Kirch gehörig.

Verfertigt den 22. Junii anno 1625 durch Johann Andream
Herbsten, Praefectum musicae.

Schulakten 1. Fol. 255—258. Vgl. S. 131.

Gebundene Bücher.

I. Erstlich 15 Bücher in quarto cum basso generali in
folio, in geschrieben Pergament gebunden, gesprengt uffn Schnitt,
darinnen seindt folgende authores:

1. Sacri concentus à 6, 7, 8 et 12 vocibus Joh. Baptistae
   Grylli.*)
2. Compositioni armoniche à 1, 2, 3, 4, 5, 6, 7, 8 di Francesco
   Usper.*)
3. Motetti e dialoghi, 5, 6, 7, 8 voci di Giov. Francesco Capello.*)
4. Sacrorum concentuum Joh. Prioli pars prima à 5, 6, 7, 8
   voci.*)
5. Sacrorum concentuum Joh. Prioli pars altera à 10 et 12
   voci.*)
6. Aurea corona à 10 di Leon Leoni.
7. Symph. sacrae à 6, 7, 8, 10, 11, 12, 13, 14, 15, 16, 17 et 19
   Joh. Gabrielis.
8. Canzoni e sonate à 3, 5, 6, 7, 8, 10, 12, 14, 15, 22 voci
   Joh. Gabrielis.

*) Die mit Sternen versehenen Nummern sind nicht mehr vorhanden.

9. Canzoni da suonare à 4, 5, 6, 7, 8, 9, 10, 12 e 13 voci Petri Lappi.

II. Item 15 Bücher in folio, in geschrieben Pergament gebunden, gesprengt vffn Schnitt, darinnen seindt folgende authores:

1. Polyhymnia caduceatrix et panegyrica, darinnen Solennische Fried und Freuden Concert à 1, 2, 3, 4, 5, 6, 7, 8, 9, 10, 11, 12, 13, 14, 15, 16, 17, 18, 19, 20, 21 und mehr Stimmen Michaelis Praetorii.*)
2. Zwei Psalmen Davids sambt etlichen Motetten und Concerten mit 8 und mehr Stimmen Henrici Schützen.*)

III. Item sechs Bücher in quarto in geschrieben Pergament gebunden, grün uffn Schnitt, darinnen seind folgende authores:

1. Sacre cantilene concertate à 3, 5 e 6. Da bey seindt zu den Ripienen 4 Büchlein in 4to und zum General Baß eins in folio in plob Papier gebunden di Giovanni Croce.*)
2. Motetti à 5 voci di Alessandro Grandi.
3. Sacrarum cantionum à 2, 3, 4, 5, 6 voc. lib. 3 di Carolo Phylagio.
4. Quinto libro de motetti à 2, 3, 4, 5 voc. di Hortensio Polydori.*)
5. Il primo libro de concerti à 4 voci di Jacomo Finetti.
6. Motecta binis vocibus concinenda Jacobi Finetti lib. sec.
7. Sacrae cantiones binis vocibus a Jacobo Finetto lib. tertius
8. Sacrarum cantionum ternis vocibus Jacobi Finetti lib. quartus.
9. Joannis Lucaschi sacrae cantiones à 1, 2, 3, 4, 5 a Jacobo Finetto. (Unvollständig.)
10. Cantici spirituali à 1, 2, 3, 4, 5 et 6 voc. di Giov. Franc. Capello. (Unvollständig.)
11. Novo Giardino de concerti à 4 voci di Archangelo Borsaro.*)
12. Sacri fiori motetti à 2, 3, 4, primo libro, di Leon Leoni.
13. Sacri fiori, secondo libro de motetti à 1, 2, 3 voci, Leon Leoni.
14. Sacri fiori, quarto libro de motetti à 1, 2, 3, 4 voci, Leon Leoni.
15. Motecta à 2, 3, 4 voc. Antonio Cifra. lib. 2.

16. Motecta à 2, 3, 4 voc. Anton Cifra. lib. 5.
17. Motecta à 2, 3, 4 voc. Anton Cifra. lib. 6.
18. Corona di gigli à 1, 2, 3, 4, Francesco Samaruco et Giov. Battista Massati.*)
19. Sacri concerti a 1, 2, 3, 4 voc. di Francesco Giuliani.*)
20. Sacri concerti à due voci di Gabriel Fattorini.*)
21. Nuovo giardino à 1, 2, 3, 4 e 6 voci di Giov. Cavaccio.*)

Folgen die Ungebundene:

1. Erstlich 16 Bücher in quarto mit dem General Bass in folio, nur gehefft, à 2, 3, 4, 5, 8, 12 und 16 Samuelis Scheidt.
2. Sonate concertate à 2 e 3 di Dario Castello, sind 4 Bücher in fol., nur gehefft.*)
3. Canzoni da suonar à 2, 4 e 8 di Guilelmo Lipparino, sind 5 Bücher in 4to, nur gehefft.*)
4. Canzoni à 4, 5, 6, 7, 8 voc. di Giovanni Valentino, sind 7 Bücher gehefft in 4to.*)
5. Armonia sacra di concerti à cinque voci di Carolo Milanuzi, seind 6 Bücher in 4to gehefft.*)
6. Vezzo di perle musicali à 2 di Adriano Banchieri, sind 3 Bücher gehefft in 4to.
7. Soabi fiori colti nel ameno giardino à 2 voci di Giacinto Bondioli, seind 3 Bücher, in 4to gehefft.*)
8. Caelum armonicum, concentus à 1, 2, 3 voci, lib. 1.*)
9. Caeli armonici concentuum à 1, 2, 3 voci, liber 2 Guilhelmi Veneti, sind 4 Bücher, in 4to gehefft.*)
10. Lamentationi à 4 voci di Antonio Burlini, seind sechs Bücher ungebunden.*)
11. Lamentationi à 4 Dominico Borgo, seind 5 Bücher gehefft.*)
12. Miserere à 3 con sinfonie di Guglielmo Miniscalchi, seind 4 Bücher in 4to gehefft.*)
13. Organo suonarino del P. D. Adriano Bianchieri, ist ungebunden.

Instrumenta musicalia in die Parfüsser Kirch gehörig:

1. Erstlich ein Quart Posaun.
2. Item 3 gemeine Posaunen, darunter eine in die Catharein Kirch abgeholt worden.

3. Item ein Lauten, welche Joh. Daniel Mylius Lautenist bey sich hat.

4. Item ein Fagott oder Dolcian, welchen Heinrich Müller Instrumentist in Verwarung hat.

5. Item ein Tenor-Zinck mit eim Schloß.

6. Item ein Baßgeigen, ist in der Catharein Kirch.

7. Item ein große Baßviola.

In dem Instrumenten-Verzeichniß von 1626 (Almosenkasten Ag II, 8) sind noch folgende Instrumente aufgeführt:

8. Item ein Fachot oder Dulcian, in Herbstmeß 1626 vor 7 Rchtlr. bei Joh. Höfflern von Nürnberg erkauft.

9. Item ein gemeine Posaun mit seinen Krumbögen und Satzstücken und Futter von Hans Georg Becken pro 6$\frac{1}{2}$ Thaler erkauft.

10. Eine Theorba von rot Sandelholz sambt einem Fuder, hat Hans Stehlin Lautenmacher wegen etlich Gulden Schutzgeld, so er meinen großgünstigen Herren (dem Rat) zu thun gewest, in die Parfüßer Kirchen gemacht. Woraus anno 1645 den 17. December ein Baßlautten gemacht worden ist.*)

11. Eine neue Quint Posaun mit 4 Mundstück sambt dem Fuderale.

12. Eine neue Quart Posaun mit eim doppeln Uffsatz, uff beide recht zu gebrauchen, mit 3 Mundstücken sambt dem Fuderale.

13. Ein Octav Fagott, item ein Quint Fagott und ein gemeinen Fagott und Italienische Plock-Flöte, in das Bartholmes Stift für 30 Rthlr. kauft, sind nunmehr in der Parfüßer Kirch.

14. Eine gemeine Posaun, so Jeronymus Sovall Barbirer in die Kirchen verehrt.

15. Ein doppelt Regahl, so in das Bartholomae Stift für 70 Gulden verkauft worden, hat Herr Stadtschreiber zu sich genommen.

---

*) Späterer Zusatz.

II.

Verzeichnuss derer musicalischen Bücher,

welche in der Parfüsser Kirchen bey der Music nothwendig zu gebrauchen seindt.

Schulakten I. Fol. 253 und 254. Vgl. S. 131.

— —

I. Erstlich 8 Partes in geschrieben Pergament eingebunden undt grün vffn Schnit, darinnen folgende authores, als:

1. Manipulus sacrarum cantionum 5, 6, voc.
   Valentin Husmanni*) . . . . fl. — 6 Btz.
2. Sacrae cantiones 4—8 voc., Bened. Fabri*) „ — 8 „
3. Septem psalmi paenitentiales 6 voc., Joh.
   Croce*) . . . . „ — 4 „
4. Cant. sacrae de festis 4—12 voc. Joh. Leo
   Hasleri . . . . „ 2 — „
5. Sacrae symphoniae 4—16 voci divers. authorum . . . . „ 3 — „
6. Continuatio sacrarum symphoniarum 4—12
   voc. . . . . „ 3 — „
7. Sacri concentus 4—12 voc. Joh. L. Hasleri „ 3 — „
8. Cant. sacrae de praecipuis festis 5—8 voc.
   Hier. Praetorii . . . . „ 2 10 „
9. Magnificat super 8 tonos à 8 ejusdem authoris. „ 2 — „
   _____
   fl. 16 13 Btz.

II. Reliquiae sacrorum concentuum Joh. Gabrielis et J. L. Hasleri, seind 12 Stimmen oder Bücher, nur gehefft à 6—19 voc. . . . . . fl. 3 — Btz.

III. Item: Sacri concentus 8 voc. lib. 1 Adami Gumpelshaimer, seind 8 Bücher in Papendeckel gebunden . . . . „ 2 — „

IV. Item: 8 Partes in geschrieben Pergament gebunden, gesprengt vffn Schnitt, darinnen folgende authores, als:

_____

*) Die mit Sternen versehenen Nummern sind nicht mehr vorhanden.

1. Sacrae melodiae 4—12 voc. Melch. Franci   fl.   1   8 Btz.
2. Viridarium musicum 5—10 voc. ejusdem   .   „   1   5   „
3. Sacri concentus à 8 Adami Gumpelshaimer
    lib. 2, cum partitura . . . .   „   2   —   „
4. Canzoni diversorum authorum 4—16 voc.   „   2   —   „
5. Psalmi Davidici à 6 Andreae Gabrielis   .   „   —   6   „
6. Madrigalia 6 voc. ejusdem . . . . . .   „   —   6   „
7. Flores musicales 4—8. Melch. Franci   .   „   —   5   „
8. Neue musicalische Intraden 6 voc. ejusdem   „   —   6   „

                                             fl. 13   6 Btz.

V.   Item: Missae diversorum authorum 5 voc.   fl. —   6 Btz.

VI.   Item: Magnificat 4—8 voc. Melchioris
Vulpii, sechs Bücher in Pappendeckel eingebunden*)   . . . .   „   —   9   „

VII.   Item: Threnodiae Davidicae 6 voc.
Melch. Franci . . . .   „   — $7^1/_2$ „

     Item: Geistlich musicalisch Lustgarten
4—8 voc. ejusdem authoris, seind 6 Bücher ge-
hefft   . . . .   „   — $7^1/_2$ „

VIII.   Item: Musarum Sioniarum motettae
et psalmi latini 4—16 voc. Michaelis Praetorii,
seind 7 Bücher in geschrieben Pergament gebunden und grün uff Schnitt*) . . . . . .   „   3   —   „

IX.   Item: Fasciculus sacrarum cantionum
6—12 Joh. Le Febvre*) . . . .   „   2   —   „

     Augustini Agazzarii cantiones 4—8, seind
8 Bücher nur gehefft und gelb uffn Schnitt   .   „   2   —   „

X.   Item: Cantiones sacrae 4 voc. Flaminii
Tresti   . . . .   „   1   —   „
     Melodiae sacrae 5—9 voc. Petri Bonhomii,
seind 8 Bücher nur gehefft*) . . . . . .   „   3   —   „

                                Summa   . .   fl. 13   — Btz.
    Summa Summarum 43 fl. 4 Btz.

    Seindt von der Recheney erlegt worden den 29. Sept. 1625.

Angeheftet ist nachstehende Rechnung Steins:
„Libri musici pro Domino Joanne Andrea, capellae
magistro:

1. Henrici Pfendner: Concertus . . . . fl. 2 10 Sch.
2. Selichii opus novum musicum . . . . . . „ 1   8 „
3. Orpheus Christianus . . . . „ 1 12 „
4. Samuelis Scheid, cant. sacrae . . . . . . „ 1 15 „

                                        fl. 7   5 Sch.
Ist bezalt den 22. April.

                                    Nicolas Stein."

III.

Thesaurus musicalis Wolffgangi Getzman[*)]

Organisten ad S. Barthol. 1633. Vgl. S. 154.

Barthol. Stift städtisch Nr. 270 des Stadtarchivs.

Die im Verzeichnis durchstrichenen Musikalien sind mit * angemerkt.

Lit A.

1. Liber primus, secundus, tertius R. D. Alexii Neandri cum
4, 5, 6, 7, 8, 10 et 12 vocibus.

Lit. B.

1. Cantiones sacrae 6 vocum authore Albino Fabritio.
2. Breves et selectae quaedam motetae 4, 5, 6 vocum auth.
Blasio Ammon.
3. Cantica 4 et 5 vocum authore Jacobo Reinero.

---

*) Nach Eitner, Bd. 4, S. 220 hatte Getzman bei Stein erscheinen
lassen: Epithalamium musicum in solemnitates nuptiales . . . Nic.
Gereonis . . . . virginis Catharinae . . . . Nicolai, etc. 8 voc. (Stadtbibliothek
Hamburg und Landesbibliothek zu Kassel.)
Und 1611—1612: Phantasiae sive cantiones mutae ad 12 modos
figurales . . . . variis instrumentis musicae accomodate, etc. . . . . . . (Königliche Bibliothek Berlin.)

Lit. C.

*1. Cantiones sacrae de festis totius anni 5, 6, 7, 8, 10 et 12 vocum auth. Hieronymo Praetorio.
*2. Francisci Mariae Guaitolii Carpi Canonici ab 8, 9 et 10 vocibus.
*3. Cantiones sacrae 4, 5, 6 et 8 vocum D. Pietro Maulereo.
*4. Liber motetarum 6 et 8 vocum Jacobi Reineri Weingartensis.
*5. Dionysii Bossi sacrarum cantionum 5 vocum liber primus.
*6. Luci Bossi Laudensis motectarum 5 vocum liber secundus.
*7. Andreae Gabrielis sacrarum cantionum 5 vocum liber primus.
*8. Canzoni da sonare 4 et 8 vocum.
*9. Magnificat 5 vocum auth. Orpeo Vechi liber primus.
Magnificat 5 vocum R. D. Georgii Aychinger.

Lit. D.

1. Missarum Jacobi Regnardi lib. 1, 2 et 3 cum 4, 5, 6, 8 et 10 vocibus.
2. Melodiae sacrae 5, 6, 8 et 9 vocum authore Petro Bonhomio.
3. Cantiones sacrae 6 et 8 vocum autho: Johann Custrovio.

Lit. E.

*1. Di Flaminio Tresti à 4 vocibus.
*2. Motetti à 4 vocibus Gio: Battista Cesana liber primus.
3. Fantasiae à 4 vocibus authore D. Adriano Banchieri.
4. Lucae Marentii cantiones sacrae à 4 vocibus.
5. Motectae D. Innocentii Pini Florentini à 5 vocibus.
6. Motectae Pauli Riccij Parmensis à 5 vocibus.
7. Michaelis Sambuci Bononiensis sacrae cantiones à 5 et 8 vocibus.
8. Luci Bossi Laudensis motectarum 5 vocum liber primus.
9. Sacrae cantiones 6 vocum concinendae a D. Floriano Canali lib. 1.
10. Cantiones sacrae 6 vocum authore Orpheo Vechi.
11. Sacrarum cantionum 6 vocum auth. Curtio Valcambo liber primus.

12. **Anthonii Moganeri** motectarum, quae 5, 6, 7, 8 vocibus car., liber 1.
13. **Varii Auctii** madrialli à 3 voc. liber primus.

Lit. F.

Textus Evangeliorum totius anni 8 vocum autho: **Homero Herpoll**.

Lit. G.

1. Sacrarum Cantionum 5 et 6 vocum collect.
2. Psallen Davidt **Maistre Jeann. Louys**.

Lit. H.

*1. **Caroli Luydon** 6 vocum.
*2. Opus musicum **Caroli Luydon**.

Lit. K.

1. Canticum B. Mariae Virg. seu Magdt. 4, 5 et 6 vocum a **Christophoro Demantio**.
2. Magnificat 8 vocum cum motectis aliquot 8 et 12˙ vocum authore **Hieronymo Praetorio**.

Lit. L.

1. Cento concerti ecclesiastici 1, 2, 3, 4 vocum **Ludovici Viadani** liber primus et secundus.

Lit. N.

1. Neotericum opusculum musices cum 1, 2, 3, 4 vocibus autho: **Andrea Lees**.
2. Concertuum ecclesiasticorum 2, 3, 4 vocum a **Ludovico Viadana**.
3. **Della Medalli** modetti à 5 vocibus.
4. **Di Gio. Battista Strata** messa, motetti, Magnificat, Falsi Bordoni à 5 voc.
5. **Caroli Philagii** motecta 1, 2, 3 et 4 vocum.
6. Sacrae ac devotae cantiones 1, 2, 3 et 4 vocum **Bernhardi Strozzae** liber primus.

Lit. O.

1. Missa 8 vocum a **Joanne Stattelmeyer**.
2. Missae quatuor octo vocum a **Petro Hieronymo Rosso**.
3. Missae tres cum lythaniis de S. S. San. Christi 8 vocum autho. **Jacobo Reinero**.
4. Canticum B. V. Magnificat 6 vocum auth. **Jacobo Reinero**.

5. Completorium 8 vocum a Ludovico Viadana.
6. Vigiliarum officium ac missae defunctorum 5 vocum a Ludovico Viadana.
7. Missae 4 vocum a Lud. Viadana.
8. Responsoria ad lamentationes Hieremiae prophetae cum 4 vocibus à Ludovico Viadana.
9. Falsi Bordoni et Psalmi in tertia et Te Deum laudamus à
   5 vocibus a Ludovico Viadana.
10. Laudes vespertine B. M. Virg. auth. Andrea Pevernage.

Lit. P.

†1. Offertoria totius anni a Joanne Petro Aloiso Prae-
   nestino à 5 vocibus liber primus.
2. De iisdem liber secundus.
3. Cantiones sacrae 5 vocum authore Orpheo Vechi.
4. Sacrarum cantionum à 4 et 5 vocibus Christian Erbacher.
5. Sacrae cantiones 4, 5, 6, 7 et 8 vocum Benedicto Fabro.
6. Sacrorum concertuum 8 vocum a Scipione Barotio.

Lit. Q.

1. Sacrae cantiones à 4 vocibus auth. Orlando Lasso.
2. Augustini Brendenelli sacrarum cantionum à 4 vocibus
   lib. primus.
3. De iisdem liber secundus à 5 vocibus.
4. Sacrae cantiones cum 4, 5, 6 et 8 vocibus a Gregorio
   Langio.
5. Modulationum sacrarum 5 et 6 vocum auth. Jaches Werth.
6. Corollarium cantionum sacrarum 5, 6, 7, 8 et plurium vocum
   Friderici Lindtneri collectoris.

Lit. R.

1. Psalmi vespertini 4 vocum liber primus et 5 vocum addito
   Magnificat liber secundus cum basso generali a Lud. Viadana.

Lit. S.

1. Modi sacri 4, 5, 6, 7, 8 et plurium vocum auth. Cristiano
   Erbacher.
2. Missa 6 vocum à Salamone Waldthoffer organista
   Bassaviense.

1. Sacrae symphoniae seu motetaetam de festis solennibus quam de tempore totius anni 4, 5, 6, 7, 8, 9, 10 et plurium vocum authore **Lamberto de Sayne**, Matthiae I. Roman. Imperatoris supremo capellae magistro.*)

IV.

Im Etatjahr 1896—1897 hat die Stadtbibliothek die Musikalien nachstehender Institute depositarisch übernommen:

1. Aus der Bibliothek des städtischen Gymnasiums.
2. Vom evangelisch-lutherischen Gemeindevorstand.
3. Vom Allgemeinen Almosenkasten.
4. Vom Pflegamt des St. Katharinen und Weißfrauen-stifts.

Die Musikalien der Peterskirche (unter No. 2 befindlich) wurden bei ihrer Übergabe revidiert**) und es ergab sich, daß die nachstehenden, im Israël-Katalog eingereihten Werke nicht mehr vorhanden waren:

Bassano, G.: Motetti, 1598. (S. 10.)
Biffi, G.: Canzonette, 1596. (S. 17.)
Piccioni, G.: Salmi, 1621. (S. 63.)
Sellius, Th.: Concertuum Lib. I, 1646. (S. 75.)
Zanchius, L.: Sacrae Cantiones, 1598. (S. 97.)

---

*) Auf meine Anfrage bei dem Vorstand der hiesigen katholischen Gemeinde, ob sich in ihrem Besitz noch ältere Musikalien, oder Akten, die frühere Kirchenmusik betreffend vorfänden, ist mir leider kein Bescheid geworden.

**) Stadtarchiv: Registratur unter Zuwachs und Abgang 1893—1897.

Namen- und Sach-Register.

(Großes A nach der Seitenzahl bedeutet Anmerkung.)

A.

Accidentalen 5.
Achtliederbuch, 1524. 68.
Actus musicus 178.
Ahle, J. R. 195.
Alber, Erasmus 78 A.
Albrecht, Achilles, Kurfürst 38.
Andreae, J. Ph., Verleger 211.
Anonymus 10 A.
Anschütz, C. F. 192.
Antonniter 7.
Archiv f. hess. Gesch. 28 A.
Arcularius, Senior 217. 236.
Ariadne Musica 219.
Arnold, F. 29 A.
Artillerie-Regiment Frankfurt 48.
Artillerie, Frankfurter 240.
Artus, Gothard 90. 111.
Aymé, J. 169.

B.

Bach, Joh. Anton 240, 241.
Bach, Joh. Balth. 241.
Bach, Joh. Christoph 195, 223.
Bach, Joh. Ernst 218.
Bach, Joh. Seb. 1. 168. 195. 216. 225.
229. 234.
Bach, Karl Ph. Emanuel 223.
Bach, Stadtorganist zu Erfurt 190.
Bader, D. 133.
Banchieri 104.
Barfüßerkirche 6. 187 u. fol.

Barfüßerkirche: Musikalien und In-
strumente 131.
Bartels, H. R., Bankier 243.
Barthol, Matthieu 78.
Bartholomäuskirche 10. 31. 37. 40 und
„   -Stift 69. 70. 99.
192. 220. 259.
„   Statuten 19.
„   Musikalien 154 u.
Anhang.
Bassani, B. 196.
Battenberg, Pfr. 131 A. 169 A.
Battonn, J., 30. 38 A.
Baur v. Eysseneck, Hans 153.
Beck, H. H. 168. 187. 201.
Bellermann, H. 22.
Bender von Bienenthal 189.
Benndorf, C. 169 A.
Berger, A. 194.
Beyer, Joh. H. 180.
Beyer, Hartmann 58, 69.
Bischof von Mainz 11. 17. 77. 82.
Bodinus, J. Ch. 251.
Böddecker, Heinrich 167, 186.
Böddecker, Ph. F. 155. 159. 160.
Böddecker, J. H. 168.
Böheimb, N. 133.
Boller, A. 160.
Boller, N. 212.
Bornheimer, Ch., Kantor 189.
Bracht, Organist 91.
Braumann, Familie 193.
Breitkopf, J. G. J. 59.

G.

Gassenhawer und Reutterliedlin 63. 73.

„ „ „ christlich verendert 92.

Geistliche Konzerte 103.

Geistl. Liederbücher u. Flugblätter 79.

Geistliche Schauspiele 13.

Gerbert Script 25 A.

Gerhard, Paul 182.

Gerle, Konrad 30.

Gesang zur Friedensfeier 165.

Getzmann, W. 269.

Glaitzmann, G. 81.

Glarean, H. 36.

Glauburg, Adolf v. 58 A.

Glauburg, Hieronymus v. 82.

Glauburg von, Katharina.

Goethe 16. 48. 250. 256. 257.

Frau Rat 256. 257.

Göllinger, Andreas 212. 213. 217.

Göllinger, Israel Andreas 212.

Goldast 107 A.

Gossel, Ruprecht, Posaunist 93.

Grabow, Rektor 215.

Gradualien 24.

Graßliedlin 64.

Graumann, J. J. 251.

Gravelius, A. 97.

Gregor der Große 3. 5.

Grimm, H. 194.

Grocheo, Joh. de 18.

Grorock, Bernhard 74. 107.

Grorock, Joh. 93.

Grünwaldt, N., Orgelbauer 131. 138.

Gryphius, A. 211.

Guami 104.

Günther v. Schwarzburg 12.

Gülfferich, A. 68 A.

Guidonische Hand 23. 81.

Guido v. Arezzo 6.

Gunzelin v. Frankfurt 10.

Gustav Adolf, König von Schweden 151.

H.

Hammerschmidt, A. 194.

Händel, G. F. 103. 205. 231. 233. 236. 350.

Harmonisches Choral- u. Figural-Gesangbuch 170.

Harmonie, moderne 210.

Hasler, H. L. 104. 111. 128.

Haueisen, W. 257.

Hautin, P. 58.

Heinrich v. Österreich 8.

Heller, Jakob 38.

Held, K. 80 A.

Horazische Oden 61.

Herp, Peter 18.

Herbst, Johnnn Andreas, 124 u. f.

Herbst 170. 171. 173.

Herbst, Musica poetica etc. 163.

Herbst, Musica prattica etc. 164.

Herbst, Neujahrsgesänge 144—150.

Hessen, Joh. 32.

Heugel, Hans 62. 65. 86.

Hexachordsystem 23. 55.

Hirtzwig, H. 120. 142.

Hofsänger, kaiserliche 36.

Homberger, Jeremias 73.

Holzhausen von, Joh. 28.

Hof zu den guten Leuten 18.

Hörnigk, Andreas 155.

Hörnigk, Veit 118.

Hörnigk, von L. 152.

Horazische Oden 61. 72.

Hrabanus Maurus 3.

Hunger, J. H. 193.

Huldigungs- und Dankkantaten 236.

Hupka, Gottfried 134 u. f., 168.

Hübner, H. H. 169.

Hüsgen 246.

I. J.

Instrumentisten 18. 109. 123.

Italienische Kompositionen 170.

Jeep, Joh. 156 u. f. 171. 172.

Joh, Ernst, Herzog v. Weimar 243 f.

Jordan, Itel 15.

Juden Musikanten 214.

Jung, Dr. R. 68.

Jungnickel, Darmstädter Hoforganist 212.

Jungnickel, Organist zu St. Peter 212. 218.

celos p̄ martiru palmam uenire fecisti· concede no
bisq̄ ut eius exempla sequentes ad te uenire
mereamr̄ P̄ OR Diffusa est gracia in labiis tu
is propterea benedixit te deus in eternum.
Ꝟ Propter ueritā tem et mansuetudinem
et usti ciam et deducet te mi
rabiliter dextera tua OF· Offe
rentur regi uirginis post ea pro eius ueluf offe
ren tur tibi. SECR

H ęc uictima dn̄e qs beatę uirginis margaretę
martirio tibi oblata· et meritis nobis salutē
et corporū optineat sanitatē. P̄ COD iff ̄ est
gracia in labiis tuis ꝓptere a benedixit n̄c deus in ꝑterernum.

H uius dn̄e sacramenti peceptione· et beatę Ꝟ co m ōi
margaretę uirginis intecessione· et tu in nobis
manere dignare· et nos inte uicissim manere
concede· P̄ N SCE ERA XGOIS MARTIRIS·
L oquebar de testimonais tuis in conspectu regum et non
confundebar et meditabar in mandatis tuis que di
lexi nimis P̄ Beatr immaculati in uia.

S et martiris tui praredis dn̄e supplicationib;
tribue nos foueri· ut cuius uenerabile follēp

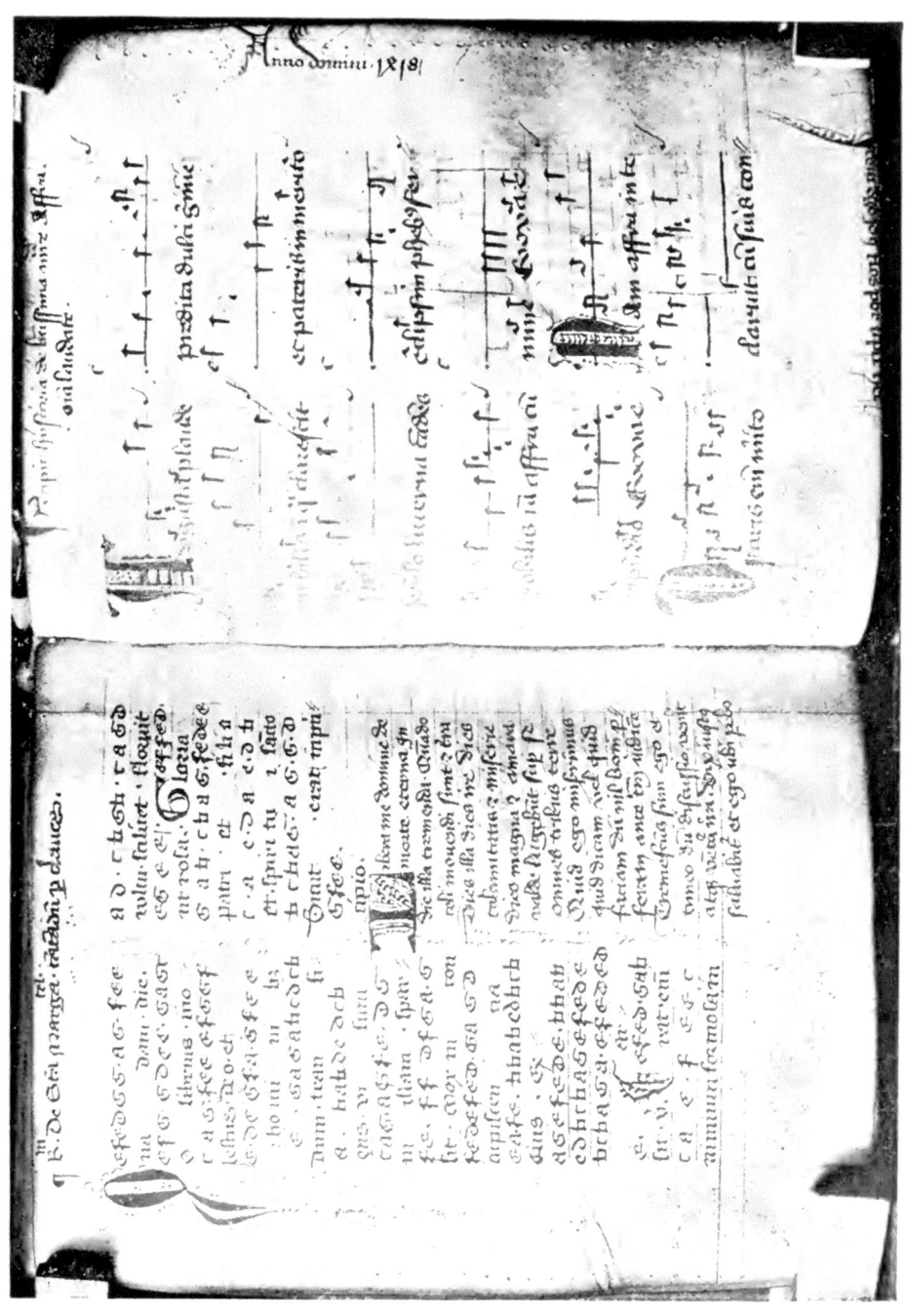

Rex orbis triumphator terre regum impe-
nitor tui gregis nostra cetus preces audi pie fletus.

Quius prece mors fugitur languor cedit vita datur
qui de petra durus undas et baptismo gentes mill-
das Arte durus et natura Francis mutat prece
pium devotosque xpristo dicans et rebelles ense necans.

qua dignus verna celis servus pius et ad mat. Ad compl
Dens et fidelis urbes... se munnit et ad locum
patris mittit Ergo rupem ferro fode fontem uuui
nobis prode ont prece pia deum et fac pium nobis
eum. Et maiestas trinitati laus et honor unitati
que virtute principali iure regnat coequali.

IACOBVS MEILANDVS, AETATIS SVAE 34.

C Oncentus Meilande tuos Iacobe sonoros
Miror, queis resonant sydera, terra, ma-e.
Vincere vix posset viuus te Thracius Orpheus,
Qui frondes mouit, saxa ferasq̃, Chely.
Viue igitur fœlix vitæ pars altera nostræ,
Atq̃, pio cantu fac resonare Polos.

Conradus VVeis, Pat. Francofur. Licent. I. & P. Laureat.   AA 2

Beilage V   S. 83.

EFFIGIES M. LAURENTII ERHARDI HAGENOENS
ALSAT. GYMNAS. FRANCOF. COLLEGÆ & CANTORIS, ÆTAT. 50. OFFIC. SCHOLAST. 29.
Christi 1648.
Ornat ERHARDE tuum pietas nitidissima vultum,
Nota sed ingenium Musica scripta probant.
Fides
Spes
Candor ab ore nitet, studii melioris imago
Scilicet è vultu fulget, ERHARDE, tuo:
Ast animum virtus longè sublimior ornat,
Fidere dum soli dulce piumq; DEO.
J.P. Lotichius.
Seb: Furck sculps.
Symb. Autoris 3. voc. 7. Aprilis Pacis anno, ad ambitum et repercussionem Toni secundi Dorij d. a. d. compositum.
re re re.
Fidentem nescit deseruisse DEVS. Fidentem nescit deseruisse DEVS.
Fidentem nescit deseruisse Deus. Fidentem nescit deseruisse DEVS.
Fidentem nescit deseruisse DEVS.

George Philipp
Telemann